삶에게 웃으며 말 거는 법

삶에게 웃으며 말 거는 법

삶에게 웃으며 말 거는 법

냉소와 허무를 뚫고 나가는 유머라는 해독제

크리스 더피
박재용 옮김

어크로스

세상 누구보다 함께 웃는 게 좋은 사람, 몰리에게.

이 책을 바치고 싶은 대상이 하나 더 있다.
사람들이 크게 웃을 때 나오는 꺽꺽거리는 콧소리.
나는 그 소리를 사랑한다. 코 꺽꺽이들에게 감사를.

차례

내 평생 가장 큰 웃음을 준 사람

여태까지 살면서 만난 사람 중 제일 웃긴 사람은 게리라는 11살짜리 아이였다.

처음 게리를 만났을 때 나는 보스턴에서 혼돈 그 자체인 초등학교 5학년 담임을 맡고 있었고, 정신상태도 말하자면 썩 좋지 않았다. 게리도 사정은 마찬가지였다. 학생으로서 태도가 형편없었다. 게리는 쉽게 좌절하고 버럭 화를 내곤 했다. 숙제를 제때 내는 일이 거의 없었고, 특히 글쓰기 과제는 아예 제출조차 안 하는 경우가 많았다. 이 아이를 어떻게 가르쳐야 할지 늘 막막했다. 가능성이 보이긴 했지만, 정작 게리 본인은 깨닫지 못하고 있었다. 우리는 끊임없이 부딪쳤고, 그럴 때마다 게리도 나도 게리의 엄마도 모두 화가 나고 속이 상했다.

그러던 어느 날, 모든 게 변했다. 게리가 급식이 얼마나 형편없는지 잔뜩 불평을 늘어놓던 때였다. 나는 내 점심은 언제 먹을 수 있을지 생각하며 그의 이야기를 반쯤 흘려듣고 있었다. 그러다 좀 더 귀기울여 들으니 게리의 불평은 단순히 일리가 있는 정도가 아니었다. 기가 막히게 웃겼다. 사실상 학교 급식을 신나게 '디스'하고 있었던 것이다. 문득 아이디어 하나가 떠오른 나는 게리에게 물어보았다. 학교신문에 칼럼을 써보면 어떻겠냐고, 급식실의 공식적 음식 비평가가 될 수 있을 거라고 말이다.

놀랍게도 게리가 그러겠다고 했다. 믿기 어려운 일이었다. 게리가 스스로 글쓰기 연습을 하게 될 뿐 아니라, 고단한 내 교직생활에 절실히 필요했던 유머 한 방울을 수혈받게 된 셈이었으니까. 게리가 음식 칼럼을 쓰도록 도와준 첫날, 나는 지난 5개월 동안 웃은 걸 전부 합친 것보다 더 많이 웃었다. 우측 사진은 게리의 리뷰에 쓰인 실제 이미지다. (공개해도 된다고 허락을 받았다.)

게리가 쓴 글은 하나같이 걸작이었지만, 그중 몇 편을 공유하고 싶다. 내가 살면서 읽은 최고의 음식 평론들이다.

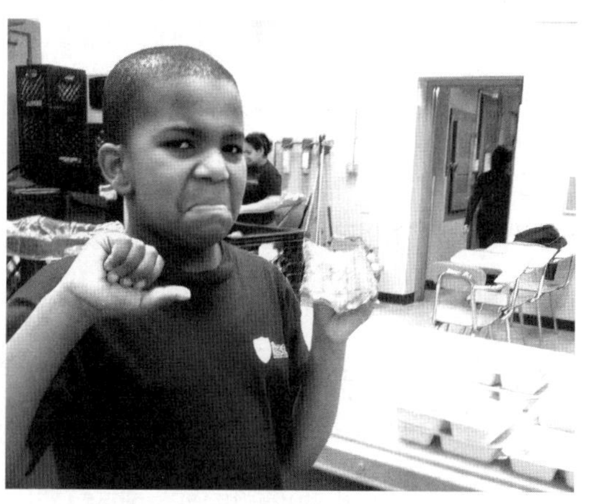

음식 평론가 게리 ○○○, 금요일 점심 피자 품질에 불만

피자인가 골판지인가?

〈브룩초등학교신문〉 음식 평론가, 점심 메뉴를 비평하다

시금치와 신선한 과일을 곁들인 투 치즈 통밀피자

이 요리는 이탈리아가 원산지라는데, 실제로 보면 골판지 같다. 소스 맛도 치즈 맛도 안 난다. 최소한 페퍼로니라도 올려줬어야 한다. 이렇게 쓰고 있자니 진짜 피자가 먹고 싶어진다. 진짜 피자는 직접 토핑을 고를 수 있고, 소스랑 치즈가 듬뿍 들어 있는 거다. 진짜 피자 냄새는 샤워 후 누나 샴푸를 썼을 때 나는 냄새다. 완전 끝내준다.

대체 누가 이걸 읽고서 피자가 당기지 않는다고 말할 수 있겠는가! 이탈리아에서 유래한 요리라는데! 이유도 없이 누나 샴푸 냄새가 난다는데! 또 다른 걸작을 한 편 살펴보자.

당근과 신선한 과일이 들어간 베지테리언 핫포켓
따뜻하고 치즈 맛이 나고 소스와 고기 맛도 난다. 이 요리를 한 문장으로 말하면 그렇다. 모양은 큰 피자롤처럼 생겼다. 같은 테이블에 앉은 마카엘 C.는 이렇게 말했다. "속이 잔뜩 들어 있어서 진짜 맛있어." 나한테도 오늘 먹은 것 중 제일 하이라이트였다. 페퍼로니가 들어 있는 것 같은데 왜 베지테리언 음식이라고 하는지 모르겠다. 나는 보통 채식 음식은 별로라고 생각한다.

여기서 짚어볼 부분이 정말 많은데, 우선 강조하고 싶은 점은 게리가 다른 아이를 인터뷰해서 글에 인용문을 넣었다는 사실이다. 이거야말로 세계적 수준의 저널리즘 아닌가! 이 친구에게 퓰리처상이라도 줘야 하지 않을지! 평소에 채식 음식이 '형편없다'고 여기던 게리가 이 음식을 인생 급식 가운데 하나로 꼽은 것 또한 놀라운 일이다. 물론 모두의 머릿속에 맴도는 질문이 있을 것이다. 그게 정말 페퍼로니였을까? 아니라면, 대체 뭐였을까? 마지막으로 분명 급식실 직원 한두 명쯤은 은

퇴를 앞당기게 만들었을 리뷰를 소개해본다.

통밀빵을 곁들인 치킨 핫도그와 구운 콩

평소에 구운 콩을 좋아하는 편이지만, 이건 아니었다. 콩이 초콜릿 건 포도처럼 생겼는데, 그것도 내가 원래는 좋아하는 음식이다. 하지만 나는 콩 맛을 제대로 느낄 수 있는 순수한 콩이 좋다. 치킨 핫도그는 더 황당했다. 처음에 이 음식이 나온다는 소식을 듣고 미친 소리라고 생각 했다. 치킨 핫도그가 뭔지 알 수가 없다. 수수께끼다. 나는 닭고기가 어떤 맛인지 안다. 그런데 이건 닭고기가 아니었다. 그렇다고 돼지고기도 아니었다. '치킨'이라는 말을 들으면 생각나는 건 프라이드치킨이나 바비큐윙이다. 갈색 반점들이 박힌, 개들이 씹는 장난감 같은 막대기를 주리라고는 생각도 못 했다.

좋았던 점을 말하자면, 급식을 나눠주신 분이 여전히 친절하고 인심도 넉넉했다는 사실이다. 아마 이런 음식을 내주면서 마음속으로는 부끄러웠을 거 같다. 이 점심은 별 다섯 개 만점에 0개다.

마지막 문장들에 담긴 배려심을 보라. 게리는 누군가의 기분을 상하게 하려던 게 아니다. 그저 경험한 것을 있는 그대로 말했을 뿐이고, 그날 그가 본 건 갈색 반점들이 박힌 막대기였다. 리뷰에 반응한 사람은 나뿐이 아니었다. 게리는 금세 친구들과 다른 선생님들에게 칭찬을 받았다. 하지만 보스턴에 있던 그 초등학교에서 게리가 쓴 리뷰들을 가장 간절히 필요로 했던 사람은 아마 나였을 것이다.

잃어버린 유머, 되찾은 유머

나는 이제 교사가 아니다. 요즘은 TED 팟캐스트 〈더 나은 사람이 되는 법 How to Be a Better Human〉의 호스트로 활동하며, 프로 코미디언이자 TV 작가로 지낸다. 하지만 게리와 함께 웃던 그때의 기쁨은 절대 잊지 못할 것이다.

게리가 급식 비평이라는 화려한 커리어를 시작하기 전 나는 힘든 시기를 겪는 중이었다. 혹독한 보스턴의 겨울이 또다시 찾아왔고, 학생들을 가르친다는 압박과 책임감 가운데 어느새 유머감각을 잃어버렸다. 내 삶 어디에도 웃음이 끼어들 틈이 없었다. 그럴 여유가 없었다. 수업 준비와 과제 채점에 매달렸고, 노숙부터 만성질환과 트라우마에 이르기까지 온갖 문제와 씨름하는 학생들에게 안전한 공간을 마련해주려 애썼다. 게다가 신참 교사였던 터라 실수 연발이었다. 그럴 때마다 학부모에게 분노의 전화가 걸려와 혼쭐이 나기 일쑤였다.

한때 나는 사교적인 사람이었다. 긴 하루를 보낸 뒤엔 항상 친구나 가족에게 재미난 이야기와 그날 관찰한 것을 나누곤 했다. 어릴 때는 '섀기 도그 조크shaggy dog joke(실없는 농담 – 옮긴이)'를 모아둔 책을 사서 병원에 있는 노먼 큰할아버지를 찾아가기도 했다. 심장마비로 입원한 할아버지를 응원하려고 말이다. 환자를 웃기며 치료했던 의사 패치 애덤스Patch Adams의 꼬마 버전이라도 된 것처럼. 하지만 안타깝게도 노먼 할아버지는 심장을 여는 수술보다 섀기 도그 조크를 더 고통스러워하셨다.* 나이가 어렸기에 무슨 말로 표현해야 할지 몰랐지만, 나는 유머가 사람을 하나로 묶고 마음의 짐을 덜도록 만들며 치유하는 힘이 있다는 사실을 알고 있었다.

하지만 보스턴의 잿빛 겨울이 이어지는 동안, 유머러스했던 내 모습은 점점 더 아득한 기억이 되어갔다. 고된 하루를 마치고 집에 들어서면 곧장 소파에 쓰러져 누웠고, 기절하듯 잠들기 전까지 몇 시간 동안 《왕좌의 게임》** 책 속으로 도망쳤다. 좁디좁은 아파트에 함께

* 대표적인 사례로 이런 농담이 있다. "털복숭이 개를 물에 뜨게 하려면 어떻게 해야 할까How do you make a shaggy dog float? 아이스크림 두 스쿱, 탄산음료 한 잔, 그리고 작은 털복숭이 개 한 마리." (이 농담에서 플로트float는 아이스크림이 든 탄산음료를 뜻하기도 한다. '어떻게 띄우냐'고 물었는데 '음료 제조법'으로 답하는, 재미없는 말장난의 전형이랄까. – 옮긴이)

** 그렇다. 너드 여러분, 나도 안다. 엄밀히 말하면 《왕좌의 게임》이 아니라 《얼음과 불의

노래》 시리즈의 책이라는걸. 나도 여러분 중 하나니까. 하지만 이런 식으로 말하는 게 보통 사람들에게는 더 명확하다. 그러니까 "일곱 개의 지옥!"이라는 외침이나 "넝클nuncle(uncle의 중세식 표현 – 옮긴이)"에 대해 말하느라 인생의 몇 시간을 바치지 않은 불쌍한 사람들에게는 말이다.

살던, 크레이그리스트(미국판 당근마켓 혹은 벼룩시장 – 옮긴이)에서 구한 낯선 룸메이트들은 《왕좌의 게임》을 쓴 조지 R. R. 마틴이 사실상 여섯 번째 룸메이트라며 놀려댔다.

그러던 어느 날, 버스로 오가는 긴 출퇴근 길 백팩에서 게리가 최근에 쓴 리뷰를 꺼냈다. 웃음이 나기 시작했다. 처음엔 조용히 웃다가 이내 소리 내어 낄낄거렸다. 그 글들이 내 안의 스위치를 딸깍 켠 것 같았다. 신랄하고 까칠한 게리의 관찰은 내가 느끼던 무력함과 소외감에 완벽한 해독제가 되어주었다. 내가 게리를 설득해 글을 쓰게 하고, 어찌 된 영문인지 학교신문에서 그걸 실어주기로 한 일, 이 모든 것이 코미디를 완성했다.

그냥 지나치고 잊어버릴 법한, 사소한 순간이었다. 하지만 내겐 깨달음의 순간이었다. 바로 이거야. 이것이 내 삶에서 빠진 거였어. 유머 없는 삶이란 더는 삶이라고 부를 수 없다는 사실이 분명했다. 내겐 웃음이 주는 카타르시스가 필요했다. 기쁨, 연결, 해방감. 웃음이 삶의 어려움을 없애주진 않았다—여전히 통제할 수 없는 교실, 좌절한 학부모들, 비좁은 집과 씨름해야 했다—하지만 웃음이 그 모든 걸 견뎌낼 에너지와 희망을 안겨주었다.

그래서 결심했다. 유머감각을 되살리고, 삶에 의도적으로 웃음과 코미디를 주입하며, 세상을 보는 방식을 바꾸기로. 기분이 좋았다. 얼마나 좋았던지 버스에서 혼자 큰 소리로 웃는 미친 사람이 되는 것도 전혀 상관없었다.

유머를 진지하게 받아들이고, 유머감각을 기르기로 선택한 일―그 선택이 내 모든 것을 바꿔놓았다. 그 깨달음 뒤에 있던 더 큰 철학을 알아차리기까지는 몇 년이 걸렸다. 그러니까 유머감각이 더 나은 삶으로 향하는 문이라는 걸 말이다. 수치스럽게 여겼던 자신의 일부가 실은 가장 큰 강점이 되는 삶. 더 깊고 정직한 관계를 맺으면서도 즐겁고 편안한 삶. 붐비는 파티에서 식은땀을 줄줄 흘리는 대신 무슨 말을 하든 멋진 대화로 이어지리라 확신하는 삶. 이 책은 그런 삶에 이르는 길을 함께 찾아간다.

질 때도 이기는 법

게리의 음식 리뷰는 어떻게 이토록 유쾌할까? 나는 왜 게리의 리뷰를 그토록 좋아할까? (정말 진심으로 사랑한다. 집에 불이

나면, 제일 먼저 챙길 물건 중 하나가 학교신문일 거다.) 게리의 리뷰가 나를 웃게 만드는 이유는 무엇보다 정직하기 때문이다. 게리는 단 한마디도 돌려 말하지 않는다. 그렇다고 비꼬거나 가혹하지도 않다. 그는 급식실 직원들이 주걱을 내려놓게 만들 생각은 추호도 없었다. 그저 우리가 함께 쓰는 학교식당 안에서 벌어지는 세상의 어이없는 모습을 관찰하고, 용감한 질문을 던졌을 뿐이다. 이거, 다들 보고 있는 거 맞지?

게리와 그의 리뷰는 유머감각이 지닌 최고의 장점들을 보여준다. 유머감각이 있으면 다른 사람들이 놓친 디테일을 짚을 수 있고, 상황의 진실을 받아들일 수 있으며, 그 과정에서 공동체를 만들어낼 수 있다.

유머감각은 현실을 부정하는 게 아니다. 게리의 음식 리뷰가 치킨 핫도그의 생김새나 맛을 바꾼 건 아니었다. (별점은 여전히 다섯 개 만점에 0개였다.) 하지만 게리의 리뷰는 그가 현실을 경험하는 방식을 바꿨다. 유머는 세상의 긴장과 무게를 덜어주고, 그 안에서 기쁨과 웃음을 발견하게 만드는 렌즈다. 리뷰를 쓰기 시작한 후 게리에게 점심시간은 언제나 지는 법이 없는 경기였다. 음식이 맛있으면 그걸로 이긴 거고(말할 것도 없는 승리), 맛이 없으면 글감이라도 건졌으니까(역시 이긴 셈이다).

언뜻 보기엔 그렇지 않을지 몰라도, 인생의 어떤 힘든 상황에도 유머의 가능성은 존재한다. 이런 사고방식을 받아들이면서 내가 세상을 보는 방식도 달라졌다. 형편없는 집의 형편없는 내 방이 더 커진 건 아니었지만, 그 방에 대한 내 감정은 분명 달라졌다. 몇 달 뒤, 룸메이트들과 나는 마침내 이사를 준비했다. 방에 앉아 있는데 문밖에서 부동산 중개인의 목소리가 들렸다. 그녀는 예비 세입자들에게 집 구조를 설명하고 있었다. "그리고 여기는 쓰레기통을 둘 수 있는 작은 보너스 공간이에요." 그녀가 문을 열었다가 방 안에 있던 나를 보고 깜짝 놀라 외쳤다. "어머! 쓰레기 보관실에 사람이 살고 있네요!" 그리 자랑스러운 순간은 아니었다. 하지만 덕분에 한바탕 웃을 수는 있었다.

유머가 지루한 출퇴근길을 바꿔놓진 않았지만, 대중교통에서 마주치는 사람들을 더 자세히 관찰하게 만들었다. 잿빛 세상에 다시 색과 뉘앙스를 불어넣었다. 또 한번의 지연에 짜증 내는 대신, 평소라면 무심히 지나쳤을 괴짜들을 눈여겨보도록 해주었다. 잊을 수 없는 순간이 있다. 어느 날 보스턴의 버스기사가 버스로 걸어오는 한 남자를 힐끗 보더니 문을 쾅 닫고, 내가 내릴 정류장을 그대로 지나쳤다. 그러면서 소리쳤다. "당신은 내 버스 절대 못 탄다고 했잖아!" 둘 사이에 무슨 일이 있었는지는 알 수 없었지만, 집까지 800미터를 걸어가야 했던 수고쯤은 웃음으로 바꿔줄 만큼 재미있는 일이었다.

어떤 상황에서 유머를 찾는다는 건 현실의 불편하거나 웃기지 않은 면을 부정한다는 뜻이 아니다. 전혀 그렇지 않다. 바로 이 점에서 유머는 이른바 해로운 긍정주의toxic positivity와 결정적으로 구분된다. 해로운 긍정주의란 어떤 상황에서도 밝은 얼굴을 해야 한다는 압박이다. 유머는 구름이 낄 때마다 좋은 면을 찾는 게 아니라 구름이 있다는 사실을 인정하는 것이다. "망할 구름이 도대체 왜 이렇게 많은 거야! 하늘이 온.통.구.름.뿐.이.잖.아!" 유머는 현실을 마주하면서도 그 현실과 맺는 관계를 바꾸는 방식이다. 유머는 절망을 해체해 희망으로 빚어낸다.

유머란 무엇인가

다음으로 넘어가기 전에, 우리가 이야기하고 있는 게 정확히 무엇인지부터 정의해보자.*

스탠퍼드경영대학원에서 강의하며 비즈

* '정확히'라는 말은 우리가 서로 생각이 통할 정도로만 정의하겠다는 뜻이다. 이 책은 학술

니스에서 유머를 활용하는 법을 다룬 책을 함께 쓴 제니퍼 에이커와 나오미 백도나스는 코미디, 유머, 경쾌함을 구분한다.[1] 코미디는 예술 형식이자 직업이다. 사람들 앞에서 농담을 하거나 재미있는 이야기를 들려주는 일 말이다. 유머는 실천이다. 세상의 유쾌하고 기묘한 면을 보고, 알아차리고, 기뻐할 수 있는 감각을 기르는 일이다. 그리고 경쾌함은 마음가짐이다. 우리에게 다가오는 웃음과 기쁨을 받아들이는 태도를 의미한다.

지금까지 이런 요소들이 마치 보편적인 것인 양 말해왔다. 하지만 사실 이건 매우 개인적이고 주관적이다. 당신에게 보이는 유머, 코미디, 경쾌함의 모습과 내게 보이는 모습은 서로 다를 것이다. 어쩌면 당신은 게리가 쓴 음식 리뷰가 지루하거나 유치하거나 과장되었다고 느낄지도 모른다. 어떤 농담이 왜 웃긴지를 설명하는 일만큼 지루한 것도 없다. E. B. 화이트E. B. White의 말을 빌리자면 "농담을 설명하는 건 개구리를 해부하는 것과 같다. 관심 있는 사람은 거의 없고, 개구리는 그 일로 죽는다."*

* 사실 책의 내용을 팩트체크하는 과정에서 이 인용문이 정

확한 문장이 아님을 알게 됐다! 여기저기 전해지며 이런 형태로 변형된 것으로, 원래 문장은 이랬다. "유머는 개구리처럼 해부할 수 있다. 하지만 그 과정에서 개구리는 죽고, 순수한 과학자의 마음을 지닌 사람이 아니라면 그 속을 들여다보는 일이 낙담스럽기만 하다." 빼어난 팩트체커 리사 듀젠베리는 이 사실을 지적하며 미안한 듯 이렇게 말했다. "으, 제가 농담 해부에 대한 인용문을 해부하고 있군요!"

그러니 나는 굳이 설명하려 들지 않겠다. 앞으로 펼쳐질 글에서 가능한 개구리를 덜 죽이련다. 이 책의 목적은 당신이 자신만의 유머감각을 기르는 법을 보여주는 데 있다. 나는 웃음이 삶을 얼마나 깊숙이 바꿔놓을 수 있는지 이야기하려 한다. 이 책은 코미디를 잘하는 법을 다룬 책이 아니다. 뭐가 다를까? 고전적인 농담을 하나 들어보자.

한 남자가 태어나서 처음으로 감옥에 수감된다. 감옥에서의 첫날, 긴장한 채 식당에 들어가 나이 든 재소자 옆에 앉아 식사를 시작한다. 갑자기 누군가 벌떡 일어나 외친다. "52번!" 모든 사람이 폭소를 터뜨린다. 몇 분 뒤 또 다른 사람이 일어나 말한다. "128번!" 다시 모두들 웃는다. 또 다른 사람이 "15번!"이라고 외친다. 또 웃음이 터진다. 남자는 마침내 옆에 앉은 나이 든 재소자에게 묻는다.

"무슨 일이죠?"

"여기 워낙 오래 있다 보니 서로 농담을 수도 없이 반복해서 들었어. 그래서 이젠 매번 처음부터 끝까지 말하느라 시간을 낭비하지 않으려고 농담에 번호를 매겼지. 그냥 번호만 외치면 되는 거야. 그러면 모두들 그 번호에 맞는 농담을 떠올리고 웃는 거지. 자, 한번 해보게나!"

"오 이런. 전 무슨 농담이 있는지 하나도 모른다고요."

"괜찮아. 1에서 300 사이에서 아무 숫자나 골라봐."

신참 재소자가 벌떡 일어나 외쳤다. "97번!" 그런데 교도소 식당이 순식간에 침묵에 휩싸였다. 아무도 웃지 않았다. 당황한 그가 다시 자리에 앉아 새로 사귄 친구에게 묻는다.

"무슨 일이 일어난 거죠?"

"글쎄, 어떤 사람은 농담을 잘하고, 어떤 사람은 그걸 못하거든."

이 책의 핵심은 당신이 "97번!"을 더 잘 외치도록 만드는 게 아니다. 농담을 구성하거나 전달하는 과정을 낱낱이 파헤치지도 않을 것이다. 사실 나는 당신에게 농담을 쓰거나 말하라고 권하겠다는 생각조차 하지 않는다. 세상엔 이미 코미디언이 너무 많다. 이 말이 믿기지 않는다면 근처에서 열리는 오픈 마이크(누구나 무대에 올라 공연할 수 있는 행사로, 주로 아마추어 코미디언들의 연습 무대로 쓰인다 - 옮긴이)에 가서 한 시간만 앉아 있어보라.

하지만 우리에겐 유머감각이 좋은 사람들이 절실하게 필요하다. 유머감각을 둘러싼 가장 큰 오해는 그 감각을 타고난다는 믿음이다. 나는 그 생각에 결코 동의하지 않는다. 나는 농담하는 법을 가르칠 생각은 없다. 하지만 여러분이 유머감각을 지닌 사람이 되도록 돕는 일엔 진심이다. 머릿속에 재미난 이야기가 잔뜩 쌓여 있어서, 하나만 떠올려도 웃음이 절로 나오는 그런 사람 말이다.

지금 이 순간 우리가 존재하는 곳

유머감각이 있다는 건 코미디를 잘한다는 것보다 훨씬 넓은 의미다. 그저 다른 사람을 웃게 만드는 걸 즐긴다는 뜻일 뿐 아니라, 전형적인 농담은 단 하나도 하지 않더라도 웃음으로 가득찬 삶을 바란다는 뜻이기도 하다.

캐나다의 심리학자 로드 A. 마틴Rod A. Martin은 데이트와 유머에 관한 연구에서 자신이 인터뷰한 이성애자 거의 전부가 유머감각이 좋은 파트너를 원한다는 사실을 발견했다. 하지만 함정이 있었다. 마틴이 〈사이언티픽 아메리칸〉에 밝힌 바에 따르면, "남녀 모두 유머감각을 원한다고 말하지만, 우리 연구에서 여성은 '나를 웃게 만드는 사람'을, 남성은 '내 농담에 웃어주는 사람'을 바랐다."[2]

에둘러 말하지 말자. 이성애자 형제들은 핵심을 완전히 놓치고 있다. 유머감각이 있다는 건 그 자리에서 가장 웃긴 사람이라거나 늘 관심받는 사람이라는 뜻이 아니다. 그런 목표를 이루는 데 필요한 기술들은 오히려 이기적이고 해로운 성향을 드러낼 때가 있고, 이는 깊은 불행으로 이어지곤 한다. (경험상 자기가 제일 웃기다고 주장하는 사람들이야말로 진짜로 삶을 즐기는 사람과는 거리가 멀다.)

진정한 유머감각은 본질적으로 너그럽다. 깊이 귀를 기울이고, 필요할 때는 웃음으로 긴장을 풀면서 자신의 진지함을 가볍게 내려놓을 준비가 되어 있다는 뜻이다. 유머란 연결과 따스함, 기쁨을 만들어내고 감상할 줄 아는 일이다. 타인에게 솔직하고, 마음을 열 의지가 있다는 신호이기도 하다. 또한 유머는 삶의 기묘함과 부조리를 알아차리고 주변 사람들과 함께 나누는 일이다.

아니면 굳이 나누지 않아도 괜찮다! 유머감각이 안겨주는 좋은 점들을 혼자서 누릴 수도 있다. 어떤 식으로 표현하든, 유머감각이란 지금 이 순간에 완전히 깨어 있는 것이다. 반쯤만 집중해서는 진심으로 웃을 수 없다.《지금 여기에 있으라 *Be Here Now*》의 저자로 현재에 머무르기를 주장한 영적 스승 람 다스는 명상과 현존이 "우주적 킥킥거림 cosmic giggle"을 열어준다고 말했다.[3] 유머의 가장 아름다운 일면은 온전하게 주의를 기울이게 한다는 점이다. 그런 우주적 웃음을 경험하는 일은 우리를 단번에 현재로 끌어들인다. 우리가 소통하는 사람들(혹은 우리 스스로의 인식)과 온전히 이어지게 하고, 지금 이 순간 우리가 존재하는 곳을 환히 드러내준다.

최고의 유머 소재는 바로 당신

자기를 웃음거리로 삼을 수 있다는 건 또 하나의 중요한 능력이다. 사실 람 다스도 그걸 꽤 잘했다.* 그는 인도에서 명상과 요가 집중 수행을 마친 뒤 더 높은 의식의 경지에 도달했다고 느꼈다는 이야기를 자주 했다. 그런데 잠시 미국으로 돌아왔을 때 그의 아버지는 가장 먼저 이 질문을 던졌다. "직업은 있니?" 그 순간 다스는 단숨에 현실로 추락했다. 이후 그는 오랫동안 이렇게 말했다. "깨달음을 얻었다고 생각하신다면, 일주일만 가족과 함께 지내보세요."

* 걱정 마시라. 이 책은 람 다스 팬픽이 아니다. 그를 언급하는 건 이번이 마지막이라고 약속한다. 그러니 람 다스의 팬이 아니라면 걱정은 이제 그만! 여기서 끝이다. 만약 그의 팬이라면 그토록 찾아 헤매던 람 다스 레퍼런스를 만나게 된 셈이다. 지금 여기를 즐기시길.

세계적으로 유명한 명상 구루든, 유머에 관한 책을 쓰는 크리스라는 남자든, 자신의 불완전함을 인정하면 그걸 웃어넘길 수 있다. 그렇게 하면 수치심이라는 생각과 감정으로부터 힘과 통제력을 되찾게 된다. 내면에서는, 한때 숨겨야 한다고 믿었던 일들을 이야기할 때 느끼는 안도감(그리고 이와 함께 밀려오는 도파민)을 자연스레 연결하게 된다.

유머는 가장 깊은 차원에서 자신의 결점과 새로운 관계를 맺게 해준다. 자신의 결함, 불완전함, 괴짜 같은 면을 웃음의 대상으로 삼으면 자기 수용이 촉진된다. (하지만 이건 상처를 주는 자기 조롱과는 다르다. 앞으로 나올 여러 장에서 다양한 유머의 유형을 다뤄보려 한다.) 결점과 화해하는 것을 넘어, 자신을 웃음거리로 삼을 줄 알면 스스로를 더 사랑하게 된다. 이는 연구로도 입증되었으며, 거울에 자기 긍정의 문장들을 써 붙이는 것보다 훨씬 재밌다. 집에 온 손님이 화장실을 쓰고 나서 당신을 이상한 시선으로 보는 일도 훨씬 적다.

톰 크루즈 영화만 위험을 무릅쓰는 게 아니다

지금 이 순간에 깨어 있는 것과 자신을 웃음의 대상으로 삼는 일 외에도, 유머를 위해선 자신을 드러내고 사회적 위험을 감수해야 한다. 물론 자신의 약점을 인정하는 일만으로도 위험하게 느껴질 수 있다! 하지만 곧 알게 된다. 사회적 위험을 감수하고, 때로는 우스꽝스럽거나 어리석거나 취약해 보이는 모습을 허용하는 게 그리 위험한 일이 아니라는 사실을. 오히려 그럴수록 더 자신감 있고, 유능하며, 자기 확신이 있고, 공감 가는 사람으로 보인다.

자신의 어려움과 약점을 솔직히 인정할 때, 우리는 주변의 많은 사람들이 같은 문제로 씨름하고 있다는 사실에 놀라게 된다. 자신이 겪는 어려움을 웃음의 대상으로 삼을 수 있는 공간을 만들면, 다른 사람들이 함께 있고 싶어하고 자신의 불완전함을 기꺼이 털어놓을 수 있는 사람이 된다. 그렇다고 해서 꼭 자신에 대해 웃어야만 하는 건 아니다. 온갖 유쾌함과 경쾌함은 이 사람에게는 말 걸지 마, 너무 진지하고 접근하기 어렵잖아라는 식의 보이지 않는 거품을 터뜨린다. 약간의 장난기는 틈을 낸다. 즐겁게 행동하고 웃음에 열려 있는 태도는 사람을 끌어당긴다. 유머를 실천한다는 건 그 무엇보다 강력한 방식으로 관계와 공동체를 만들어가는 일이다.

하지만 내 말만 섣불리 믿지는 말자

이 책은 당신을 세계 곳곳의 과학자, 전문가, 평범한 사람들에게 데려갈 것이다. 이들은 유머와 그 중요성에 대한 우리의 생각을 새롭게 바꾸고 있는 사람들이다.

우리는 재즈 음악가들을 자기공명영상MRI 기계에 넣고 연구한 신경과학자 팀을 만나게 될 것이다. 그들은 연주자들이 즉흥연주를 할 때 평소 행동을 감시하고 통제하는 뇌의 부위가 거의 완전히 꺼진다는 사실을 발견했다. 다시 말해, 창의적으로 지금 이 순간에 집중할 때 우리는 머릿속 불안한 목소리, 즉 말과 행동을 '제대로 하고 있는지' 따지는 검열관을 잠시 잠재울 수 있다.

우리는 홍콩의 한 노인 생활시설에도 방문하게 될 것이다. 그곳의 의사들은 입주민들의 삶의 질을 높이고 싶어했지만, 약을 더 많이 처방하는 일에는 망설였다. 대신 급진적인 새 방법을 선택했다. 유머를 처방하고 그 효과를 연구한 것이다. 웃음은 정말 최고의 약이었을까? (개인적으로는 페니실린이 1위를 차지해야 한다고 생각하지만, 다른 의견도 환영한다.) 결과는 분명했다. 실험군은 대조군에 비해 통증과 외로움이 뚜렷하게 줄었고, 행복감과 삶의 만족도는 크게 높아졌다.

우리는 전문 코미디언, 미 해군 네이비실 요원, 유치원생, 아이비리그 교수, 광대, 호평받는 작가, 대통령사를 연구하는 역사학자, 그리고 온라인 백과사전 편집자의 이야기를 듣게 될 것이다. 그들은 유머가 자신의 일에서 어떻게 새로운 발상을 이끌어내고, 그것이 어떻게 직업적·개인적 성공으로 이어졌는지를 보여줄 것이다.

더 어려운 감정의 문제들도 피하지 않으려 한다. 슬픔을 겪는 사람들, 가장 시급한 사회 문제에 매진하는 활동가들, 그리고 비극의 한가운데 있는 이들과 이야기할 것이다. 유머가 그들과 우리 모두가 앞으로 나아갈 길을 찾도록 어떻게 돕는지에 대해서 말이다.

우리는 불안과 절망이 문제가 될 만큼 높아지고 있는 시대를 살아간다.[4] 기후변화, 구조적 불의, 정치적 마비, 그리고 팬데믹 가운데 내가 일상에서 만나는 많은 사람들, 특히 젊은이들 사이에 무력감과 고립감이 널리 퍼져 있다. 유머는 이런 현실을 부정하기 위한 것이 아니라, 우리가 쉽게 빠져들 수 있는 냉소와 허무를 뚫고 나가게 돕는 강력하고 즉각적인 해독제다. 유머는 긴장을 풀고, 사회 변화를 일으킬 창의성에 다시 불을 지핀다.

(당신의 시간과 돈을 대가로) 이 책에서 얻게 될 것들

유머감각을 기르는 법에 대한 책을 쓴다고 하면, 농담하는 법이나 사람들을 더 많이 웃기는 법을 다루리라 생각하는 사람이 많다. 물론 그런 기술은 프로 코미디언이나 공연자에게 필수적이다. 그런데 세상 모든 사람에게 그렇게 중요한 일인지는 잘 모르겠다. 모든 사람이 농담을 할 줄 알 필요는 없다. 하지만 재미있는 사람들에게는 공통적으로, 더 근본적이면서도 잘 언급되지 않는 기술이 하나 있다고 생각한다. 바로 세상을 보고 소재를 찾는 법이다. 자신의 삶에서 어떻게 재미를 알아차릴 것인가? 평범하거나 지루하거나, 때로는 비극적인 상황에서도 자신에게 (그리고 다른 사람들에게) 웃음을 줄 수 있는 요소를 어떻게 찾아낼 수 있을까? 그게 바로 모든 사람에게 도움이 될 기술이라고 본다.

더 재미난 삶이 가져오는 신체적·철학적·지각적 변화로 모두의 삶이 더 나아질 수 있다. 이 책이 그곳에 어떻게 이를 수 있는지 보여줄 것이다.

그리고 당신이 누구든, 유머와 어떤 관계에 있든 이건 당신의 이야기다.* 유머감각이 타고난 것이라거나 고정되어 있다는 생각은 명백히 거짓이다.

* 당신은 유머를 즐기기 때문에 이 책을 샀을 테다. 하지만 이 책을 샀다는 건 스스로에게

처음 코미디를 가르치기 시작했을 때는 어떤 사람은 태어날 때부터 재미있고, 어떤 사람은 그런 유전자가 없다고 생각했다. 하지만 10년 넘게 직업적으로 웃기는 사람으로 일하다 보니, 고통스러울 만큼 재미없던 사람들이 웃기는 사람으로 변하는 모습을 수도 없이 봤다(내 수업의 학생들도, 오픈마이크에서 만난 동료들도 마찬가지였다). 이제 나는 가장 무뚝뚝하고 진지한 사람도 배꼽을 잡게 할 만큼 웃긴 사람으로 변할 수 있다고 믿는다. 누구나 유머감각을 키우고 강화할 수 있다. 필요한 건 단지 간단하고, 게다가 재미있는 몇 가지 습관을 삶에 들이는 일이다. 꽤 괜찮은 일 같지 않은가?

유머감각을 키우는 핵심이 되는 것은 앞서 설명한 세 가지 도구다. 지금 이 순간에 깨어 있기, 자신을 웃음의 대상으로 삼기, 사회적 위험을 감수하기. 이를 좋은 유머의 세 가지 핵심 원리라 부를 것이다. 다음 세 장에서는 각각의 원리를 다룬다. 각 원리가 무엇을 의미하고 실제로 어떻게 작동하는지 알아본 뒤 그 원리를 특히 잘 구현하는 사람들의 예를 살펴보고, 당신의 삶에서 그 원리를 실천할 수 있도록 돕는 실용적 연습으로 마무리할 것이다.

그다음에는 유머가 실제로 쓰이는 순간들을 다룬다. 좋은 유머의 세 가지 핵심 원리를 삶의 다양한 영역에 어떻게 적용할 수 있는지, 이를 통해 어떤 이점을 얻을 수 있는지 알아보겠다.

마지막으로, 좋은 유머로 채워진 삶이 어떤 모습인지 살펴보며 마무리할 것이다. 유머가 어떻게 잘못 쓰일 수 있는지에 관한 경고도 덧붙이려 한다. 이 책을 끝까지 읽는다면 상상한 것보다 더 귀중한, 숨겨진 보물로 이어질 단서를 곳곳에 숨겨뒀다.* 미국 독립선언서 뒷면에 숨겨진 단서와 관련된 것일지도, 그렇지 않을지도 모른다.**

자, 무엇을 기다리는가? 페이지를 넘기고, 독서를 시작해보자.

혹시 서점에서 서문을 훑어보며 이 책을 살지 말지 고민하며 어떤 신호를 기다리고 있다면, 이게 바로 그 신호다. 이 책을 사라. 그리고 함께 웃어보자. 다른 사람과 함께 서점에 온 거라면, 이제 그 사람이 어디에 있는지 찾아보자. 아마 책 구경은 이미 질렸고, 이제 슬슬 밥을 먹으러 가자고 할 테니.

* 보물을 숨겨두었다는 보장은 없다.

** 그렇진 않다. 그건 니컬러스 케이지가 주연한 액션 어드벤처 영화 〈내셔널 트레져 National Treasure〉(2004)의 줄거리다.

1장

첫 번째
핵심 원리:

지금에
깨어 있기

삶이 부조리로 가득하다는 걸
알아차리다

당신의 뇌는 줌 회의실의 흐릿한 배경이나 다름없다

더 많이 웃기 위한 첫 번째 단계는 더 많이 알아차리는 것이다. 내가 아는 한, 눈치채지 못한 것들을 통해 웃는 법을 터득한 사람은 없다. 다행인 점은 세상은 터무니없고 기묘한 일들로 가득하다는 사실이다. 우리가 그것을 그저 '평범한 일상'으로 받아들였을 뿐이다. 그 결과, 매일매일이 당신의 유머감각을 자극할 기회로 가득하다.

오늘 아침, 투명 백팩에 고양이를 넣고 유아차엔 작은 개를 태운 채 걸어가는 남자를 봤다. 이 남자는 반려동물들을 산책시키는 중이었겠지만, 실제로 걷고 있는 건 그뿐이었다. 동물들은 딱 봐도 지루해 보였고, 불쌍한 그 남자만 땀을 뻘뻘 흘렸다. 고양이와 눈이 마주친 그 순간, 맹세코 고양이와 나는 같은 생각을 했다. 이 남자 대체 뭘 하고 있는 거지?

사소한 순간들과 디테일을 눈여겨보면, 일상에 자연스러운 웃음이 더 많이 생기고 우리를 둘러싼 세상이 마법 같고 재미난 곳이라는 사실을 깨닫게 된다. 하지만 이런 일은 온전히 지금에 깨어 있을 때만 가능하다. 안타깝게도 우리는 세상을 제대로 보지 못한 채 스쳐지나가려는 경향이 있다.

그 결과 세상의 기묘하고 유쾌한 부분들, 당신을 둘러싼 유머와 웃음의 기회들은 직장 동료의 줌 배경화면처럼 밋밋한 흐릿함 속으로 사라진다. (그 동료는 분명 레고 우주선을 올려둔 선반을 감추려고 배경을 흐리게 해두었을 것이다.) 하지만 주의력과 집중력을 훈련해 그런 흐릿함을 다시 또렷하게 만들 수 있다. 이것은 연습할 수 있는 기술이며, 훈련할수록 더 큰 보상을 안겨준다.

우리 모두 한 번쯤은 모든 게 놀라우리만치 또렷했던 순간을 경험한 적이 있다. 특히 누구나 공통으로 겪는 두 가지 경험에서, 우리는 주변을 유난히 구체적으로 인식한다. 새집에서의 첫날밤, 그리고 남의 집 화장실을 사용할 때다.

새집으로 이사했을 때 우리는 사소한 것들에 유난히 예민해진다. 배관에서 나는 소리, 삐걱거리는 바닥의 어느 한 곳, 한

쪽 모서리가 살짝 다른 톤의 흰 페인트로 덧칠된 흔적 등이 눈에 밟힌다. 하지만 며칠이 지나면 그것들은 우리의 주의력에서 서서히 사라진다. 그냥 원래 그렇다는 식으로 받아들이게 된다. 나는 새로운 집으로 이사하면 처음 2주 동안만 벽에 그림이나 장식을 걸 수 있다. 그 시기를 놓치면 내 머릿속에서 그 벽이 '바로 그 빈 벽'이 되어버린다. 거기엔 아무것도 걸 수 없다. 그건 '바로 그 빈 벽'이니까! 원래 그런 벽인 것이다. 이상하게도 그 위에 사진을 걸면 오히려 어색해 보인다.

또 다른 예로, 친구 집에서 화장실을 빌려 쓸 때를 생각해보자. 자기 집이 아닌 곳에서는 이상하고 특이한 것들이 더 쉽게 눈에 밟힌다. 남의 집 화장실에 들어가면 그들이 그 공간을 당신과 얼마나 다르게 꾸며놨는지가 바로 보인다. 화장지를 어떻게 걸어놨을까? 제대로(화장지가 위쪽에서 아래로 내려오게) 걸었을까? 아니면 야만적으로(화장지를 헐렁하게 늘어뜨려서, 앞머리는 짧고 뒤는 장발인 헤어스타일처럼) 해놨을까? 쪼그려 앉아서 볼일을 보는 발판은 있을까? 비데는? 아니면 버스를 기다리며 편하게 앉으라는 듯, 변기 위에 두꺼운 복고풍 플라스틱 쿠션이 올려져 있을까? 책이나 잡지가 쌓여 있을까? 혹시 물에 젖었다가 말린 듯 쭈글쭈글한 상태일까?

이런 건 정작 자기 집에서는 잘 보이지 않지만 남의 집에서는 눈에 바로 들어온다. 눈에 확 띈다! 이상한 느낌이 든다! 바로 이런 관찰이 유머를 불러온다. 웃음이 싹트는 비옥한 토양을 만드는 건 이 같은 주의력과 마음가짐이다. 유머는 거의 항상 뭔가 어긋나거나, 이상하거나, 기이하거나, 유쾌한 점을 알아차리는 데서—주의깊게 바라볼 때—생긴다.

이 모든 것이 유머감각을 기르는 첫 번째 핵심 원리로 이어진다. 바로 지금에 깨어 있기다. 유머가 안겨주는 기쁨과 창조성, 통찰이라는 이점을 누리려면 '낯선 화장실의 마음가짐'을 유지하는 걸 목표로 삼아야 한다.

웃음을 여는 암호

그런 마음가짐을 어떻게 유지할 수 있는지는 곧 다뤄보겠다. 그보다 먼저 우리가 지금에 깨어 있고 뭔가를 관찰할 때, 무엇이 우리를 웃게 만드는지 살펴보자. 우리는 왜 웃을까? 어떤 것이 웃긴다는 건 대체 무슨 뜻일까?

그레그 브라이언트는 UCLA의 인지심리학자로, 진화론적 관점에서 유머와 웃음을 연구한다.[1] 학계에서는 유머가 어떻게 작동하는지를 두고 여러 이론이 경쟁하고 있다. 내가 브라이언트의 연구와 논문을 신뢰하는 이유는 그의 이론적 틀인 '암호화 이론encryption theory'이 가장 설득력 있게 다가올 뿐 아니라, 내가 만난 유머 연구자 가운데 유일하게 진짜로 재미있는 사람이기 때문이다. 웃음을 연구하는 사람들 가운데 아재개그가 코미디 예술의 정점이라고 생각하는 자들이 얼마나 많은지 알면 아마 깜짝 놀랄 것이다. 다행히 브라이언트는 그렇지 않다. 그는 아주 건조한 유머감각을 지녔다. "최근에 배꼽 빠지게 웃은 때가 언제였나요?"라고 물었더니 그는 무표정한 얼굴로 "1998년이요"라고 했다. 그러고는 아주 희미한 미소를 지어 보였다. 나는 그 자리에서 빵 터졌다.

브라이언트의 암호화 이론에 따르면, 유머는 근본적으로 일종의 사회적 시험이다. 듣는 사람이 그걸 풀어낼 수 있는지 확인하려는 수수께끼이자 퍼즐인 셈이다. 브라이언트가 내게 설명해준 바로는, 누군가 당신에게 웃긴 말을 한다면 그건 본질적으로 비밀 암호다. "그 암호를 해독할 수 있는 유일한 방법은 거기에 대응하는 정보, 즉 열쇠를 가지고 있는 겁니다. 그 열쇠가 있다면 농담을 이해할 수 있고, 거기에 맞는 웃음으로 상대의 농담을 알아들었다는 신호를 보내게 되는 거죠."

진화론적 관점에서 암호화 이론은 웃음이 문화를 초월해 보편적으로 존재할 만큼 중요한 이유를 설명해준다. (이 이론은 사람들이 왜 가짜 웃음에 그렇게나 민감한지도 알려준다. 브라이언트가 진행한 한 연구에서는 21개 문화권의 참가자들이 우연적 확률보다 훨씬 높은 비율로 진짜 웃음과 가짜 웃음을 구별해냈다.)[2] 누군가 당신의 농담을 이해하는지, 당신이 보낸 암호 메시지를 해독할 수 있는지는 상대가 당신과 같은 집단에 속해 있는지의 여부를 즉각적으로 알려준다. 이는 서로가 같은 생각을 하고 있는지 확인하는, 빠르고도 단순하며 놀라울 만큼 효과적인 시험이다. 인류 진화의 과정에서 이런 정보는 종종 생사를 가르는 문제이기도 했다.

브라이언트의 연구에 따르면 이는 모든 의도적 유머의 밑바탕에 깔린 자연스럽고 무의식적인 과정이다. 암호화 이론은 누군가 넘어지는 모습을 봤을 때 왜 웃음이 터지는지를 설명하지 못한다. 의도하지 않은 일이기에 암호화가 아닌 것이다. (유머에 대한 또 다른 이론인 '무해한 위반 이론benign violation theory'은 이런 사례에 더 관심을 둔다. 이에 대해서는 2장에서 다룰 예정이다.) 하지만 의도적 유머는 누군가에게 암호를 던지는 방식으로 작동한다. 암호를 알아차렸을 때 느껴지는 만족감과 해방감이 진짜 웃음을 만들어낸다. 브라이언트는 이렇게 덧붙였다.

"그래서 농담을 설명하는 순간 더이상 웃기지 않게 되는 거예요." 누군가 답을 알려주면 퍼즐을 푸는 재미가 없어지는 것과 같은 이치다.

유머에서 지금에 깨어 있기가 그토록 중요한 이유는 바로 여기에 있다. 당신은 주변 환경을 살피며 스스로 만들어낼 수수께끼의 영감을 찾기도 하고, 동시에 다른 사람의 유머를 즉시 해독할 수 있게 해줄 퍼즐 조각들을 파악하기도 한다.

학술논문을 읽어야 할까? 당연히 그렇지 않다. 나는 진심으로 웃다가 "이 웃음은 이론적 틀을 이해할 수 없기 때문에 즐겁지 않네요"라고 말하는 사람은 본 적이 없다. 하지만 전 세계 인류가 공유하는 이 이상하고도 즐거운 행위의 진화적 동기를 이해하는 일에는 묘한 만족감이 있다고 생각한다. 친구들과 즐거운 시간을 보낼 때 왜 저절로 소리를 내며 웃게 될까? 왜 어떤 농담은 도무지 이해할 수 없는데, 또 어떤 농담은 무릎을 칠 만큼 웃긴 걸까? 모든 웃음은 하나의 미스터리이자 우리가 풀어낸 퍼즐이다. 주의를 기울일수록, 우리는 그런 암호를 더 자주 만들고 또 해독할 수 있게 된다.

흐릿한 배경을 걷어내기

퍼즐 조각들이 실제로 지금 이 순간에 깨어 있는 데 도움이 되도록 하려면 어떻게 해야 할까? 예전에는 그냥 흐릿하게 스쳐지나갔던 곳들에서 세상의 어긋남을, 그 퍼즐과 암호 같은 순간들을 어떻게 알아볼 수 있을까? 정신이 가장 멀리 떠나 있을 때, 제일 멍해지는 시간부터 시작해보길 권한다. 다른 많은 사람들처럼 나 역시 출퇴근 시간이 그런 때다. 수백 번은 지나친 똑같은 길을 가다 보면, 나도 모르게 완전히 오토파일럿 모드로 들어간다. 내 머릿속은 지금 이곳을 빼고는 무엇이든 생각하려고 안달이 난 상태다.

모든 사람에겐 일상에 깊이 새겨진 자동 경로들이 있다. 출퇴근길이든, 아이를 학교에 데려다주는 길이든, 마트에 가는 길이든 마찬가지다. 이런 순간들이야말로 '알아차림 모드'로 전환할 절호의 기회다. 그런데 어떻게 해야 할까?

첫 번째 단계는 간단하다. 지금 무슨 일이 일어나고 있는지 알아차리면 된다. 즉 자신의 마음이 이미 '흐리멍덩 모드'에 빠져들었음을 알아차리는 것이다. 출퇴근길(또는 다른 자동 경로)은 주의력을 잃게 하는 주범이다. 그러니 그 시간을 주의력 근육을 단련할 기회로 삼아보자. 잠시 멈춰서 흐릿함으로부터 정신을 일깨우고 주변의 사람들, 표지판, 풍경을 진심으로 바라보라. 그리고 지금껏 한 번도 눈에 들어오지 않았던 단 한 가지를 찾아보라.

알렉산드라 호로비츠는 책《이토록 지적인 산책 *On Looking*》에서 맨해튼 동네의 같은 산책길을 매번 다른 전문가와 함께 걸으며 '일상의 스펙터클'을 발견한다.[3] 동물 연구자는 호로비츠에게 쥐의 눈으로 바라본 동네를 보여준다(내용이 끔찍했다. 굳이 찾아보는 건 추천하지 않는다). 지질학자는 그녀가 자신을 훨씬 더 큰 시간의 흐름 속에 자리할 수 있게 돕는다. 사운드 디자이너는 소리가 주변 건물에서 어떻게 퍼지고 튕겨 나가는지를 보여준다.

우리는 매일 출퇴근길에 전문가 무리를 데려갈 수 없지만 원리는 같다. 주의력을 발휘하고 마음에 새로운 렌즈를 씌워보는 것. 이름 붙이기 힘든 냄새, 유난히 움푹 팬 도로, 버스 브레이크가 동물처럼 내지르는 끼익 소리, 주변의 승객이나 운전자들, 그들이 하는 행동과 입은 옷, 보고 있는 화면, 읽는 책에 주목해보자. 우리가 가장 익숙하다고 생각했던 곳, 매일같이 보는 장소들마저 낯설 만큼 놀랍고 독특하게 느껴질 것이다. 완전히 새롭고 흥미롭지는 않더라도 말이다.

내가 처음으로 흐릿함에서 벗어나 초점을 되찾은 때는 뉴욕 지하철로 출퇴근하면서였다. 수백 번의 지하철 탑승, 승객들과 풍경과 소리로 가득했던 시간을 겪었지만, 내 기억 속에서는 모든 게 뒤섞여 서로 구분하기 어려웠다. 우리가 출퇴근에 얼마나 많은 시간을 쓰는지 생각해보라. 그건 내 삶의 일부였고—아마 당신의 시간도 그럴 테지만—그저 흘러가버렸다. 나는 사실상 몽유병 환자처럼 그 시간을 보내버렸다. 내가 현재에 집중하고 유머감각을 자극할 만한 것들을 찾아보기 시작하자 어떤 일이 벌어졌을까?

가장 먼저 눈에 띈 풍경은 온갖 괴상한 일들이었다. 달러 지폐를 책갈피로 쓰는 남자를 봤는데, 비록 1달러였지만 내가 본 모습 중 가장 부자 같은 행동이었다. 《사람들이 귀기울이도록 말하는 법 *How to Talk So People Will Listen*》이라는 책을 읽는 여성 맞은편에 《의도적으로 경청하는 법 *How to Listen with Intention*》을 읽는 남자가 앉아 있는 모습도 봤다. 한번은 어떤 남자가 지하철 한가운데 있는 쇠기둥에 기대서 있었는데, 엉덩이 골이 기둥을 꽉 물고 있는 덕분에 그는 양손을 자유롭게 쓸 수 있었다. 또 한번은 비둘기 한 마리가 열린 지하철 문으로 훌쩍 날아들어왔다. 그런데 한 승객이 맨손으로 비둘기를 순식간에 (그것도 아주 태연하게) 붙잡더니 창문 밖으로 그대로 던져버렸다.

내가 여기서 말하고픈 부분 중 하나는 우연한 발견이 일어날 수 있도록, 잠깐의 여유 시간을 피하려고 필사적으로 애쓰지 말라는 것이다. 단 몇 초라도 좋으니, 지루함을 너무 두려워하지 않도록 노력해보자. 대부분의 사람은 '기다림'이나 '전환의 시간'처럼 느껴지는 순간이 오면 곧장 휴대폰이나 팟캐스트, 아니면 각자 고른 방해물의 사랑스러운 품으로 도망쳐버린다. 하지만 나는 이렇게 말하고 싶다. 그 전환의 순간에 조금더 깨어 있고, 가끔은 그저 그곳에 존재하는 것을 바라보는 연습을 해보라고. 그렇게 하면 훨씬 더 자주 웃게 될 것이다.

만약 내가 지하철로 걸어가며 휴대폰으로 이메일을 확인하던 루틴을 바꾸지 않았다면, 미국으로 강연 투어를 오는 러시아 신비주의자의 포스터를 발견하지 못했을 것이다. 그랬다면 손해가 꽤 컸으리라. 어떤 사람의 직업이 '러시아 신비주의자'라는 사실 자체가 이미 웃기지 않은가? 세금 납부 서류에도 직업을 그렇게 쓸까? 그런데 이걸 평생 잊지 못할 순간으로 만든 이유는, 자세히 보니 그 신비주의자가 소름 끼칠 만큼 나를 닮았다는 사실이었다. 나는 지나가던 승객의 도움을 받아 포스터 옆에서 사진을 찍을 수밖에 없었다. 몇 년이 지난 지금도 그 순

간이 선명히 떠오른다. 여전히 생각할 때마다 웃음이 난달까.

그리고 이건 한 번만 일어난 사건이 아니다. 신비주의자로 사는 내 도플갱어가 다시 나타난 적은 없지만, 나와 한 번이라도 여행을 함께해본 사람이라면 안다. 내가 나를 웃게 하는 것들을 찍어두거나 더 자세히 보려고 끊임없이 걸음을 멈춘다는 사실을.

최근 미국 미시간주 시골에 사는 친구를 방문했을 때, 한 농장 밖에서 이런 표지판을 봤다. "이 말은 안 죽었음! 건드리지 마시오! 말 주인도 마찬가지임!" 만약 그 농장을 그냥 지나치는 바람에 그 메시지를 보지 못했다면 내 삶이 얼마나 허전해졌을지 상상조차 할 수 없다. 다행히 스쳐지나지 않은 덕분에 100퍼센트 확신을 갖고 말할 수 있다. 그 말은, 죽지 않았다.

물론 인생이 출퇴근만으로 이루어지는 건 아니다. 자동 경로들은 삶의 다른 부분에서 더 주의를 기울이기 위한 관문일 뿐이다. 무엇이 당신을 웃게 만드는지 알아차리는 연습을 시작하면, 가능성의 세계가 열린다. 무엇이 당신을 기쁘게 하는지 안다면, 어처구니없는 삶의 순간들 가운데 가장 즐겁게 머물고 싶은 곳이 어디인지 깨닫게 된다.

위키백과의 심연을 향해

애니 라우어더는 바로 그렇게 자기만의 놀이터를 찾아낸 완벽한 사례다. 라우어더의 독특한 유머감각은 그녀를 위키백과의 가장 기묘한 항목들로 이끌었다. 소 밀어 넘어뜨리기 cow tipping 항목을 보며 웃음을 터뜨린 것을 시작으로, 폭발하는 바지 exploding trousers, 핵 간디 Nuclear Gandhi, 성적으로 왕성한 교황들 sexually active popes 같은 항목으로 관심이 뻗어나갔다. 그녀는 현재 온라인 백과사전에서 가장 웃기고 희귀하고 흥미로운 부분들을 조명하는 라이브쇼이자 뉴스레터, 소셜미디어 계정인 '위키백과의 심연Depths of Wikipedia'을 운영하며 엄청난 성공을 거두고 있다.

이 책을 위해 진행한 인터뷰[4]에서 라우어더는 자신이 특별히 재미난 사람이라고 생각하지 않는다고 말했다. 자신은 코미디언보다 아키비스트archivist에 더 가깝다고 표현했다. 하지만 그녀가 자원 편집자로 활동하는 위키백과라는 틈새의 세계에서는 세부적 사항에 대한 집요한 헌신과 지금 이 순간에 온전히 머무는 자세가 결국 순도 높은 유머로 이어졌다.

최근에 그녀는 남방달고기과(오레오소마티과Oreosomatidae)로 알려진 물고기 과를 발견했다. 라우어더는 거의 기계적으로 지루한 위키백과 편집작업을 하던 중 그 생물에 대해 처음 알게 되었다고 했다. "동음이의어 페이지에 있었는데 '이게 진짜 있는 건가?' 싶어서 확인해보던 중이었죠." 그런데 곧장 그녀의 주의를 끄는 게 있었다. 오레오Oreo라는 이름의 물고기였다. 더 알아보아야만 했다. "눈이 정말 크잖아요. 그래서 생각했죠. '아, 눈이 오레오처럼 생겨서 그런가?' 그런데 확실한 답은 없어요. 이름을 붙인 과학자가 이미 세상을 떠났고, 이유를 남기지 않았거든요." 라우어더는 오레오 물고기의 이름을 둘러싼 미스터리가 오히려 더 즐겁다는 듯 미소를 지었다. "아무도 알아주지 않는 위키백과 작업을 했기 때문에 찾아낸 거지요."

라우어더는 모든 작업에서 특이한 디테일에 이 같은 열정을 쏟는다. 다음 프로젝트로는 엄청나게 세분화된 분야를 다루는 팝업 박물관을 만들고 싶다고 했다. "저는 엉뚱하게 매력적인 박물관을 정말 좋아해요. 뉴욕주 글로버스빌에는 장갑 박물관이 있거든요. 온통 장갑에 관한 내용이에요. 그런 게 너무 좋아요."

라우어더는 아직 박물관의 주제를 정하지 못했지만, 트럭에서 쏟아진 물건들을 기념하는 쪽으로 마음이 기울고 있다. "트럭에서 온갖 물건이 우연히 쏟아지는 건 정말 웃겨요. 그런데 사람들은 그런 사건들을 제대로 기념하지 않죠." 예를 들어달라고 하자, 그녀는 도로 위에 엄청난 양의 윤활제를 쏟은 탱크로리 사고를 언급했다. "미끄덩한 윤활제를 실은 대형 트럭이 뒤집어지면, 미국의 일부 지역에서는 사람들이 쓸 윤활제가 사라지는 셈이에요." 그녀는 엄청나게 진지한 표정으로 말했다. "그럴 때야말로 공급망의 취약성이 정말 적나라하게 드러나죠."

나중에 구글에서 '트럭 유출 사고'를 검색해보니 알프레도 소스 참사, 고속도로에서 500만 마리가 넘는 벌들이 풀려난 사건, 버드라이트 맥주캔으로 뒤덮인 도로 사고 사진이 나왔다. 라우어더가 트럭 유출 박물관을 실현하게 된다면, 나는 입장권을 사려고 맨 앞줄에 설 거라는 사실을 꼭 알아두시길 바란다.

순한 맛으로 태어난 사람들

일상 속 사소한 세부사항을 세심하게 관찰하는 일에 헌신하는 사람들 중 '무미건조 신사 클럽 Dull Men's Club'을 능가할 이들은 없을 테다. 1988년 뉴욕에서 설립되어 국제 조직으로 성장한[5] 이 클럽은 자신들을 이렇게 소개한다. "속도를 늦추고, 단순하고 일상적인 것들을 즐기며, 오늘날 삶의 고단함에서 벗어나는 공간. 우리는 그저 페인트가 마르는 모습을 지켜보는 것처럼 따분하게만 살지 않습니다."[6]

그들 스스로 페인트가 마르는 걸 쳐다보기만 하지는 않는다는 설명을 해야 한다고 느낀다는 점이 재미있다. 또한 그들의 모토에 적어도 가끔은 정말로 페인트가 마르는 과정을 지켜본다는 사실을 은근히 인정하는 뉘앙스가 담겨 있다는 점도 아주 좋다.

무미건조 신사 클럽의 모토는 "평범함을 즐기자"다.[7] 이 클럽은 주로 온라인에서, 가끔 오프라인에서도 모이는 하나의 장으로 (처음엔 남자만이었지만 이제는 모든 무미건조한 사람들에게 열려 있다) 160만 명 회원이 "많은 사람들이 따분하다고 생각하는 평범한 것들을 즐기는" 곳이다.[8] 웹사이트의 자주 묻는 질문FAQ 페이지에 따르면, 이 클럽이 지원하는 활동 예시로 "풀이 자라는 것 보기, 얼음이 녹는 것 보기, 옥수수가 자라는 소리 듣기, 나무가 휘는 것 보기, 그 외에도 훨씬 더 많은 것들"이 있다. FAQ에는 이런 항목들도 있다.

Q. 무미건조 신사들도 좋아하는 맛이 있나요?

A. 있습니다. 바닐라 맛이죠.

Q. 평범한 무미건조 신사가 좋아하는 책은 무엇인가요?

A. 사전입니다. 단어들이 알파벳 순서로 깔끔하게 정리돼 있으니까요.

Q. 여러분을 뭐라고 부르면 될까요? 무미건조인dullards인가요?

A. 아닙니다. 우리는 무미건조스터dullster입니다. 힙스터hipster의 반대 말이죠.[9]

보시다시피, 무미건조스터들은 분명 유머감각이 있다. '무미건조 신사 클럽'이라는 이름의 조직을 만들었다는 사실만으로도 이미 웃음을 자아내기 충분하다. 게다가 매년 '올해의 무미건조 신사' 12명을 소개하는 달력을 판매한다는 점이 유머를 한층 더 돋운다.

하지만 평범한 것을 기념하는 일은 그 자체로 심오한 의미도 있다. 지금에 깨어 있기가 이 책이 말하는 첫 번째 핵심 원리인 이유는 바로 그래서다. 겉보기에 지루하고 따분해 보이는 세상에 대해 판단을 내리지 않고, 마치 새 화장실을 처음 사용할 때와 같은 시선으로 자세히 바라본다면, 당신을 즐겁게 해줄 특별한 무언가를 발견할 수 있다. 무미건조 신사 클럽의 뉴질랜드 지부 운영자 카일리 대븐포트는 한 지역신문 인터뷰에서 클럽의 핵심이 "다른 사람이라면 지독하게 지루하다고 느낄 일에서도 기쁨을 찾는 데 있다"고 말했다. "남들과 경쟁하려는 게 아니에요. 만약 당신이 USB를 수집하는 일에 열정을 쏟는다면 그걸로 멋진 겁니다. 당신의 동료들을 만나게 될 거예요."[10]

당신은 피카소가 아니다

충분히 주의를 기울이면, 누가 보더라도 형편없는 경험에서도 기쁨을 찾을 수 있다. 바로 이것이 '못생긴 미술관Museum Of Bad Art, MOBA'의 출발점이다. 보스턴에 있는 이곳은 '무시하기엔 너무 못 그린' 작품들을 전시하는 데 전념하는 미술기관이다. MOBA*는 두 친구가 나눈 농담에서 출발했지만, 30년이 지난 지금은 지속적으로 소장품을 늘려가는 정식 미술관이자 비영리단체로 자리잡았다.[11]

* MOBA 직원들은 명칭과 약어 모두 반드시 대문자 O를 써야 한다고 거듭 강조했다. 뉴욕 현대미술관MoMA, 보고 있나!

어떤 작품이 MOBA의 전시장에 걸릴 자격을 얻을까? 미술관 웹사이트에 따르면 "재능 있는 작가가 한순간 삐끗해 탄생한 작품부터 붓을 간신히 놀리는 작가가 열정적으로 그려낸 투박한 작품까지" 다양하다. "모든 작품의 공통점은 그저 실력이 없는 것과는 어떻게든 구별되는, 독특한 개성이 있다는 점이다."[12] MOBA가 처음으로 전시한 작품이자 이곳의 설립을 이끌게 된 그림은 〈꽃밭의 루시Lucy in the Field with Flowers〉로 알려져

〈꽃밭의 루시〉
작자 미상
캔버스에 유화, 30×24인치
1993년 보스턴의 쓰레기통에서 수거

있다.

MOBA에 따르면, "이 한 점의 그림이 바로 MOBA의 탄생을 이끌 씨앗이 되었다. 인물의 움직임, 의자, 흔들리는 가슴, 하늘의 미묘한 색조, 얼굴의 표정까지. 모든 디테일이 '걸작'을

〈마나리자〉

앤드리아 슈밋Andrea Schmidt

캔버스에 유화, 16×12인치

2002년 1월, 캐나다 밴쿠버에서 작가가 직접 기증

외친다."[13] 반면 내가 개인적으로 좋아하는 작품 중 하나는 〈마나리자Mana Lisa〉로 알려진 그림이다.

미술관의 설명에 따르면 "〈마나리자〉의 코는 작품의 구도에서 결정적이며, 전경의 모습과 심하게 니스를 두텁게 칠한 배경 사이의 대화에 긴장감을 자아낸다." MOBA의 큐레이터들은 "이 불가사의한 작품을 더 잘 이해하려는" 시도로 "댄 브

라운의 《다빈치 코드》에서 힌트를 얻어" 제목의 글자를 섞어
의미를 해독하려 했다고 썼다.[14] 마나리자의 눈을 응시하면서
MOBA 큐레이터들이 제시한 단어 조합들을 생각해보자.

I AM NASAL(나는 콧구멍이다)

A SAIL MAN(돛단배 사나이)

AS ANIMAL(동물처럼)

AM A SNAIL(나는 달팽이다)

MAIL NASA(NASA에 편지 보내기)

MAN ALIAS(남자의 가명)

각각의 조합은 까맣게 칠해진 마나리자의 조그만 왼쪽 눈만
큼이나 심오하면서도 당황스럽다. 한편 관람객들이 좋아하는
작품을 꼽자면, 미술관에 방문하는 사람들을 즐겁게 하는 단
골 작품은 단연 〈엄마와 아가Mama and Babe〉다.

"작가는 놀라울 정도로 얼굴의 골격 구조를 강조하고, 국경
지대의 선술집에서 마실 법한 최고급 리큐어가 떠오르는 피
부색을 활용했다. 꼭두각시같이 꼿꼿한 아기의 자세는 엄마와
아이가 처음 맺는 애착관계가 친밀하면서도 격식을 차린 것임

〈엄마와 아가〉
세라 이라니Sarah Irani
캔버스에 아크릴, 24×18인치
1995년, 작가 기증

을 암시한다."[15] 해설은 또한 그림 속 엄마가 미국의 전 국무장관 힐러리 로댐 클린턴과 놀라울 만큼, 그리고 다소 섬뜩할 정도로 닮아 있다고 덧붙인다.

미술관의 상임 대행 임시 총괄디렉터*인 루이즈 라일리 사코를 인터뷰했을 때, 그녀는 MOBA에서 전시할 만큼 형편없는 작품을 찾아다니다 보니

* 그 자체로 완벽하고 웃긴, 농담 같은 직함이다.

세상을 보는 방식이 완전히 달라졌다고 말했다. "삶이 훨씬 더 흥미로워졌어요. 사람들을 더 자세히 들여다보게 됐죠."[16]

루이즈는 MOBA 외에도 레드삭스 경기가 열릴 때 펜웨이 파크에서 안내원으로 일한다. "정말 많은 사람들을 만나요. 누군가와 3분 정도 대화를 나누다 보면 그 사람이 누구인지, 왜 그런 사람이 되었는지 더 궁금해진다는 사실을 깨달았지요. 세상을 더 자세히 들여다보는 방법이 된 거랍니다."

MOBA에서 웃음을 자아낼 만큼 이상하거나 특이한 예술작품을 찾기 시작한 뒤 구체적으로 어떤 관찰력이 늘었는지 캐물었다. 루이즈는 이번 장에서 내가 이야기해온 '지금에 깨어 있기'라는 핵심 원리를 자기만의 방식으로 실천하는 것이 비결이라고 말했다. "그냥 무시하고 '에이, 이건 시간 낭비야'라고 치부하는 대신 잠시 멈춰서 그것을 보고, 무슨 일이 일어나고 있는지 생각해보는 마음가짐을 품으려 노력했다"고 한다.

루이즈의 경험에 따르면, 가장 재미난 그림들은 처음엔 그다지 특별해 보이지 않는다. 그녀가 특히 좋아하게 된 작품들은 터져나오는 웃음이 아니라 살짝 미소를 짓는 데서 시작한 경우가 많다. 그런 그림들이 머릿속에 남아서 집으로 가는 길에 문득 떠오르고, 곰곰이 생각할수록 점점 더 웃기게 느껴진다고 한다.

MOBA가 안겨주는 즐거움에는 미술관이라는 개념 자체를 뒤집는 재미가 있다. 나는 순수미술의 세계가 좀 버겁다. 진지한 미술관에 들어가면 괜히 의식하게 되고 복잡해진다. 뭘 봐야 하지? 이 작품이 경매에서 수백만 달러에 팔리고, 유명한 기관의 벽에 걸릴 만큼 훌륭한 이유가 뭘까? 이 이미지에 담긴 역사와 의미는 뭐지? 루이즈는 이렇게 말한다. "크고 전통적이고 격식 있는 미술관에 가면, 특히 젊은 사람들은 '음, 이건 별로인걸'이라고 말하기 어렵죠." 그래서 그녀는 학교에서 일반적인 미술관 견학과 함께 MOBA 방문을 진행하도록 권한다. "아이들이 우리 미술관에 다녀간 뒤에는 예술을 판단하는 결정들에 좀 더 편하게 이의를 제기할 수 있게 되거든요. 저는 그게 정말 좋은 일이라고 생각해요."

못생긴 미술관은 모두를 환영한다. 이곳에 작품을 전시 중인 작가들보다 더 잘 그릴 수 있을 것 같다고? 아마 정말로 그럴 것이다! 이곳은 우리가 '어떻게 느껴야 한다'고 생각하는 게 뭔지 알아내는 대신 작품에 대한 솔직하고 진정성 있는 인상을 그대로 받아들이게 한다. 외부에서 의미를 찾는 대신 이 순간에 머무르며 자신의 진실한 직감을 믿는 것. 이것이 첫 번째 핵심 원리에서 가장 중요한 부분이다.

음성 메모로 남길 정도면 충분

끔찍하게 못 그린 그림이든, 페인트가 마르는 모습이든, 괴상한 이름의 물고기든, 그도 아니면 전혀 다른 무엇이든—당신을 즐겁게 하는 부조리의 유형과 당신의 유머감각에 딱 맞는 세상의 구석구석을 파악하기 시작했다면, 다음 단계는 그것들을 기록하는 일이다. 겉으로 보기엔 재미없는 일처럼 느껴질 수도 있다. 웃음과 기쁨이라는 완벽한 나비를 무자비하게 핀으로 꽂아 표본으로 만드는 일 같으니까. 하지만 삶에 더 많은 유머를 불어넣고 싶다면, 작고 일상적인 관찰 하나하나가 작은 발걸음이 된다. 이런 관찰을 기록하면 그 즐거움이 더 오래간다. 그렇지 않으면 '1달러 지폐를 책갈피 삼은 남자' 같은 장면을 너무 쉽게 잊어버릴 테니까. 무엇보다 기록하는 습관은 주변의 유머에 현재형으로 머무는 힘을 길러준다.

내가 아는 웃음을 업으로 삼는 사람들은 모두 유머의 조각들을 기록하는 나름의 시스템을 갖고 있다. 어떤 이들은 뒷주머니에 수첩을 넣고 다니며, 기록할 만한 생각이 떠오르거나 웃긴 장면을 보면 곧바로 끄적인다. 내 친구 마이크 캐플런은 끊임없이 활동하는 스탠드업 코미디언인데 항상 디지털 녹음 기를 들고 다닌다. 대화 중에 누군가의 말을 듣고 크게 웃으면 "잠깐만" 하고는 바로 녹음한다. (마이크와 이야기하다가 내 딴에 는 꽤 똘똘한 말을 했다고 생각했는데, 그가 녹음기를 꺼내지 않으면 살짝 섭섭하기도 하다. 뭐야, 이건 음성 메모를 남길 정도는 아니라고?!)

〈뉴요커〉의 만화가 리아나 핑크는 내게 알려주었다. 밖에서 흥미롭거나 웃긴 걸 발견할 때 그 아이디어를 자기 자신에게 만 보내기 위해 만든 비밀 이메일 계정이 있다고.[17]

예술가 웬디 맥노튼Wendy MacNaughton은 "예술가의 눈을 장착하 기putting on your art eyes"라는 표현을 쓴다. 그녀가 진행 중인 프로젝 트 '드로투게더DrawTogether'를 통해서인데, 이 프로젝트는 수만 명의 성인에게 상상력을 일깨우는 창의성 훈련을 제공하며, 전 세계에서 30만 명에 이르는 학습자들에게 사회·정서 학습 과 미술 커리큘럼을 무료로 나누고 있다.[18] 그녀는 내게 이렇 게 설명했다. "이 표현을 만든 이유는 아이들(그리고 어른들)에 게 세상을 주의깊게 인식하는 방식으로 바라보는 법을 가르 치기 위해서예요. 좀 더 격식 있게 말하면 '능동적 관찰'이라고 부를 수도 있겠죠."

맥노튼과 그녀의 친구인 작가 로럴 브레이트먼Laurel Braitman은 능동적 관찰이라는 개념이 두 사람의 작업에서 얼마나 핵심적인지 이야기를 나누다가, 농담 삼아 '주의집중 클럽Attention Club'이라는 단체 명함까지 만들었다. 나 역시 회원증을 보유한 정식 회원이라는 사실이 무척 자랑스럽다. 회원증에 적힌 주의집중 클럽의 첫 번째 규칙은 "예술가의 눈을 장착하라"다. (이건 파이트 클럽의 첫 번째 규칙, "파이트 클럽에 대해 말하지 않는다"와는 완전히 다르다.) 이렇게 능동적으로 주의를 기울이고 예술가의 눈으로 세상을 바라보는 일은, 이 세상을 영감과 아름다움의 원천으로 바라본다는 뜻이다.

맥노튼은 주의집중 클럽에 영감을 준 인물 중 하나로 메리 코리타 수녀로도 알려진 예술가 코리타 켄트Corita Kent를 꼽는다. 맥노튼에 따르면, 코리타 수녀는 "광고나 잡지, 심지어 빵 포장지에서까지 이미지와 문구를 끌어왔고, 말 그대로 새로운 틀 속에 다시 담았다. 색과 구성을 활용해 평소에 그냥 지나치는 것들을 완전히 새로운 시각으로 바라보게 만들었다."[19] 코리타 수녀가 자신의 작업에서 (그리고 스스로를 예술가라고 생각하지 않는 사람들에게 예술을 가르칠 때) 사용한 도구로 '파인더finder'가 있다. 파인더는 종이나 판지로 만든 작은 직사각형으로, 카

메라의 뷰파인더처럼 손에 들고서 세상을 들여다볼 수 있다. 그녀는 이 도구가 "세상을 한 번에 한 조각씩" 바라보는 데 도움이 된다고 했다.

맥노튼은 이렇게 설명한다. "우리는 일상에서 너무 많은 시각적 자극에 둘러싸여 있어요. 그래서 낡은 자동차 범퍼 같은 작은 것들은 거의 눈에 들어오지 않아요. 나무 의자의 모서리라든가, 매니큐어를 바른 누군가의 손톱도 마찬가지죠. 무수한 자극에 압도된 탓에 사소한 것들을 보지 못하는 거예요."[20]

맥노튼에게는 파인더로 들여다볼 때 눈에 들어오는 작은 것들이 그림을 위한 영감이 된다. 그녀의 작품 중 무엇을 보더라도 그 안에 유머와 웃음이 얼마나 깊이 배어 있는지 금세 알 수 있다. 그녀의 그림은 유머가 꼭 농담의 형태일 필요는 없다는 사실을 일깨워준다. 유머는 시각디자인이나 사진 속에도 존재한다. (미술가 데이비드 슈리글리David Shrigley는 어떤 스탠드업 코미디언 못지않게 한결같이 날 웃게 만든다.) 유머는 몸의 움직임으로 이뤄질 수도 있다. (커쿤 센트럴 댄스팀Cocoon Central Dance Team이나 빌 어윈Bill Irwin의 공연이 그렇다.) 유머란 그저 오늘 당신의 시선을 끈 세상의 한 조각을 보며 마음속으로 웃고 즐거워하는 일일 수도 있다. 요컨대 주의를 기울일 땐 크게 생각하기보다 사소한 것에 집중하길 권한다. 당신을 즐겁게 하는 건 넓은 풍경이 아니라, 바로 그 작은 틈새에 있다.

어디서나 웃음을 찾을 수 있다

유머를 안겨주는 세상의 조각들을 발견하는 일은 자신(혹은 다른 사람)을 웃게 만들 수 있는 공간으로 들어가는 열쇠나 다름없다. 주의집중이라는 시선은 그저 유머를 알아차리는 도구가 아니다. 누구도 눈치채지 못한 것 같지만 당신만은 알아본 작은 이상함들에 비추는 빛줄기이다. 내가 너무 좋아하고 늘 웃게 되는 예를 몇 가지 들어보자.

〈닌자터틀Teenage Mutant Ninja Turtles〉의 주제가는 중독성이 아주 강하다. 돌연변이 닌자거북이라는 구절이 계속 반복되는 노래다. 내 친구 톰은 이 노래의 리듬에 딱 맞아떨어지는 엉뚱한 말들을 찾아다닌다. 덕분에 종종 노래 가사를 바꾼 기막힌 메시지를 받곤 하는데, 매번 피식 웃음이 난다. (한국의 '수능금지곡'처럼 머릿속을 좀체 떠나지 않는 중독성 강한 노래, 예를 들자면 에스파의 〈Supernova〉 가사에 "수수수 슈퍼노바" 대신 "텅텅텅 텅장됐음"을 끼워넣는 식이다. - 옮긴이)

지루한 일상에 유머를 불어넣을 또 다른 기회는 세무 서류의 세계라는 재미난 곳에서 온다. 미국에서 활동하는 코미디언들은 경력이 어느 정도 궤도에 오르면 보통 법인이나 유한책임회사LLC를 설립해야 한다. 법적 명칭을 갖게 되지만, 그 이름을 보는 사람은 코미디언의 변호사들뿐이다. 그렇다고 웃음을 위한 절호의 기회를 그냥 흘려보낼 수는 없다. 우리는 놓치기 아까운 유머 포인트를 그냥 두지 않으니까.

미국의 배우이자 코미디언인 닉 크롤Nick Kroll의 제작사는 '일 잘하는 회사Good At Business'다.* 그런데 닉 크롤은 정말로 일을 잘한다. 이 회사는 아주 성공적이다! 유진 머먼과 프로듀서 줄리 스미스 클렘은 처음에 회사 이름을 '돈 많고 임신한 청소년 유한책임회사Rich Pregnant Teenager, LLC'라고 지었다. 그런데 함께 일하던 한 대학교에서 돈 많고 임신한 청소년이라는 이름으로 계약을 승인받기는 어려울 것 같다고 했다. 클렘과 머먼은 한동안 그 농담 같은 이름을 고수했다. 하지만 클렘이 내게 들려준 바로는, 새 법인 계좌를 만들려다 은행 직원이 돈 많고 임신한 청소년이라는 이름에 눈을 동그랗게 뜨는 모습을 보고

* '일 잘하는 회사'라는 이름은 생각할 때마다 웃게 되는 농담 같은 제목을 또 하나 떠오르게 한다. 스탠드업 코미디언 조 맨디Joe Mande는 2017년 넷플릭스 스페셜의 제목을 '조 맨디의 수상 경력에 빛나는 코미디 스페셜'이라고 붙였다. 내가 아는 한 그 작품은 어떤 상도 받은 적이 없지만, 영원히 '수상 경력에 빛나는 코미디 스페셜'로 남을 것이다. 이건 그냥 천재다.

결국 이름을 바꿨다고 한다. "그 여직원이 회사 이름을 계속 말하게 하고, 서류도 한가득 작성하게 했어요. 어찌나 민망했던지 일을 마치자마자 유진에게 전화해서 말했죠. '이름 바꿔야겠어.' 그래서 이제는 회사 이름이 '꽤 좋은 친구들Pretty Good Friends'이랍니다."

개인적으로 내가 세운 유한책임회사를 '완전히 책임지는 유한책임회사Fully Liable LLC'라고 지으려 했다. 어떤 변호사가 이 이름이 재미있긴 한데 법적으로는 내 인생을 망칠 가능성이 꽤 높다고 말해주기 전까지는 말이다. 보통 변호사들은 모든 서류에 "완전히 책임진다fully liable"는 말로 서명하는 일은 피하라고 조언한다. 위험이 따르긴 하지만, 유머를 염두에 두고 세상에 주의를 기울인다면 회사에 대한 서류조차 피식 웃음을 짓는 공간이 될 수 있다. 자신을 드러내고 웃음을 만들어내는 법에 대해서는 3장에서 더 이야기해보자. 세금을 어떻게 정리할지는… 이 책 말고 다른 책에서 다루도록 하자.

웃음이 있어야 할 곳에서 웃음을 찾다

새로운 방식으로 세상에 주의를 기울이기 시작하면, 처음엔 조금 벅차게 느껴질 수 있다. 아무래도 모든 순간, 모든 상황에서 이렇게까지 세밀하게 관찰하고 지금에 깨어 있기란 불가능하다. 적어도 나는 그렇게 할 수 없다. 어쩌면 어딘가에는 유머의 이치를 완전히 깨달은 '만렙' 수행자가 있어서, 지금쯤 깨달음의 미소를 지으며 고개를 절레절레 흔들고 있을지 모른다. '만렙' 유머 수행자께는 이렇게 한말씀 올리고 싶다. "제 책을 사주셔서 고맙습니다. 그리고 당신을 과소평가해서 죄송합니다."

다른 분들께는 이렇게 말하고 싶다. 가장 손쉽게 눈에 들어오는 것부터 주의를 기울여보라. 나는 늘 말과 단어에 끌리는 편이라 간판부터 시작한다. 전봇대에 붙은 손글씨 전단지에는 무슨 말이 적혀 있을까? 이웃집 자동차 범퍼 스티커에는 어떤 문장이 있을까? 무심코 지나친 가게들의 이름은 또 어떤가?

한번은 메인주를 여행하다가 ('에어포스원'이 아니라 – 옮긴이) '헤어포스원Hair Force One'이라는 미용실 간판을 봤다. 너무나 형편없으면서도 완벽한 말장난이라, 곧장 걸음을 멈출 수밖에 없었다. 그 뒤로 일주일 동안 더 많은 미용실 이름들이 눈에 밟혔다. ('메인주'를 뜻하는 '스테이트 오브 메인State of Maine'이 아니라 – 옮긴이) '스테이트 오브 메인State of Mane(머리칼 상태)', ('웅크리고 죽다'라는 '컬 업 앤드 다이Curl up and die'가 아니라 – 옮긴이) '컬 업 앤드 다이Curl Up and Dye(컬하고 염색하라)'를 비롯한 셀 수 없이 많은 이름들을 봤다. 이제 나에게 메인주는 엄청난 말장난으로 이뤄진 가게 이름들이 떠오르는 곳이 되어버렸다.

당신은 말장난에는 딱히 흥미가 없을지도 모른다. 소리에 더 끌리는 편일지도 모른다. 그렇다면 거리나 카페에서 우연히 들려오는 대화의 조각들은 어떤가? 신호에 멈춘 옆 차 창문 너머로는 어떤 음악이 흘러나오고 있을까? 주변의 기계들은 또 어떤 괴상한 소리를 내고 있을까? 한번은 요즘 나오는 세탁기와 건조기들이 왜 작업이 끝나면 꼭 소나타 한 곡을 완주하는지 알아보기 위해 시간 가는 줄 모르고 검색에 빠져든 적이 있다. 그리고 뉴욕의 아파트에선 잠 못 이루는 겨울밤마다 부글거리는 뜨거운 물과 망치질 소리를 합쳐서 라디에이터라는 기계를 만들어낸 자를 얼마나 많이 저주했는지 모른다.

시각적인 것에 더 끌리는 사람이라면 이런 질문을 생각해보자. 사람들은 어떤 옷을 입고 있는가? 벽지는 무슨 색인가? 어떤 사람의 손톱 모양은? 개는 어떤 헤어스타일일까? 창 밖의 새들은 무얼 하고 있나? 주위를 둘러보자. 지금 당신의 눈에 보이는 풍경 안에선 어떤 이상한 일이 벌어지고 있는가?

현존은 웃음을 낳고, 웃음은 현존을 낳는다

주의력이라는 근육을 단련하는 일에서 가장 좋은 점은 그 과정이 스스로 순환하기 시작한다는 데 있다. 지금 이 순간에 더 많이 머무를수록 더 많이 웃게 될 것이다. 그 웃음이 다시 당신을 지금 이 순간에 단단히 붙든다. 배를 움켜쥐고, 눈을 감고 웃는다. 정말 크게 웃는 동안에는 해야 할 일 목록이 얼마나 긴지, 동료가 던진 무례한 말이 뭐였는지 따위는 생각할 틈이 없다. 이것이 바로 유머가 안겨주는 가장 아름다운 순간 중 하나다. 유머는 지금에 깨어 있는 것에서 태어나고, 세상 속 당신의 존재를 더 단단히 다진다.

오늘날의 삶은 대부분 효율적이고 생산적으로 움직이는 일, 수없이 많은 책임들을 관리하는 것을 중심으로 이뤄진다. 우리는 침대에서 하루를 시작해 휴대폰으로, 컴퓨터로, 다시 휴대폰으로, 텔레비전으로, 자동차로, 식탁으로, 다시 침대로 돌아가며 시간을 보낸다. 좋은 유머의 첫 번째 핵심 원리인 '지금에 깨어 있기'는 이런 순환을 완전히 끊으려는 시도라기보다 한걸음 물러서서 이 모든 것을 바라볼 수 있게 해주는 근육을 기르는 일이다. 어쩌면 유머는 우리에게 유머를 알아차릴 시간이나 주의력이 얼마나 부족한지 인정하는 데서 시작될지도 모른다. 혹은 유머를 통해 자기만의 주의력 패턴, 자기도 모르게 삶 속에 켜둔 오토파일럿 모드를 깨닫게 될 지도 모른다.

주의력이라는 근육을 단련하는 일은 지속적으로 일어나는 과정이다. 앞으로 이어질 장들에서는 이 주제를 계속해서 다뤄보겠다. 하지만 일단 정리해보자면, 연습해볼 수 있는 몇 가지 핵심 원리가 있다.

낯선 화장실의 마음가짐을 받아들여보자. 세상을 처음 보는 듯한 눈으로 주변을 바라보라.

일상을 다른 눈으로 바라보라. 세상을 자기 눈으로만 보지 말자. 지질학자에겐 세상이 어떻게 보일지, 화가·쥐·매 혹은 아주 멋진 오토바이 갱단의 일원이라면 어떨지 실험해보는 것이다. 어떤 관점을 선택하는지는 사실 그리 중요하지 않다. 중요한 건 세상을 보기 위해 새로운 렌즈를 착용해보는 행위 자체다.

이상한 사실들을 찾아보자. 웃을 거리를 찾기 위해 굳이 방문 밖으로 나갈 필요도 없다. 기묘한 역사, 이상한 사실, 예상치 못한 설명들을 반갑게 맞이하라. '위키백과의 심연'을 운영하는 애니 라우어더처럼.

지루함을 지나치지 말자. 당신이 하는 일 가운데 가장 따분한 활동은 무엇인가? 상상할 수 있는 것 중에 가장 지루한 물건은 어떤가? 그런 것에 푹 빠져 있는 사람이 있다면 누구일지, 혹은 어떻게 하면 그걸 흥미롭게 만들 수 있을지를 떠올려보라. 그리고 시선을 반대로 돌려보자. 지금 열정을 갖거나 관심을 두는 것 중 '무미건조 신사 클럽'에 합류한다는 마음으로 더 깊이 빠져들 만한 건 무엇일까?

형편없는 것도 즐기자. 좋은 것만 보지 말고, 형편없이 나쁜 것도 찾아보라. 대체 어떤 점이 기억에 남을 만큼 엉망인 걸까? 웃음을 터트리는 결함은 무엇일까? 할 수 있는 한 최대한 세세하게 따져보자. 10점 만점에 0점을 받은 피자 조각의 모든 맛을 하나씩 짚어보거나, 광고판에서 보이는 도무지 이해가 가지 않는 선택을 분석하거나, 질로(한국의 '직방' 같은 부동산 플랫폼 – 옮긴이)에 올라온 집의 끔찍한 인테리어를 구경해보자.

파인더로 시야를 좁혀보자. 지금에 깨어 있기 어렵거나 주목할 무언가를 찾기 힘들다면 일단 시야부터 제한해보는 것이다. 코리타 수녀처럼 실제로 파인더를 사용해도 좋고, 단지 그 방법의 마음가짐만 빌려와도 좋다. 초점을 좁혀 세상의 작은 구석에 담긴 디테일을 들여다보면 예상치 못한 발견과 영감이 불쑥 솟아오를 때가 있다.

당신의 시선을 끄는 것에 주목하라. 이런 연습들을 계속 실험하고 점점 더 지금에 깨어 있다 보면 무엇이 당신을 웃게 하고 기쁨을 주는지 알게 된다. 공책, 녹음기, 메모장 어디에든 기록해두자. 무엇이 당신의 웃음 포인트를 건드리는지 아는 일은 엄청나게 귀한 정보다.

물론, 달콤하게 포장할 마음은 없다. 쉽지 않을 것이다! 지금에 깨어 있고 웃음을 찾는 일에는 끝없는 도전이 따른다. 오늘날의 세계는 우리가 빠르게 움직이도록, 항상 새롭고 화려하고 더 크고 더 나은 것을 추구하고 찾아보도록 설계되어 있다. 속도를 늦추기가 어렵다! 지금에 깨어 있고 주의를 기울이기도 어렵다. 하지만 이건 시간을 들여 키워가는 기술이자 근육이다. 처음에 서툴더라도 전혀 문제 없다.

첫 번째 핵심 원리를 계속해서 다듬어가는 사이, 이제 두 번째 핵심 원리로 넘어가보자. 이번에는 주의력과 현존을 내면을 향해 가져가는 데 집중한다. 자신을 들여다보고, 스스로를 웃음의 소재로 삼는 일이다.

2장

두 번째 핵심 원리:

자신을 웃음의 대상으로

내 안의 우스꽝스러움과
기이함을 받아들이기

세상에서 가장 단단하며 어려운 것이 세 가지 있다.
강철, 다이아몬드, 그리고 자기 자신을 아는 것.
— 벤저민 프랭클린,《가난한 리처드의 달력 *Poor Richard's Almanack*》(1750)

초등학교 교사로 일하던 때, 어느 날 코 한가운데에 거대한 여드름이 났다. 이성적으로는 그냥 내버려두는 편이 낫다는 걸 알았다. 하지만 스스로를 설득했다. 이 여드름만 짜버리면 처음부터 없었던 듯이 될 거라고. 당연히 여드름을 짜는 즉시 계획은 완전히 망했다. 이제 코끝에 거대한 붉은 자국이 생겼다. 전보다 더 도드라지고 더 아팠다. 나 자신에게 말했다. 아무도 눈치채지 못할 거라고. 내 눈에 여드름이 보이는 이유는 거울을 너무 오래 들여다봤기 때문이라고. 게다가 이미 지각할 판이었다. 당장 문을 박차고 나가서 학교로 가야 했다.

나는 급식실에서 가장 어린 반 아이들 테이블을 맡아 아침 근무를 시작했다. 여드름 따위 별일 아니라는 셀프 설득에 거의 성공했을 무렵, 첫 번째 아이가 들어왔다. 아이는 곧장 내 얼굴을 가리키더니 말했다. "선생님 코를 새가 쪼았나봐요."

그 머릿속 이미지 하나가 당혹감과 자의식을 기쁨으로 뒤바꿨다. 코를 물려고 혈안이 된 갈매기 같은 놈이 나를 사냥하고 있다는 상상, 그건 선물이었다. 그날 하루종일 동료 교사들과 나눌 만한 이야기랄까. 스스로를 웃음의 대상으로 삼고 불완전함과 실수를 솔직하게 인정할 수 있을 때 우리는 부끄러움에서 벗어나게 된다. 있는 그대로의 나를 받아들일 수 있게 되는 것이다. 더 나아가 다른 사람들도 우리를 더 좋아하게 만들어준다.

하지만 이건 정말 어려운 일이다. 나도 늘 어려움을 겪는다. 교사로 일하던 시절의 또 다른 일화를 소개해도록 하겠다. 나 스스로 알게 된 교훈을 완전히 망쳐버린 경우다. 당시 나는 대학을 막 졸업하고 ESL(영어를 제2언어로 배우는 학생들을 위한 교육-옮긴이) 수업에서 교육 연구원으로 일하고 있었다. 같은 학교 연구원들과 함께 한집에 살았는데, 룸메이트이자 가장 가까운 친구 중 하나였던 크리스틴은 정말로 유쾌한 사람이었다.

어느 날 나는 수업이 마음처럼 되지 않아 짜증이 난 채 집에 돌아왔다. 그날따라 밤에 채점할 것도 잔뜩 남아 있었다. 기분이 완전히 바닥이었고, 웃음기라곤 조금도 없었다. 크리스틴이 나에게 인사하려 했지만, 나는 퉁명스럽게 대했다. 뭐라고 했는지는 기억나지 않지만 쏘아붙이듯 말한 것은 분명하다. 크리스틴은 충분히 기분 나빠할 만한 상황이었는데도 화내지 않았다. 그는 말없이 돌아서서 노트북을 들고 돌아왔다. 대니얼 파우터Daniel Powter의 〈망한 하루Bad Day〉를 크게 틀어놓은 채로.

이 노래를 모르는 사람들을 위해 설명해드리자면, 2005년에 유행했던 팝송이다. 주제는 아마 짐작했을 것이다. 엉망인 하루에 관한 노래다. "나쁜 하루를 보냈지/기운이 바닥났지/슬픈 노래를 불러 기분을 바꿔보는 거야." 한 번만 들어도 며칠 동안 머릿속에서 맴도는, 설명할 수 없는 중독성이 있는 노래다. 그런데 이제 크리스틴이 그 노래를 반복 재생하면서 집 안 곳곳에서 나를 따라다니고 있었다.

몇 년이 지난 지금은 인정할 수 있다. 객관적으로 보면 정말 웃긴 상황이었다. 괜히 혼자 심각한 척하며 토라진 사람에게, 친구가 그의 감정상태를 완벽하게 요약한 히트곡을 최대 볼륨으로 그의 머릿속을 향해 직접 쐬주었다. 하지만 그 순간에는 나는 화가 머리끝까지 났다. 이 방 저 방을 서성이며 크리스틴과 대니얼 파우터의 달콤하고 진지한 목소리에서 벗어나려 했다.

피가 끓어올랐다. 나는 스스로의 우스꽝스러움을 전혀 웃어넘길 수가 없었다, 대신에 폭발하고 말았다. 절대적으로 진지하게 받아들여져야 할 내 상황을, 누군가가 심각하지 않은 태도로 대한다는 사실에 말이다.

10년도 더 지난 지금 그때의 내 모습을 웃어넘기기는 쉽다. 하지만 우리 모두 그런 날을 겪는다. 억울함에 휩싸이는 날, 나쁜 일만 연달아 일어나는 듯한 날, 절실히 필요로 하는 유머를 거부하는 날. 스스로를 웃음의 대상으로 삼는 일은 왜 이렇게나 어렵고 두려운 걸까?

내가 어떻게 웃기다는 거야? 광대처럼 웃기다는 거야?*

* 마틴 스코세이지 감독의 영화 〈좋은 친구들〉(1990)의 유명한 장면에서 가져온 대사. 마피아 토미 드비토(조 페시 분)가 친구들과 식사하던 중 "넌 정말 웃겨"라는 칭찬을 듣고, 갑자기 "내가 어떻게 웃기다는 거야? 광대처럼 웃기다는 거야? 내가 널 즐겁게 해주는 존재냐?"라며 위협적으로 되묻는다. 자기 비하를 모욕으로 받아들이는 순간의 극단적 두려움을 보여주는 대표적 장면이다. − 옮긴이

스스로를 웃음의 대상으로 삼는다는 건 불완전함을 인정하는 일이며, 때로는 자신이 우스꽝스러운 존재임을 받아들이는 일이다. 약점과 결점, 그리고 엉뚱하고 특이한 면모를 드러내는 일이기도 하다. 아직 유머 근육을 키우지 못했다면 이건 꽤 두려운 일일 수 있다. 결국 사회는 우리에게 다음과 같이 요구

한다. 직장에서, 관계에서, 소셜미디어 속에서 뛰어나고 완벽하라고. 아무렇지 않은 듯 그렇게 해내라고. 부러움을 사거나 매력적이라고 여겨지는 사람을 떠올릴 때, 그 사람이 냉동피자를 태우거나 아이에게 버럭 화를 내거나 밤새 〈프라퍼티 브라더스Property Brothers〉 재방송을 보느라 중요한 회의에 지각하는 모습을 상상할 수 없을 것이다.*

우리는 흔히 스스로를 웃음의 대상으로 삼으면 무언가를 잃게 될지도 모른다는 두려움을 느낀다. 완벽과는 거리가 멀다는 사실을 인정해야 하니까 말이다. 더 나쁜 건 혼자만의 웃음으로 끝나지 않을 수 있다는 점이다. 다른 사람들까지 합세할지 모른다. 그러면 최악의 순간 거울 속에서 보던 그 모습, 혐오스럽고 사랑받지 못하고 완전한 실패작인 내 모습이 모두에게 들통나버린다. 주변 사람들이나 사랑하는 사람에게 조롱당하는 것보다 더 괴로운 일이 있을까? 그 수치심은 가장 고통스러운 어린 시절의 기억이자 지금도 되풀이되는 악몽의 일부다. 그러니 사

* 이 글을 쓰는 시점에 〈프라퍼티 브라더스〉 형제는 어떤 끔찍한 스캔들에도 연루되지 않았다(〈프라퍼티 브라더스〉는 캐나다 출신 일란성쌍둥이 형제가 진행하는 주택 리모델링 리얼리티 프로그램이다 - 옮긴이). 하지만 잘생기고, 백인이고, 일란성쌍둥이이자 부동산 백만장자인 두 남자가 알고 보니 괴물이었다고 해도 솔직히 그렇게 놀라지 않을 것 같다! 그러니 만약 당신이 이 책을 읽을 때쯤 그들에 대한 끔찍한 비밀이 폭로되어 '고아원 방화범 브라더스' 같은 이름으로 불리고 있다면, 출판 당시에 내가 그런 사실을 전혀 몰랐다는 점을 알아주길 바란다. 아무 스캔들도 터지지 않았다면 앞의 내용은 잊고 이렇게만 말하겠다. 그 형제들, 정말 매력적인 사람들이죠!

람들 앞에서 자신을 드러내는 일, 괜히 웃음거리가 될지도 모르는 일을 피하려는 마음은 전혀 이상하지 않다.

하지만 내가 지금 말하고 싶은 건 이거다. 이 기술을 실제로 활용해서 스스로를 웃음의 대상으로 삼아보면 정반대의 일이 벌어진다. 자신의 부족함을 가볍게 다루는 태도는 사람들이 당신을 얕보게 하지 않는다. 오히려 그들을 매료시켜 당신이 더욱 자신감 있고 호감가는 사람처럼 보이게 해준다.

2019년의 한 연구는 이런 점을 강조한다.[1] 연구자들은 자신의 결점을 기꺼이 웃음거리로 삼을 때, 같은 내용을 건조하게 언급했을 때보다 다른 사람들이 그 결점을 대수롭지 않게 여긴다는 사실을 발견했다. 이 연구에 따르면 "수학 능력이 부족하다는 사실을 유머러스하게 밝힌 구직자('덧셈과 뺄셈은 할 줄 아는데, 기하학은 제가 선을 긋는 분야죠')가 같은 정보를 진지하게 밝힌 사람('덧셈과 뺄셈은 할 줄 아는데, 기하학은 어려워합니다')보다 수학을 더 잘할 것처럼 보였다."[2] 면접 자리에서 덧셈과 뺄셈 실력을 묻는 것부터 이미 뭔가 잘못된 상황이라는 생각이 들기는 하지만, 요점은 분명하다.

또 다른 유명한 실험에서는 참가자들에게 뛰어난 지원자와 평범한 지원자를 평가하게 했는데, 예상대로 모두 뛰어난 지원자를 선호했다. 놀랄 일도 아니다. 하지만 가장 높은 평가를 받은 사람은 방금 자기 몸에 커피를 쏟은 뛰어난 지원자였다.[3] 다시 말해 우리는 당신이 일을 잘하길 바라지만, 조금은 엉망이어도 상관없다. 사실은 그게 더 좋다! 그게 더 공감되니까.*[4]

스스로를 웃음의 대상으로 삼을 줄 아는 태도는 당신을 더 유능해 보이게 할 뿐만 아니라, 더 섹시하게 만들어주기도 한다. 심리학자들은 '자기 비하 vs 경쟁자 비하'라는 제목의 연구에서는 자기 비하적 유머가 장기적으로 성적 매력을 높인다는 사실을 발견했다.[5] 연구자들은 자기를 웃음거리로 삼을 줄 아는 태도가 "일반적인 지능과 언어적 창의성뿐 아니라, 겸손함 같은 도덕적 미덕의 특히 신뢰할 만한 신호가 될 수 있다"고 추론했다.[6] 지적이고 창의적인 데다 겸손하기까지 한 연인을 원하지 않을 사람이 어디 있겠는가?

이 세 가지 연구를 종합하면 성공으로 가는 가장 빠른 길은 수학의 기초를 모르고, 새 바지에 커피를 쏟고, 그 사실을 기꺼이 사람들에게 말하는 것이다. 이는 꽤 탄탄한 논리이며 학계의 검증을 거친 주장이다.

* 하지만 한 가지는 분명히 짚고 넘어가야 한다. 커피를 쏟아서 얻는 '호감 보너스'를 받으려면, 기본적으로 일을 제대로 할 줄 알아야 한다는 것이다. 두 사회심리학자는 이 연구를 요약하며 이렇게 말했다. "정신과 의사는 커피를 쏟으며 '제가 손재주가 없어요'라고 말해도 신뢰를 쌓을 수 있다. 하지만 외과 의사는 그럴 수 없다."

지금 당신에게 작업을 걸려는 수작은 아니지만, 내가 얼마나 많은 걸 모르는지는 자랑하고 싶다. 무지를 소유한다는 점에서라면, 나는 이쪽 업계에서 손꼽히는 자산가다. 지난 10년간 나는 무대와 방송에서 학계 전문가들을 인터뷰하며 의외의 작은 코미디 틈새시장을 개척했다. 나는 노벨상 수상자부터 맥아더천재상 수상자, 그리고 세계 최고의 너구리 지능 전문가까지, 정말 다양한 사람들과 이야기를 나눴다. 그 과정에서 내가 터득한 가장 강력한 슈퍼파워는 솔직하게 말하는 것이었다. "무슨 말씀인지 전혀 모르겠어요."

거의 예외 없이, 극도로 똑똑한 사람들은 내가 자기 분야의 가장 기본적인 개념조차 이해하지 못한다고 인정할 때 오히려 기뻐하고 안도했다. 나는 이렇게 묻곤 했다. "당신의 획기적인 핵물리학 연구에 대해 이야기하고 싶은데, 먼저 설명부터 해주실 수 있을까요? 물리학이란 게 정확히 뭐죠? 고등학교 때 배웠어야 한다는 건 아는데, 안타깝게도 그때 제가 집중하질 않았거든요."

바로 이것이 내가 인터뷰에서 쓰는 가장 유용한 도구다. 천재들은 내가 헛소리를 늘어놓고 있다는 사실을 정중하게 알려줘야 한다는 부담을 느낄 필요가 없었다. 나 스스로 이미 아무엇도 모른다고 인정한 덕에 우리는 솔직한 대화를 나눌 수 있었다. 행사 마지막에 있는 질의응답 시간을 떠올려보면 된다. 진짜 질문을 하는 사람과 마이크를 잡고 자기 지식을 뽐내려는 의도로 독백을 늘어놓는 사람 사이에는 큰 차이가 있다. (이런 식의 '질문'은 대체로 이렇게 끝난다. "제 생각에 대한 당신의 생각은 어떤가요?"라고 자랑스럽게 묻는 식으로.)* 그렇게 독백을 줄줄 늘어놓는 사람을 좋아하는 사람은 없다. 자신의 무지를 인정해야만 비로소 진짜 대화를 위한 공간이 열린다.

나는 엘 뜬또입니다!

자신이 모르는 바를 당당히 인정하면 사람들이 편안하게 느낀다. 아무것도 모른다고 솔직히 말하면 당신이 위협적인 존재가 아니라는 사실이 분명해지니까. 그리고 그 자체로 묘하게 매력적이다. 아마 걷기나 먹기처럼 기본적인 동작을 하느라 귀엽게 버둥거리는 아기를 보는 느낌일 거다. 기꺼이 바보처럼 보여도 괜찮다고 생각한다면, 주변 사람들도 자연스레 방어막을 조금

* '질문이 아닌 연설' 장르의 고전적 사례 하나를 소개해본다. 로스앤젤레스에서 열린 한 영화 시사회에 간 적이 있다. 상영 후 이어진 대담에서 어떤 남자가 마이크 앞으로 나와서 자신이 여러 영화에서 톰 행크스와 얼마나 가깝게 작업했는지 자랑스럽게 늘어놓았다. 그리고 던진 '질문'은 이랬다. "톰 행크스가 정말 대단하다고 생각하시죠?" 참고로 그날 상영된 영화는 톰 행크스와 아무 관련이 없는 작품이었다. 감독은 이렇게 대답했다. "네, 대단한 분인 것 같네요." 그리고 바로 다음 질문으로 넘어갔다.

내려놓는다. 어떻게 위협이 되겠는가? 그냥 덩치 큰 아기일 뿐인데!

부족한 점을 솔직하게 말하면 언제나 웃음이 터진다. 예를 들어보자. 나는 언어를 배우는 걸 좋아한다. 이건 내가 재미 삼아 하는 일이다. 언어의 장벽을 넘어 누군가와 소통할 수 있을 때 느끼는 짜릿함만 한 게 없다. 그리고 칭찬받기를 좋아하는 사람으로서, 그 어떤 코미디클럽의 기립박수*도 내가 자기네 말을 배우려 애쓴다는 사실을 알아차린 중년 여성 두세 분이 터뜨리는 그 벅찬 기쁨에는 견줄 수 없다.

언어를 배우는 초기 단계에서는 간단한 문장조차 더듬거리게 된다. 언어 습득에서 가장 큰 장애물은 문법이나 어휘가 아니라, 원어민 앞에서 그 언어를 실제로 사용하도록 자신을 밀어붙이는 일이다. 망신당할 게 뻔하더라도 말이다. 하지만 바로 여기서 자신의 무지를 인정하는 게 의외로 도움이 된다. 멕시코에 가서 스페인어를 잘한다고 나서면, 그다음은 나락에 떨어질 일뿐이다. 실망만 안겨줄 수밖에 없다.

그래서 나는 정반대 전략을 쓴다. 내가 처음 외운 스페인어 문장 중 하나는 "죄송하지만 저는 수염이 난 덩치 큰 아기예

* 코미디클럽에서 기립박수를 받아본 적은 단 한 번도 없지만, 공연할 때마다 그 장면을 상상하게 된다.

요”였다. 이 말은 거의 언제나 웃음을 끌어낸다. 그리고 내가 스페인어를 얼마나 못하는지를 단번에 보여줄 뿐 아니라 사람들이 마음을 열게 만든다. 한국어로도 비슷한 성공을 거뒀다. 열심히 배우는 것에 관한 속담 하나를 외웠는데, 영어로 직역하면 “시골 서당에서 3년을 보내면, 개라도 시를 읊을 줄 알게된다” 정도다. 나는 거기에 “하지만 저는 아직 개입니다”라고 덧붙이곤 했다. 그러면 늘 웃음이 터졌고, 몇몇 한국 식당에서는 직원분이 기쁜 얼굴로 공짜 음료수를 주기도 했다.

내 방식은 이렇지만, 모국어가 아닌 언어를 통해 원어민에게 긍정적인 반응을 끌어내기 위해 꼭 자신의 어리석음을 인정할 필요는 없다. 하버드 재학생이었던 이선 몰릭은 여행자들이 종종 현지 언어로 무언가를 말하고 싶은 “거부할 수 없는 충동”을 느낀다는 사실을 관찰하면서, 훗날 오랫동안 이어지게 되는 공동 언어학 프로젝트를 시작했다. 비록 그것이 아주 초보적인 표현이더라도 말이다.[7] 대부분의 경우 그들이 할 수 있는 최선은 화장실이 어디냐고 묻는 것이다. 몰릭은 기초 여행 회화집에 나오는 표현들은 잊고, 대신 단 하나의 문장을 마스터하라고 제안했다. “저는 유리를 먹을 수 있어요. 유리를 먹어도 다치지 않아요.” 이걸 익혀두면 당신은 더이상 어리숙

한 관광객이 아니라 "품위와 존중으로 대우받는 미친 현지인"으로 보일 수 있다고 몰릭은 말한다.[8]

몰릭이 제안한 문장은 인터넷 초창기 바이럴 밈 중 하나가 되었으며, 현재 150개가 넘는 언어로 번역되었다. 몰릭은 프로젝트의 철학을 대담하게 밝히며 이렇게 썼다. "파나마운하나 아폴로 계획과 같은 방식으로 인간 정신에 도전하는 일이다. 다만 땅 파는 작업은 훨씬 적고 우주 비행은 조금 덜할 뿐."

자신을 웃음의 대상으로 삼는 데서 얻는 즐거움은 엄청나다. 그것은 자기 수용을 위한 강력한 도구이며, 다른 사람들을 편안하게 만들어준다. 하지만 모든 도구가 그렇듯 제대로 써야만 한다.

적절한 웃음

자기 자신을 웃음의 대상으로 만드는 데도 넘지 말아야 할 선이 있다. 도를 넘거나 자기 평가가 너무 가혹해지면 스스로를 괴롭히는 영역으로 넘어간다. 우리는 모두 그런 모습을 본 적이 있다. 자기 몸무게를 잔인하게 웃음거리로 삼는 친구, 회의에서 자신의 발표를 스스로 조롱하는 동료, 늘 자신이 얼마나 서툴고 어색한지 강조하는 가족 구성원(사실은 그렇게까지 서툴지도, 어색하지도 않은데 말이다). 이런 모습들은 웃음이 나오게도 만들지만, 그 웃음에는 어딘가 움찔하는 마음이 숨어 있다. 소중한 사람이 자기 자신을 상처 내는 모습을, 바로 눈앞에서 보고 있는 기분이기 때문이다. 굳이 말하지 않아도 알겠지만, 이런 식의 자기 비하는 누구에게도 도움되지 않는다. 자신을 웃음거리로 삼을 때 얻을 수 있는 자신감과 매력을 상쇄시키고 자존감에도 해롭다(특히 소수자 집단에 속해 있다면 더욱 그렇다).

그렇다면 당연히 이런 질문을 하게 된다. 그 선은 대체 어디에 있는 걸까? 자신을 웃음의 대상으로 삼는 일에도 괜찮은 방식과 해로운 방식이 있다면, 그 둘은 어떻게 구별할 수 있을까? 1장에서 나는 유머의 암호화 이론을 소개했다. 하지만 자기 자신을 웃음의 대상으로 삼을 경우에는, 무엇이 우리를 웃게 만드는지를 설명하는 또 다른 이론이 더 유용하다. 바로 '도움이 되는 유머'와 '상처를 주는 유머'의 경계를 밝혀주는 이론이다.

피터 맥그로Peter McGraw 박사는 콜로라도대학교 볼더 캠퍼스의 유머연구소Humor Research Lab 소장이다. 그는 인터뷰나 온라인에서 자신의 연구팀을 꼭 'HuRL(허얼)'이라고 불러야 한다고 고집한다. 내 안의 코미디언은 그 줄임말이 좀 오글거린다며 저항하지만, 농담치고는 꽤 무해한 편이다. 그리고 알고 보니 '해로움harm'이라는 개념이 맥그로가 유머를 이해하는 틀의 핵심이었다.

맥그로와 그의 동료들은 10년 넘게 '무해한 위반 이론benign violation theory'을 발전시켜왔다.[9] 이 이론에 따르면 "유머는 다음 세 가지 조건이 동시에 충족될 때만 발생한다. (1)어떤 상황이 규범을 어기는 것이고 (2)그 상황이 위협적이지 않으며 (3)두 인식이 동시에 일어날 때다."[10] 무해한 위반을 보여주는 보편적 사례는 간지럽히기이다. 신체적으로 공격적인 자극처럼 느껴지지만 실제로는 무해한 공격인 셈이다. 간지럽히기는 인간만 웃게 만드는 것이 아니라 침팬지에게서도 웃음을 유발하는 것으로 관찰되었다. (그렇다고 해서 침팬지를 간지럽히려 하지는 말자. 나는 팔이 뜯겨나가는 사고에 책임지고 싶지는 않다.)

맥그로가 강조하듯 무해한 위반 이론은 무엇이 우리를 웃게 만드는지뿐 아니라, 왜 어떤 것은 웃기지 않은지도 설명한다. 선을 지나치게 넘어서면 농담이나 상황이 무해하게 느껴지지 않고 진짜 위협으로 다가온다. 가볍게 간지럽혀 웃게 만드는 것과 눈에 광기를 띠고 집요하게 간지럽히는 것에는 큰 차이가 있다. 무해함의 경계를 넘어서는 순간, 웃음은 순식간에 사라진다. 맥그로는 이렇게 말한다. "농담도 마찬가지다. 너무 밋밋하거나 반대로 너무 노골적일 때는 웃기지 않다."[11]

스스로를 웃음거리로 삼을 때 어디까지가 적절한지 생각해보면, 무해한 위반이라는 개념이 무척 유용하다. 스스로를 웃음거리로 삼는다는 건 자신이 완벽하거나 멋지거나 일주일에 한 번쯤 집 열쇠를 깜빡 두고 나오는 일 따위는 절대 하지 않는 사람이라는 환상을 직접 깨뜨리는 일이다. 그리고 핵심은 무해함이라는 단어에 있다.

당신에게 무해한 자기 비하 농담은 어떤 모습인가? 최근 자신을 비웃었던 순간들을 떠올려보자. 한 달 동안 방 청소를 하지 않아 스스로를 '쓰레기'라 불렀던 때, 귓구멍에 삐죽 튀어나온 긴 털을 사진으로 남겼을 때, 교정의 중요성을 주제로 쓴 이메일의 첫 문장에 오타가 났던 때처럼 말이다. 그때 당신은 스스로를 다정하게 놀렸나, 아니면 스스로를 괴롭혔나?

코미디언 아파르나 난체를라는 《믿을 수 없는 화자*Unreliable Narrator*》에서 한동안 스탠드업 공연을 이렇게 시작했다고 말한다. "괜찮아요, 저도 제가 코미디언인 게 놀랍거든요."[12] 아파르나는 이 농담으로 자신이 "그렇게 활달한 성격이 아니라는" 점을 표현하려던 것이다. 하지만 관객들은 다른 이유로 웃었다. 그들에게 이 농담은 남아시아계 여성인 그가 전형적 코미디언(즉, 이성애자 백인 남성)처럼 보이지 않는다는 사실을 풍자하는 것으로 들렸다. 이 자기 비하적 농담을 돌아보며 그녀는 깨달았다. "나는 스스로의 다름을 부추기고 있었어요. 하지만 우리는 괜찮다고, 스스로에게(그리고 서로에게) 말하죠. 코미디는 종종 자기 비하에서 나오곤 하니까요. 나는 강자를 공격하는 것도, 약자를 공격하는 것도 아니었어요. 그냥 거울을 치고 있었던 거예요. 아무도 다치지 않죠. 나만 빼고요."[13]

나는 여전히 스스로를 웃음의 대상으로 삼는 것의 가치를 지지한다. 어쨌든 이 책에서 다루는 세 가지 핵심 원리 중 하나니까. 하지만 동시에 스스로의 기준선이 어디에 있는지 시간을 들여 조율해볼 필요가 있다. 내 기준을 말하자면 사실 그건 늘 변한다. 내 자존감의 높낮이에 따라 앞뒤로 움직이는 골대 같은 것이다.

멋진 얼터너티브 코미디극장의 라인업에 서던 시절, 나는 내가 10대 아들을 따라온 쿨하지 못한 아빠처럼 보인다는 농담을 던지곤 했다. 그런데 이제 나는 진짜로 아빠가 됐다. 그리고 솔직히 말하면 정말로 내가 그 무대에 어울리지 않는 건 아닐까, 그런 시도 자체가 조금은 슬프고 민망한 건 아닐까 걱정이 된다. 어떤 공연에선 그 농담이 너무 현실적이라서 웃기지 않다. 다른 날에는 여전히 웃기다고 느끼기도 하고! (이제 농담이 진짜가 됐으니 어쩌면 더 웃긴 걸지도?) 이건 그날의 상황에 따라 다르다. 나는 빡빡한 단추 셔츠를 땀에 흠뻑 적신 채, 정형외과 의사가 추천한 아식스 러닝화를 신고 초조하게 무대 위를 서성이고 있을까? 아니면 편안하고 안정된 기분을 느끼고 있을까?

제대로만 한다면, 스스로를 웃음의 대상으로 삼는 일은 위험보다 보상이 훨씬 크다고 믿는다. 그런 태도는 당신을 매력적으로 취약하면서도 자신감 있는 사람으로 보이게 만든다. 또 다른 사람들과 진실하고 진정성 있는 관계를 맺게 해준다. 스스로 고치고 싶은 부분을 인정하면서도, 자신에 대한 긍정과 낙관을 잃지 않도록 해주기 때문이다.

자신을 웃음거리로 삼는 건 전기충격보다 조금 나은 일

스스로를 정확하고 솔직하게 바라보며 자신의 약점을 웃어넘기는 일은 절대로 쉽지 않다. 심리학자 티머시 윌슨과 이야기를 나눴을 때, 그는 이렇게 말했다. "우리 모두가 지닌 가장 강력한 동기 중 하나는 자존감을 유지하는 겁니다. 다른 사람들이 우리를 좋아하게 만들고, 스스로에 대해서는 좋은 감정을 느끼려 하죠. 그래서 스스로를 웃음거리로 삼을 수 있으려면, 필요한 경우 우스꽝스럽게 보이는 것까지 감수하려면, 어느 정도의 심리적 안정감이 필요하다고 봅니다."[14]

윌슨은 《나는 왜 내가 낯설까_Strangers to Ourselves_》의 저자다. 이 책은 저명한 심리학서이자, 인디 록밴드 마디스트 마우스_Modest Mouse_의 앨범 제목에 영감을 준 작품으로도 알려져 있다. 그는 우리가 실제로 어떤 사람인지를 정확히 이해하는 일이 얼마나 어려운지, 또한 어떤 사람들은 자기 생각과 오롯이 마주하는 시간을 피하기 위해 얼마나 애쓰는지를 탐구해왔다.

한 기막힌 실험에서 윌슨은 피험자들에게 "15분 동안 아무것도 하지 말고, 그저 혼자 앉아 생각만 하라"고 요청했다.[15] "연구팀은 피험자들을 실험실에 홀로 두었는데, 그곳에는 원한다면 버튼을 눌러 스스로에게 전기충격을 줄 수 있는 장치가 있었다. 결과는 놀라웠다. 실험 전에는 모든 피험자가 전기충격을 피하기 위해서라면 돈을 지불할 의향이 있다고 답했는데, 피험자 가운데 남성의 67퍼센트와 여성의 25퍼센트가 조용히 앉아 생각하는 대신 스스로에게 전기충격을 가하는 쪽을 택했다."[16] 호기심 때문에 그런 행동을 한 건 아니었다. 실험이 시작되기 전 피험자들 모두가 자발적으로 버튼을 눌러 감전이 어떤 느낌인지 직접 경험했고, 그것이 고통스럽고 불쾌하다는 데 동의했다. 그런데도 많은 남성들이 조용히 내면을 들여다보는 일보다 자신에게 전기충격을 가하는 쪽을 선택했다.

월슨은 한 남성이 15분 동안 100번도 넘게 스스로 전기충격을 가했다고 알려주었다. 연구팀은 혹시 오류가 있었던 건 아닌지, 버튼을 연속으로 눌렀을 때 제대로 리셋되지 않은 건 아닌지 의심했다. 월슨의 설명에 따르면 이렇다. "제 연구 보조원 중 한 명이 직접 시험해보겠다고 자원했어요. 그래서 장치를 몸에 연결하더니 이렇게 말하더군요. '네, 누를 때마다 감전되고 있었네요.'"

전기충격 버튼 실험의 영감은 월슨과 그의 아내가 함께 참석한 명상 수업에서 나왔다. 다른 사람들은 모두 내면을 들여다보는 일을 편안하게 느끼는 듯했지만, 월슨은 그 자리에 앉아 차라리 전기 콘센트에 포크를 꽂는 편이 낫겠다고 생각했다. 그래서 다른 사람들도 자신과 같은 심정일지 알아보려 이 실험을 설계했다. 그 결과 월슨은 자신이 혼자가 아니라는 사실을 밝혀냈다. 그리고 우리에게 유머가 있다는 게 얼마나 다행인지도 보여주었다. 명상은 끔찍한 경험일 수 있지만,* 웃음은 그렇지 않다. 윌슨의 연구는 얼마나 많은 이들이 지루함과 침묵을 불편해하는지를 생생하게 보여주었다. 다행인 건 명상을 지지하는 사람들이 자주 말하는 효과들이 스스로를 웃음의 대상으로 삼을 때 얻을 수 있는 효과와 놀랄 만큼 닮았다는 점이다.

자신이 처한 상황과 자기표현 방식에서 유머를 발견하는 일은 생각으로부터 거리를 두는 데 도움이 된다. 이건 명상의 핵심 목표이기도 하다. 즉 유머는 모든 감정·생각·감각을 변하지 않는 사실이자 세상에 대한 자연스럽고 피할 수 없는 반응으로 받아들이는 대신, 잠시 멈춰 다시 한번 생각해보게 만든다. '이게 정말 정확한 걸까, 아니면 우스꽝스러울 만큼 터무니없는 걸까?' 이렇게 은밀한 방식으로 웃음을 찾으려는 시도는 생각의 흐름에 휩쓸리지 않고 그 흐름을 관찰하게 만들어준다.

웃음 포인트 찾기

이미 자신의 어떤 점이 스스로에게 웃음을 유발하는지 알고 있다면, 그거야말로 좋은 일이다. 하지만 자신의 어떤 점이 웃길 수 있을지 도무지 모르겠다고 해서 절망하지는 말자. 스스로에게서 웃긴 점을 찾아본 적이 없다면, 처음엔 그런 요소들이 보이지 않을 수 있다. 그렇다고 해서 웃긴 점이 없는 건 아니다! 그 누구도 자기 안에 웃기거나 이상한 점이 하나도 없을 만큼 밋밋하지는 않으니까. 설령 그렇게까지 무미건조한 사람이 있다 해도, 그 사실 자체가 이미 기막히게 웃긴 일이다. 어휴, 난 한 번이라도 논란이 될 만한 생각을 해본 적이 있나? 난 완전 중립이야, 성격계의 스위스라고!

나는 모든 사람에게 기막히게 웃긴 구석이 있다고 믿는다. 이 책을 위한 인터뷰를 진행하면서 그 믿음은 더욱 깊어졌다. 저널리스트이자 코미디 전문가인 제시 데이비드 폭스와 유머의 핵심이 무엇인지 이야기를 나눴는데, 그는 말 그대로 코미디에 관한 책을 쓴 사람이다. 제목이 《코미디 북Comedy Book》이다. 코미디언 저드 애퍼타우Judd Apatow는 추천사에서 이렇게 말했다. "나는 내가 코미디에 미친 최고의 덕후라고 생각했는데, 코미디의 모든 걸 다룬《코미디 북》을 읽고 나서야 깨달았다.

나보다 훨씬 더 미친 사람이 있다는걸."

도무지 정상적인 구석이 없는 코미디 광신도인 폭스를 인터뷰했을 때, 그는 이렇게 말했다. "사람들은 코미디가 예상 밖의 놀라움에서 비롯된다는 생각에 집착하죠. 하지만 적어도 친구들끼리 있을 때 가장 크게 웃는 순간은 누군가 당신을 놀라게 할 때가 아니에요. 그 사람이 평소처럼 [언제나 하던 대로] 행동할 때죠."[17] 이 말에 정말 공감이 간다. 어쩌면 당신이 얼마나 뻔한 사람인지가 제일 웃긴 포인트일지도 모른다. 한걸음 물러서서 다른 각도에서 자신을 바라보면 그런 점이 보이는 것이다.

다음은 내가 직접 사용하는 네 가지 기법과 요령이다. 이를 활용하면 자신을 점검하고, (비록 잠깐일지라도) 자신의 특이한 면이나 부족한 점을 유머의 렌즈로 바라볼 수 있을 것이다.

1. 다른 사람들이 언제 당신의 말에 웃는지 주목하기

자기 인식에 관한 연구를 진행한 티머시 윌슨은 단순히 내면을 들여다보는 것만으로는 자신을 깊이 이해하는 데 거의 도움이 되지 않는다는 사실을 발견했다. 더 효과적인 방법은 함께 시간을 보내는 사람들과 대화하고, 그들을 관찰하는 것이었다. 물론 친구나 동료, 가족이 당신의 모든 점을 알고 있지는 않다. 하지만 그들이 보여주는 반응을 데이터로 받아들인다면, 당신이 어떤 모습으로 비춰지는지 훨씬 더 객관적이고 정확하게 파악할 수 있다.

유머에 대해서라면 아름다우리만치 단순한 테스트를 활용할 수 있다. 자신을 표현하는 한마디를 말해보라. 그러고는 다른 사람들이 미소 짓거나 웃는지 살펴보라. 예를 들어 내가 "나는 거칠고 남성미 넘치는 아웃도어맨이다"라고 말하면 사람들이 폭소를 터뜨린다. 이는 내가 거칠고 남성적인 아웃도어맨이 전혀 아니라는 사실을 알려준다.

윌슨은 자신의 수업에서 있었던 일을 예로 들려주었다. 한번은 학생들에게 자신이 예전에 운동선수였다고 말했는데 학생들이 모두 웃음을 터뜨렸다. 문제는 그가 정말로 운동선수였다는 사실이다. 고등학교 시절 내내 운동부 활동을 했으니 말이다. 학생들이 곧장 웃음을 터트린 덕에 그는 깨달음을 얻었다. 그의 말을 빌자면 이렇다. "음…. 이제는 [운동선수처럼 보이기엔] 나이를 먹은 모양이에요."

이런 건 전혀 문제되지 않는다. 오히려 좋은 일이다! 사람들이 그 말에 웃었다는 사실에 윌슨이 과거를 바꾸거나 자기 자신을 대하는 방식을 바꿀 필요는 없었다. 하지만 지금 자신이 어떻게 비춰지는지에 대한 자기 인식을 높일 수는 있었다. 또한 중요한 점은 우리가 끊임없이 변한다는 사실이다. 우리의 존재 방식도, 남들에게 비치는 모습도 마찬가지다. 따라서 지금의 자기 인식이 17살 시절의 내가 아니라 현재의 나를 반영하는지 점검해보는 것은 좋은 연습이 된다.[*]

* 내 친구 맷 포터가 다른 사람들이 자신을 바라보는 시선이 변할 때 그걸 웃으며 받아들이는 여유의 힘을 완벽하게 보여주는 이야기를 들려준 적이 있다. 맷은 여행을 떠나려던 참이었다. "렌터카 회사에서 공항으로 가는 셔틀을 탔는데, 운전기사가 승객들에게 항공사를 하나하나 물으며 굉장히 엄격한 태도로 굴더라. 다들 지나치게 진지한 모습에 겁을 먹은 것 같았어. 몇몇 사람은 심지어 그를 '선생님sir'이라고 부르더라고. 그렇게 운전기사가 한참 침묵 속에서 운전하더니 갑자기 이렇게 말하더라고. '여러분, 죄송합니다. 제가 한 20년 동안 신병훈련소 교관으로 일했는데, 이 일은 이번 주에 처음 시작해서요.' 그러자 다들 웃음을 터뜨렸고, 그 사람도 함께 웃었어. 그런 다음부터 서로 어디로 가는지 이야기를 나누기 시작했고, 조금 전까지만 해도 정적에 휩싸였던 셔틀버스가 작은 모임처럼 변했지. 셔틀에서 내릴 땐 다들 운전기사에게 정말 잘하고 있다는 말을 했어."

2. 자주 쓰는 단어나 표현을 떠올려보기

우리 모두에게는 딱 내 스타일이라고 할 만한 말이나 표현이 있다. 그게 무엇인지 깨닫는 순간은 종종 꽤나 재미있다. 나는 최근 일주일에 최소 네 번은 문자로 네가 짱이야!you rock!라는 말을 보내고 있다는 사실을 깨달았다. 물론 누군가를 응원하려는 마음은 좋다. 하지만 중년 남성이 1997년에서 온 10대처럼 문자를 보낸다는 건 좀 기묘하지 않은가.

나를 나답게 만드는 언어적 특징을 찾고 싶다면 문자메시지를 거슬러 올라가며 반복되는 패턴을 찾아보는 것도 방법이다. 혹은 친구나 가족에게 당신에 대해 "딱 너답다"고 생각하는 게 무엇인지 물어볼 수도 있다. 아니면 개인정보를 집어넣을 수 있는, 괴상하고 디스토피아적인 AI 챗봇 같은 게 어딘가에 있을지 모른다.* 어떤 방법을 선택하든, 자기만의 표현을 찾아내는 건 재미있으면서도 변화를 시도할 기회를 준다는 두 가지 장점이 있다. (참고로 누구든 원하면 이 메시지를 보내도 된다. 네가 짱이야!)

3. 나를 나답게 하는 스타터 팩(필수템 모음) 만들기

자신이 자주 쓰는 표현을 찾아보는 것과 같은 맥락에서, 나를 규정하는 옷이나 물건들을 떠올려보는 것도 훌륭한 코미디 소재가 될 수 있다. '노우 유어 밈 Know Your Meme'이라는 웹사이트에 따르면, 스타터 팩 밈은 "유명인이나 기업, 하위문화의 전형성을 보여주는"[18] 이미지 모음이다. 예를 들어 "날 때려도 되지만 우리 아빠가 고소할 거야" 스타터

---

* 챗GPT에게 "코미디언 크리스 더피 스타일로 각주를 써줘"라고 했더니, 혼이 나갈 때까지 나를 놀려먹었다. "각주: 네, 여러분이 무슨 생각하는지 압니다. '이건 진짜 각주야, 아니면 저자가 농담 하나 더 끼워 넣으려고 쓴 거야?' 음, 둘 다 맞아요! 누가 각주가 재미없어야 한다고 했나요? 제 편집자만 빼고요. 미안해요, 수전!" 이럴 수가. 나만의 상투적인 말투와 표현을 이런 식으로 알게 될 줄이야. 그나저나 정정하자면, 내 편집자의 이름은 수전이 아니다.

팩에는 랄프로렌 폴로 셔츠, 분홍색 스웨터, 카키색 반바지, 보트슈즈가 등장한다.

내 스타터 팩에는 앞서 언급한, 멋지진 않지만 편안한 아식스 러닝화, 회색 티셔츠, 지금 참석 중인 행사에서 약탈하듯 가져온 무료 간식이 꽉 들어찬 주머니가 들어갈 테다. 당신의 스타터 팩에는 어떤 옷이나 액세서리가 들어갈까?

4. 자연 다큐멘터리처럼 내 삶을 해설해보기

유명한 영국의 자연학자 데이비드 애튼버러David Attenborough가 촬영팀을 끌고 당신의 집에 몰래 들어왔다고 상상해보자. 그들은 〈살아 있는 지구Planet Earth〉의 새 시즌을 촬영 중인데, 이번 시즌의 무대는 당신의 일상이다. 당신을 지켜보는 내레이터는 뭐라고 말할까? 오늘 나의 일상을 찍은 영상에는 이렇게 흥미진진한 장면이 담길지도 모른다.

성체 수컷이 냉장고로 다가갑니다. 불과 45분 전에 식사를 마쳤음에도 다시 먹이를 찾아나섰네요. 냉장고 문을 열고 먹잇감을 탐색합니다. 아무것도 없습니다. 본능적으로 짧은 신음을 내뱉습니다. 냉장고 문을 닫고 거실로 방향을 틀어 천천히 걸어갑니다. 겉보기엔 아무 일도 하지 않는 것처럼 보이지만, 사실 이것은 이 개체가 가장 고도로 발달시킨 능력 중 하나입니다. 할일 미루기 말이지요.

헬리콥터에서 죽다 살아난 일도 웃음거리로 삼지 못한다면, 대체 뭘 보고 웃을 수 있을까?

자기 자신을 웃음의 대상으로 삼는다고 해서 강인하고 존경

받는 리더가 될 수 없는 건 아니다. 조 최Joe Choi는 미 해군 네이비실의 전 소대장이다. 그는 악명 높은 기초 수중폭파 훈련과 실전 자격 훈련을 통과했을 뿐 아니라 필리핀과 괌, 이라크에 파병되기도 했다. 세계 최고 수준의 정예 특수부대 중 하나를 이끄는 사람이라면, 엄격하고 위압적이며 살벌할 만큼 진지한 인물이리라 짐작할 것이다. 실제로 조는 타고난 결단력과 굳센 투지를 지닌, 존경심을 불러일으키는 인물이다. 하지만 그건 그의 모습 중 절반에 불과하다. 그는 밝고 유쾌하며 장난기 넘치는 괴짜이기도 하다.

조에게 있어 그의 두 면모는 서로 연결되어 있었다. 그는 해군 시절 함께했던 리더들을 떠올리며 이렇게 말했다. "가장 훌륭한 리더들은 자기 자신에 대해 농담을 할 줄 아는 사람들이었어요. 자신의 일은 매우 진지하게 받아들였지만, 자기 자신에 대해서 그렇게까지 심각하게 여기진 않았죠."[19] 조는 극도로 위험한 상황에서조차 자신을 웃음의 대상으로 삼을 수 있는 태도가 일종의 선물이 될 수 있음을 깨달았다. "네이비실에는 이런 말이 있었어요. 침착함이 침착함을 낳는다고요. 특히 리더 위치에 있는 사람들 중 자신을 웃음의 대상으로 삼을 줄 아는 사람들은, 우리가 훈련하는 일과 준비하는 임무에서 느끼는 긴장과 절박함을 많이 덜어주었답니다.”

네이비실 대원으로서 정신적 압박을 푸는 방법을 찾는 일은 단순한 스트레스 해소가 아니라 말 그대로 생사가 걸린 문제일 수 있다. 예를 하나 들어달라고 하자, 조는 활짝 웃으며 이야기를 꺼냈다. 훈련 중 헬리콥터 아래에 매달린 사다리를 내려가다가 실수로 사다리의 반대편을 잡았다는 것이다. 그는 곧장 물속으로 끌려들어갔고, 몸을 끌어올리려 애썼지만 번번이 실패했다. 의식을 잃기 직전, 가까스로 몸을 돌려 사다리의 올바른 쪽을 붙잡은 덕분에 목숨을 건졌다. “사다리를 기어올라가서 물을 토했어요. 머릿속에선 ‘제기랄, 거의 죽을 뻔했네’라는 생각뿐이었죠. 그런데 소대원 하나가 저를 보더니 갑자기 미친 듯이 웃기 시작하는 거예요. 그러더니 이렇게 말하더군요. ‘중위님, 그거 진짜 하드코어 특수부대원 같았어요! 진짜 빡세게 하셨어요!’”

그 말에 조를 비롯해 헬리콥터에 탄 부대원 모두가 폭소를 터뜨렸다. “그때 제가 어땠냐면, ‘그래, 이번엔 내가 당했군. 다음번 술은 내가 쏠게. 폐급 고문관이 나였구먼. 거의 물에 빠져서 죽을 뻔했잖아. 리더라는 사람이 말이야.’ 이런 식이었답니다.”* 그런 무서운 일을 겪은 직후에도 자신을

* 내게 이런 일이 일어났다면
바닥에 엎어져서 울다가 도망

웃음의 대상으로 삼을 수 있었던 태도는 여러모로 의미가 있었다. 그런 태도가 팀의 결속을 다지고, 긴박한 순간의 긴장을 풀어주었으며, 팀원들이 그를 무적의 리더가 아니라 공감할 수 있는 한 인간으로 바라보게 해주었다. 이 일은 이야기의 흐름을 "나는 사다리도 제대로 못 잡는다"에서 "내가 하드코어 특수부대원답게 해냈다"로 바꿔놓았다. 누구든 후자의 이야기 속 주인공이 되고 싶지 않겠는가.

스스로를 웃음의 대상으로 삼을 때, 우리는 처한 상황을 바꿀 수 있다. 유머라는 렌즈를 통해 내면의 이야기를 들여다보고, 원한다면 그 이야기를 새로 쓸 수도 있다. 무엇이 웃기고, 무엇이 두렵거나 비극적인지, 혹은 무엇이 지루하게 느껴지는지는 항상 주관적이고 개인적인 문제다. 세상에서 웃음을 찾을 때도, 자기 안에서 웃음을 발견할 때도 마찬가지다. 하지만 자신과 자신의 취향을 이해하게 되면, 스스로를 좀 더 정확히 바라보고 본인이 얼마나 우스꽝스러운 존재인지 자연스레 인정하게 된다. 그러니 사다리를 붙잡고, 기꺼이 끌려가보라.

3장

세 번째 핵심 원리:

사회적 위험 감수하기

"모든 농담은 작은 혁명이다"

내가 공식적으로 링크드인 최고경영자로 취임한 그날을 평생 잊지 못할 것이다.

내 인생 최고의 직업적 성취는 코미디언으로 일하는 나에겐 링크드인 프로필이 아무런 쓸모가 없다는 사실을 깨달았을 때 시작되었다. 링크드인은 진짜 직업이 있는 사람들, 그럴싸한 이력서를 갖춘 사람들, 다른 이들이 자신 있게 보증해줄 만큼 실용적이고 구체적인 기술을 가진 사람들을 위한 네트워크다. 코미디언이 링크드인에 가입한다는 발상 자체가 나를 웃게 만들었다. 내겐 너무나 낯선 플랫폼이었고, 내가 하는 일과는 완전히 동떨어진 세계였다. 물론 그렇기 때문에 가입해야만 했다. 그 웃음이 어디까지 이어질 수 있을지 끝까지 따라가보고 싶었으니까. 프로필을 만들고 (아마도 내가 링크드인으로 연락했다는 사실에 꽤나 혼란스러웠을) 친구들에게 연결 요청을 마구 보냈다.

그리고 나는 곧 깨달았다. 링크드인에선 직함을 마음대로 쓸 수 있다는 사실을. 내가 나이키의 중간관리자라고 말한들 아무도 팩트체크를 하지 않았다. 믿을 수가 없었다! 회사들이 실제로 거기서 일하는지 인증조차 안 한다고? 시스템에서 거대하고 명백한 허점을 발견한 기분이었다. 이게 어디까지 통하는지 시험해보려면 한 방에 정상을 노려야 했다. 나는 현재 직업란에 '링크드인 CEO'라고 적었다. 믿기지 않겠지만, 링크드인에서 정말 그렇게 할 수가 있었다. 뿐만 아니라 내 농담을 한 단계 더 끌어올려서 내 연락처에 등록된 모든 사람에게 이메일을 보내 나의 새로운 직장과 직함을 공지해버렸다.

가슴에 손을 얹고 솔직히 말하는데, 내 인생에서 가장 행복한 순간 중 하나였다. 링크드인에서 내가 맡은 일을 자랑스럽게 여겼고, 최고경영자로 임명된 걸 영광으로 생각했다. 그 후 몇 달 동안 주기적으로 메시지가 왔다. 나에 대해 아무 조사도 하지 않은(혹은 프로필을 클릭해보지도 않은) 사람들이었다. 그들은 자기네 콘퍼런스에 연사로 나와달라거나, 새 소셜네트워크를 시작하려는데 조언을 해달라고 부탁했다. 나는 최대한 정중하게 거절하려 애썼다. 어쨌든 나는 회사를 경영하느라 바

빴으니까 말이다.

그러던 어느 날, 취임 1주년이 되자 링크드인은 다시 한번 내 모든 연락처에 이메일을 보냈다. 이번에는 내가 CEO로 일한 지 1년이 됐으니 축하해달라는 내용이었다. 그제야 링크드인의 '신뢰 및 안전Trust & Safety' 부서에서 일하는 페이스라는 여성에게서 메시지가 왔다. 내 계정이 부정확한 정보로 인해 정지되었다는 것이다. 나는 내 이름이 실제로 크리스 더피임을 증명하기 위해 운전면허증 사진을 보냈다. 그녀는 이렇게 답했다. 문제는 내 이름이 아니라 내가 링크드인의 CEO라고 주장한다는 사실이라고. 나는 그녀에게 답장을 보냈다. "페이스, 내 밑에서 일하는 사람치곤 꽤 무례한 말투군요." 10초 뒤 그녀는 내 계정을 삭제했다. 결국 그게 최선이었을지도 모른다. 링크드인의 수장으로 보낸 시간은 소중하지만, 내가 아직도 그곳의 CEO였다면 아마 이 책을 쓸 시간은 없었을 것이다.

사회적 위험을 감수하는 일, 즉 비즈니스 네트워크의 이용약관을 어기거나 공개적으로 바보짓을 하는 것이 세 번째이자 마지막 핵심 원리다. 앞의 두 원리는 조용히, 내면에서 익힐 수 있지만 이 원리는 조금 더 적극적으로 자신을 내보여야 한다. 어느 정도의 위험은 피할 수 없는 법이다. 내향인들이여, 두려움은 내려놓자. 대중 앞에서 연설을 해야만 유머감각이 생긴다고 주장할 생각은 없다. 하지만 한 가지는 확실하다. 늘 안전하게만 행동한다면 훌륭한 유머감각을 품을 수 없다. 가끔은 일을 망칠 수도 있다는 사실을 감수해야 한다. 더 나아가 실수하고 규칙을 깨는 일이야말로 웃음을 발견하는 과정의 핵심이라는 사실을 기꺼이 받아들여야 한다.

거절당한 이들이여, 기뻐하라!

거절에 익숙해지는 것은 사회적 위험 감수의 핵심적인 요소다. 실패하거나, 거절당하거나, 외면당하거나, 퇴짜 맞는 일을 좋아할 사람은 없다. 그래서 우리 대부분은 거절이 얼마나 고통스럽고 굴욕적일지를 터무니없이 과대평가한다. "시도하지 않은 숏은 100퍼센트 놓친다"는 말은 진부한 클리셰다. 하지만 나처럼 운동신경이 형편없는 사람은 시도한 숏도 100퍼센트 놓친다. 그러나 사실 거절당하는 일은 우리가 생각하는 것만큼 나쁘지 않다. 오히려 거절은 의미 있는 성공이나 성취로 가는 여정에서 피할 수 없는 과정이다.

지아 장은 이 사실을 누구보다 잘 안다. 그는 거절의 달인이다. 베스트셀러 작가이자 기업가, 연사로 활동하는 그는 거절을 두려워한 나머지 스스로 성공의 가능성을 망치고 있다는 사실을 깨닫고 나서야 비로소 성공을 거두기 시작했다. 그때까지 그는 거의 확실히 달성할 수 있는 목표만 시도했다. 거절당할까 봐 자신을 드러내지 않았고, 다른 사람에게 도움을 청하지 않았으며, 스스로를 취약하게 만들지도 않았다. 생각이 지나치게 많았던 탓에 맺을 수도 있었던 관계, 잡을 수도 있었던 사업 기회, 시도할 수도 있었던 모험들을 놓쳤다. (나를 비롯한) 많은 사람들처럼 지아도 머릿속에서 정교한 이야기들을 지어냈다. 자신이 원하는 것을 부탁하기만 해도 끔찍한 일이 벌어지고, 누군가는 깊이 상처받으리라는 상상 말이다. 그러나 대부분의 사람들과 달리 지아는 결심했다. 거절을 다루는 능력은 근육과 같다고, 그리고 이제 그 근육을 단련하겠다고 말이다.

지아는 '거절 치료rejection therapy' 프로그램을 시작했고,[1] 100일 동안 매일 최소한 한 번씩은 거절당하겠다는 목표를 세웠다. 그는 확실히 거절당할 만한 부탁으로 시작했다. 낯선 사람에게 100달러만 빌려줄 수 있는지 묻는 것이었다. 어느 사무단지에서 마주친 경비원은 그가 예상한 대로 거절했다. 하지만 여기서 재미있고 깨달음을 주는 부분은 거절 그 자체가 아니라 그의 예상("총을 꺼내거나 저한테 소리를 지를 줄 알았어요")과 실제로 벌어진 일(경비원이 혼란스러운 표정으로 말했다. "안 돼요. 왜 그러시죠?") 사이의 간극이었다. 지아는 경비원이 질문을 하리라고는 전혀 예상하지 못한 관계로 너무 당황한 나머지 아무 말도 하지 못하고 그냥 뒷걸음질쳤다.

그 후 99일 동안 지아는 온갖 황당하고 웃긴 거절을 자초했다. 내가 특히 좋아하는 사례 몇 가지는 이렇다. 패스트푸드점에서 '버거 리필' 요청하기, 지역 TV 방송국에 가서 직접 날씨 예보를 하게 해달라고 부탁하기, 크리스피크림 도넛으로 올림픽 오륜 모양을 만들어서 보내달라고 주문하기, 페덱스로 산타클로스에게 소포 보내기까지. 이 과정을 통해 그는 깨달았다. 거절은 예상보다 훨씬 덜 고통스럽고, 때로는 진심으로 즐겁기까지 하다는 사실을. 그리고 자신을 더 많이 드러낼수록, 세상에 가능한 일이 얼마나 많은지 새삼 놀라게 됐다.

지아의 거절 치료는 바로 이 지점에서 유머의 세 번째 핵심 원리와 명확히 맞닿는다. 내가 가장 자주 경험하는 정신적 장벽, 즉 나로 하여금 위험을 감수하지 못하게 만드는 것은 거절에 대한 두려움과 타인의 반응에 대한 불안이다. 지아의 프로젝트는 바로 이러한 내면의 반응을 무력화하도록 고안되었고, 그 과정은 사람들을 웃게 만들 수밖에 없었다. 우리가 자신을 세상에 내보일 때, 대부분의 사람들은 그것을 거절하지 않는다. 오히려 즐거워하거나, 적어도 호기심을 보인다. 물론 예외는 있기 마련이다. 가끔은 성격이 정말 고약한 사람들도 있다. 하지만 그런 사람보다 기쁨에 차서 웃으며 도넛으로 올림픽 오륜을 만들기 위해 애써준 점원 같은 사람들이 훨씬 더 많다. (그녀는 결국 오륜을 완성했고, 결과물은 대단했다.)

버스에서 만난 낯선 사람들과 함께 웃기

사회적 위험을 감수하는 일이 긍정적인 결과로 이어진다는 사실을 뒷받침하는 행동과학 연구는 셀 수 없이 많다. 하지만 그중에서도 기차나 버스에서 낯선 사람과 대화를 나누면 하루가 더 즐거워진다는 연구만큼 사람들을 갸웃하게 만드는 결과도 드물다.[2] 이런 이야기를 하면 보통 이런 반응이 돌아온다. "어떤 사람들한테는 통할지 몰라도 내가 타는 버스에서는 절대 아닐걸요." 실제로 이 연구를 진행한 시카고대학교 연구 팀은 이렇게 밝혔다. "낯선 사람과 대화를 나눈 사람들이 혼자 지낸 사람들보다 훨씬 더 즐거운 이동 시간을 보냈다고 보고했다. 다른 통근자 그룹을 대상으로 한 사전 설문에서는 정반대일 거라고 예상했는데도 말이다."[3]

버스에서 함께 나누는 순간이 두 사람 모두를 웃게 만드는 순간이라면, 그 효과가 훨씬 더 크게 나타날 것이다. 낯선 사람끼리 웃음을 나눈다는 건 듣기만 해도 근사하다는 데 대부분 동의하겠지만, 막상 해보려면 쉽지 않다. 하지만 의외로 간단하다! 뭔가 기묘한 일이 벌어지는 모습을 보다가 낯선 사람과 눈이 마주쳤을 때, '그죠, 우리 둘 다 보고 있죠'라며 서로 확인하는 순간만큼 짜릿한 일도 드물다.

한번은 미니골프장에 갔는데 내 앞 팀이 갑자기 비명을 지르며 펄쩍펄쩍 뛰기 시작했다. 알고 보니 골프공을 넣으려던 미니어처 풍차에서 커다란 쥐 한 마리가 나타난 것이었다. 나는 소리를 질러대는 10대들을 보다 말고 뒤쪽에 있던 낯선 가족을 돌아봤다. 내가 눈썹을 살짝 추켜올리자, 낯선 가족의 엄마가 이렇게 말했다. "그죠. 저쪽 홀은 안 가는 게 좋겠네요." 우리는 모두 웃음을 터뜨렸다.

이 모든 이야기를 통해서 하고 싶은 말은, 사회적 위험을 감수한다는 건 지아 장처럼 거창하거나 거절당할 법한 제스처를 취해야 한다는 뜻이 아니라는 것이다. 뭔가를 아는 듯한 눈빛 하나만으로도 충분히 멋지고 오래 기억될 순간을 만들 수 있다. 중요한 건 연결이 일어나도록 두는 일이다. 그러려면 보려는 마음과 보여지려는 마음, 둘 다가 필요하다.

즉흥적으로 뇌를 꺼버리기

완전히 현재에 몰입하면 위험을 감수하기가 훨씬 쉬워진다. 예를 들어 '소름 끼치는 사람처럼 보이지 않게' 느껴지는 눈맞춤의 정도, 누군가의 배우자 이름을 잘못 불렀다는 사실, 손 씻

다가 튄 물방울이 마치 오줌을 지린 것처럼 보이지는 않을지 같은 걱정에 의식이 사로잡히지 않게 된다. 완전히 현재에 집중하고 그 순간에 머무를 때면, 다른 사람들의 반응을 스캔하며 내가 하는 행동이 '괜찮은지', '창피하지는 않은지', '이 웬디스 매장에 있는 누구도 내가 오줌을 지렸다고 생각하지는 않는지' 확인하던 뇌의 부분이 스르르 꺼진다.

알고 보니 내가 느끼는, 그 자기 검열이 사라진 해방감은 단순한 기분이 아니었다. 신경학적 차원에서 실제로 뇌에 무언가가 일어나고 있었던 것이다. 존스홉킨스대학교와 미국 국립보건원의 연구자 두 명이 재즈 음악가들에게 즉흥연주를 시켰다. 즉흥연주는 음악가가 자신의 감각과 환경, 감정에 온전히 집중해야 하는 행위다. 그런데 이걸 기능적자기공명영상fMRI 장치 안에서 하게 한 것이다.[4] 연구자들이 즉흥연주를 하는 음악가들의 뇌 혈류를 살펴보니 놀라운 결과가 나왔다. 음악가들은 "자기 검열과 억제에 관련된 뇌 영역을 꺼버리고, 자기표현이 흐르도록 돕는 영역을 켰다."[5]

나는 이 연구가 너무 좋다. 일단 이 연구 결과를 다룬 보고서의 제목이 '재즈를 연주하는 당신의 뇌This Is Your Brain on Jazz'였다는 점이다. 하지만 더 큰 이유, 그러니까 내가 계속해서 이 연구를 다시 보게 되는 이유는 이것이 직관을 믿는 힘을 보여주는 구체적인 증거이기 때문이다. 재즈를 연주하는 중에는 불안하고 자기비판적인 목소리를 만들어내는 뇌의 부분들, 우리 대부분을 하루종일 괴롭히는 바로 그 부분들이 비활성화된다. 그리고 다행히도 이런 정신상태는 fMRI 장치처럼 거대한 자석 튜브 안에서 즉흥 멜로디를 연주할 때만 나타나는 게 아니다. 즉흥 코미디를 할 때도, 심지어 만화의 빈칸에 재미있는 대사를 써보는 것처럼 소박한 시도를 할 때조차 비슷한 결과가 나타났다.[6]

내 생각엔 바로 이런 점이 유머감각을 기르는 일이 안겨주는 가장 큰 이점이다. 우리 중 많은 사람이 하루종일 불안한 잡념에 짓눌려 산다. 끊임없이 사회적 상호작용을 스캔하고 또 되짚으며, 아무리 사소한 실수라도 그것이 사회적 실수처럼 느껴지면 집착한다. 유머를 가꾸는 일은 우리로 하여금 깊이 숨을 들이쉬고, 마음을 잠시 고요히 가라앉히게 만들어준다.

또한 이것은 가장 재미난 사람들 중 많은 이가 신경질적이거나 불안해하는 경향이 있는 이유를 설명해준다. 신경질적인 성격이 재미를 위한 필수 조건이라서가 아니다. 신경질 많은 사람들이 유머라는 도구가 불안한 마음을 가라앉히는 데 얼마나 강력한 효과를 발휘하는지를 발견했기 때문이다. 제대로만 활용한다면, 유머는 합법적이고 사회적으로 용인되며 부작용도 없이 뇌를 변화시킬 수 있는 방법이다. 적어도 일시적으로는 말이다. 유머에 몰입하면 다른 사람들이 나를 어떻게 생각하는지, 사진 찍을 때 손을 어디에 둬야 하는지, 사진 찍지 않을 때는 손을 어디에 둬야 하는지, 맙소사 정상적인 사람들은 손을 대체 어디에 두는 거지?! 같은 걱정을 하지 않게 된다. 누군가를 웃기면 (혹은 나 자신을 웃기려고 시도하기만 해도) 비판적이고 의심 가득한 목소리가 조용해지고, 세상을 더 선명하게 받아들일 수 있다.

심리상담사를 만나야 할까, 광대가 되어야 할까?

이쯤 되면 이런 생각이 들지도 모른다. 유머도 좋긴 한데, 크리스에게 정말 필요한 건 심리상담사인 것 같군. 그렇다면 이렇게 답하겠다. 그 말에 동의합니다! 나는 심리상담을 강력히 지지하는 사람이다. 그런데 심리상담과 유머의 경계는 당신이 생각하는 것보다 훨씬 더 흐릿하다.

정신분석가 누아르 알사디르는 저서 《동물적 기쁨*Animal Joy*》

에서 정신분석가로서 받은 훈련과 코미디 공연 및 광대 훈련 경험의 명백한 연결고리를 보여준다. 나처럼 의심 많은 사람이라면, 파리에서 광대 훈련을 받고 뉴욕에 정착한 프로이트 학파 정신분석가에게 인생 조언을 구한다는 사실에 의구심이 들 수도 있다. 하지만 알사디르는 '광대에게 자신의 내밀한 심리적 고민을 털어놓지 말라'는 규칙의 예외에 해당하는 인물이다.

알사디르는 이렇게 쓴다. "정신분석과 광대 연기는 근본적으로 다른 방식이긴 하지만, 둘 다 무의식으로 향하는 길을 만들어낸다. 덕분에 사회화되지 않은 자아, 즉 철학자 프리드리히 니체의 말에 따르면 '있는 그대로의 나 자신이 되는 것'에 더 쉽게 다가갈 수 있게 된다."[7] 좀 더 그럴싸하게 말하자면 이런 뜻이다. 내가 이번 장에서 줄곧 파고든 내용, 즉 유머는 진짜 자기 자신일 때 작동한다는 사실 말이다. 사회화되지 않은, 있는 그대로의 자신 말이다.

알사디르는 코미디 공연에서 가장 재미있다고 여겨지는 대사들이 "다른 어조와 맥락"으로 말하면 심리상담에서도 그대로 나올 수 있는 말들이라고 지적한다. 내가 좋아하는 펀치라인들을 떠올리면 이 말이 정확히 와닿는다. "그때 아무 말도 하지 말았어야 했죠.", "여유를 부리는 남자를 만나고 싶었던 적은 한 번도 없어요. 여유가 월세를 내주지는 않으니까.", "나랑 함께 다니는 건 마치 뻥카만 날리는 시장 후보랑 같이 다니는 거나 마찬가지예요."* 알사디르의 경험에 따르면, 관객들은 "공연자가 재미있어서라기보다 정직해서 웃었다."**8

알사디르에게 광대 연기를 가르친 스승은 이렇게 말했다. "내가 하려는 건 사회화를 되돌리는 일이야. '몸 꼬지 마, 가만히 앉아 있어, 제발 좀 얌전히 굴어' 같은 거지. 누군가 '제발 좀 얌전히 굴어'라고 말하는 건 사실 '제발 좀 덜 얌전히 굴어'라는 뜻이지." '덜 얌전히 구는 것'은 때로 일상의 경로를 매끄럽게 만들고, 모든 게 편하고 마찰 없이 흘러가게 만들어준다. 하지만 알사디르가 심리상담 현장에서 목격하듯, 그런 태도는 또한 "우리 내면의 목소리에 귀기울이는 대신 다른 사람들이 원하는 게 무엇인지 감지하는 레이더를 발달시키도록 훈련시켜준다."9

사회가 우리에게 기대하는 행동방식, 사고방식, 그리고 순

---

* 각각 미국의 코미디언인 마이크 버비글리아Mike Birbiglia, 알리 웡Ali Wong, 존 멀레이니 John Mulaney의 농담이다.

** 알사디르는 이렇게 덧붙인다. "물론 모든 웃음이 그렇게 작동하는 건 아니다. 하지만 내가 관심 있는 종류의 웃음, 즉 자발적으로 터져나오는 웃음은 그런 방식으로 작동하는 것 같다. 광대 공연은 그 역학을 극단까지 밀어붙인다. 그래서 나는 광대 학교에 등록하기로 결심했고, 그 결과 '얌생 똑똑이 smarty-pants'라는 거슬리는 별명을 얻게 되었다.'

응의 틀을 뒤집기란 결코 쉬운 일이 아니다. 조지 오웰은 이렇게 썼다. "어떤 것이 재미있게 느껴지는 건—그것이 실제로 불쾌하거나 두렵지 않은 방식으로—기존 질서를 뒤흔들 때다. 모든 농담은 작은 혁명이다."[10] 내가 코미디 일을 하는 건 바로 이런 이유에서이고, 그래서 내게 유머가 그토록 중요한 것이다. 내가 지금까지 일했던 몇 안 되는 정장을 입는 사무직 시절엔 "질문을 너무 많이 하지 말라"는 말을 들었다. 과거 나는 큰 재단의 홍보부에서 일하는 보잘것없는 여름 인턴이었다. 주요 업무는 재단에 무작정 편지를 보낸 사람들에게 형식적인 답장을 보내는 일이었다. 할당된 일을 다 끝내고 나서 아무것도 하지 않고 앉아 있는 게 도저히 견딜 수 없었다. 하지만 상사들은 내가 스스로 뭔가를 해보려는 것에 대해선 전혀 관심이 없었다. 나는 그저 칸막이 자리에 가만히 앉아, 다음 우편물이 도착하기를 기다리라는 지시를 받았다.

상황은 알사디르의 스승이 그녀에게 했던 말 그대로였다. 아무것도 하지 말라는 지시는 명백했다. 도저히 그걸 견딜 수가 없었다. 그래서 한 번도 받아본 적 없는 가상의 질문들에 대한 형식적인 답장을 만들어 칸막이 벽에 붙이기 시작했다. "세상에서 가장 맛있는 마르가리타 레시피를 물어보신 편지 감사합니다. 저희의 생각을 기꺼이 나누고 싶습니다"라든가 "당신의 앵무새가 중범죄로 기소되었다는 소식을 듣고, 재단의 모든 직원을 대표해 깊은 위로를 전합니다" 같은 것들이었다.

여름이 끝날 무렵, 상사는 내가 정규직으로 기업 커뮤니케이션 일을 계속하는 건 맞지 않을 것 같다고 말했다. "우린 네 농담이 재미있다고 생각하지만, 다른 사람들도 그렇게 느낄지는 잘 모르겠어." 물론 내가 만든 형식적인 답장으로 벽을 채운 일을 오웰이 말한 '작은 혁명'이라고 주장할 생각은 없다. 하지만 그 일은 내가 좀 더 나다워지고, 기존 질서에 완벽히 들어맞으려 애쓰는 정해진 커리어의 경로를 비켜가는 데 도움이 되었다. 이상적으로 말하자면, 사회화의 틀을 벗어나 작은 혁명들을 만들어내는 일은 바로 그런 효과를 가져온다. 스스로에게 힘을 북돋아주고, 더 확장되고 더 나다운 자신으로 존재할 수 있도록 해주는 것이다.

자신을 드러내는 일, 마지막 매듭짓기

사회적 위험을 감수하는 건 자신에게 더 진실해지는 방법이다. 그것은 온전한 당신을 드러낸다. 좋은 유머의 두 가지 핵심 원리를 어떻게 적용할 수 있는지 이미 살펴보았을 것이다. 당신은 세상의 재미난 것들에 감각을 집중했고, 자신의 우스꽝스러움을 기꺼이 웃어넘겼다. 이제, 당신은 다른 사람들도 그 웃음에 적극적으로 끌어들이려 하고 있다.

즉흥연기 수업이나 광대극 워크숍에 등록할 수도 있다. 지아 장의 예를 따라 100일간의 '거절 치료' 챌린지를 스스로 진행할 수도 있다(실제로 많은 사람들이 소셜미디어 커뮤니티를 통해 이를 실행했다). 누아르 알사디르가 지적했듯이, 심리상담을 통해 이런 기술을 탐구해볼 수도 있다. 하지만 이 모든 일에는 꽤 큰 결심이 필요하다. 사회적 위험을 감수하는 근육을 키우기 위해 좀 더 부담 없고, 비용도 적게 드는 연습법을 원한다면 어떻게 하면 좋을까? 걱정은 내려놓길. 그에 대한 방법도 이미 준비해두었다.

1. 버스에서 낯선 사람에게 말을 걸어보자.

이 정도는 알고 있었을 것이다! 이건 연구로도 이미 증명된 방법이다! 당신의 하루를 훨씬 더 좋은 하루로 만들어줄 것이다! 처음엔 좀 떨릴 수도 있다. 하지만 버스든, 지하철이든, 비행기든, 아니면 우체국 줄에 서 있든, 낯선 사람에게 말을 걸어보자. 처음부터 함께 웃으려 애쓸 필요는 없다. 그저 대화를 시작하는 것만으로 충분하다. 웃음은 자연스럽게 따라올 수도 있고, 그렇지 않아도 괜찮다. 대화를 먼저 시도하는 사회적 두려움을 조금 덜 위태롭게, 점점 더 자연스럽게 느껴지도록 만드는 것이 목표다.

2. 처음 두 원리에서 발견한 것들을 나눠보자.

많은 사람들은 불평불만이 기본값이다. "요즘 교통은 정말 최악이야.", "기차가 이렇게 연착하다니 말이 되는 거야?", "물가가 이렇게 높다니 말도 안 돼." 이런 불평이 사람들과 연결되는 데 도움될 수는 있지만, 가장 큰 재미를 안겨주는 선택은 아니다. 삶에 기쁨을 불러일으키고 더 많은 웃음을 들여오고 싶다면, 유머와 경쾌함을 발견한 것들을 공유해보자. 현재에 집중하거나 스스로를 정직하게 관찰하면서 알아차린 디테일을 활용하는 것이다. 그런 발견들을 표현하는 방법은 무궁무진하지만, 몇 가지 예를 들자면 다음과 같다.

"○○이(가) 정말 웃기지 않아?"

"최근에 깨달았는데, 나는 항상 ○○하더라."

"매일 아침 똑같은 일이 벌어져! 저기 ○○ 좀 봐."

당신이 유머를 발견한 무언가를 친구나 동료, 혹은 낯선 사람에게 선물하듯 나누며 대화를 시작해보자. 그러면 그들도 그 유머에 화답하고 함께 웃게 될 가능성이 크다. 적어도 당신의 관찰이 머릿속을 벗어나 다른 사람에게도 울림을 주는지 확인할 수 있을 것이다. 반드시 공감을 얻으리라는 보장은 없다! 사회적 위험을 감수한다는 건 그런 위험을 함께 끌어안는 일이니까.

3. 얌전히 굴지 말고, 더 자유롭게 행동하라.

누아르 알사디르의 광대 스승님이 한 말을 떠올려보자! '이렇게 행동해야 한다'고 생각하는 조용하고 순응적인 방식 안에 스스로를 가두지 말라. 대신 머릿속에서 그건 하지 마, 이상하게 보일 거야라고 속삭이는 작은 목소리가 들릴 때 그 말에 따르지 않도록 실험해보자. 예를 들어 공공장소에서 당신이 정말 좋아하는 노래가 흘러나올 때를 생각해보라. 내 경우에 그렇듯, 당신의 머릿속 목소리도 이렇게 말할 것이다. 무슨 일이 있어도, 춤추거나 노래하거나 박자에 맞춰 고개를 끄덕이지 마!

어쩌면 당신은 그 명령을 아주 작고 사소한 방식으로 무시할 수도 있다. 길을 건너며 어깨를 살짝 들썩인다든가, 빨간불에 멈춘 차 안에서 창문을 내리고 옆 차에서 쿵쿵 울려퍼지는 노래의 후렴구를 목청껏 따라 부른다든가. 물론, 그건 당신에게 너무 큰 모험일 수도 있다! 괜찮다. 그렇다면 창문을 올린 채, 눈은 정면을 똑바로 응시한 상태에서 화음만 살짝 넣어보자. 옆 차 운전자가 당신을 봤는지 안 봤는지 알 필요는 없다. 당신에게 알맞은 위험을 감수하라. 하지만 어떤 방식으로든 위험은 감수해야 한다. 시간이 지날수록 그게 점점 더 쉬워진다는 사실을 알게 될 테니까.

4. 모든 게 잘 안 풀릴 땐 아이들의 테이블에 합류하라.

나는 수년간 성인들에게 코미디와 즉흥연기를 가르쳤고, 초등학교에서 아이들을 가르치기도 했다. 이 두 집단을 가르치며 가장 크게 깨달은 점은, 내가 성인들에게 애써 알려주던 유머의 기술 중 많은 것들이 아이들에게는 그냥 자연스러운 본능이었다는 사실이다. 내가 볼 때 이건 무척 희망적인 사실이다! 완전히 새로운 걸 배워야 하는 게 아니라 '제대로 해야 한다'는 부담감과 자의식, 불안을 떨쳐내면 되니까 말이다. 아이들은 놀라울 만큼 꾸밈없는 존재들이다. 몇 년밖에 가르치지 않았지만, 그런 예시라면 끝도 없이 많다.

한번은 4학년 학생이 내 이빨에 대해 이렇게 말했다. "유명한 사람 이빨 같아요." 교정기를 몇 년이나 끼고 살았던 나는, 솔직히 말해 그 말을 들었을 때 생각보다 훨씬 감동했다. 그런데 아이가 이렇게 덧붙였다. "근데 유명한 사람들 이빨은 안 노래요." 아이는 나를 제대로 놀려먹었다. 그리고 그 말은 사실이다. 누렇고 아름다운 미소로 유명한 영화배우는 거의 없으니까.

주변 사람들의 외모에 대한 생각을 가감 없이 마구 내뱉으라고 권하는 게 아니다. 하지만 사회적 위험을 감수하는 일이 막막하게 느껴진다면, 때로는 스스로에게 이렇게 물어보길 권한다. 아홉 살짜리라면 어떻게 했을까?

해변에 있다면, 아홉 살짜리는 엉뚱한 모래 조형물을 만들지도 모른다. 쇼핑몰에 있다면, 아홉 살짜리는 가장 커다란 모자를 찾아 머리에 써볼 것이다. 칙칙한 회색빛 형광등 아래 칸막이 사무실에서라면, 아홉 살짜리는 스티커로 벽을 장식하고 그곳을 독립 국가라고 선언할 것이다.

다른 모든 게 통하지 않는다면, 아이들의 테이블에 합류하

라. 작은 의자를 끌어와 앉아 그들에게 조언을 구하라.

일상에서 사회적 위험을 더 많이 감수할 방법은 정말 많다. 사실 이 책의 다음 장들 대부분은, 웃음을 삶의 여러 맥락 속으로 불러오는 방법을 다룰 것이다. 주변 사람들과 유머러스하게 관계 맺으려는 마음가짐은, 사람들이 당신에게 어떤 반응을 보이든 괜찮다고 받아들이게 해준다. 그것만으로도 엄청난 안도감이자 강력한 형태의 자유다. 우리는 사회가 정해둔 역할에 자신을 억지로 끼워 맞추려 애쓰는 대신, 진짜 우리 자신으로 존재할 수 있다. 하지만 진정한 자신이 지겨워진다면, 언제든 다시 링크드인 CEO로 돌아가면 된다.

4장

코미디의 공식

좀 더 재밌는 사람이 되는
사소하고 기술적인 방법들

비평가들의 찬사를 받는 작가 사이먼 리치 Simon Rich가 이렇게 말한 적이 있다. 코미디를 쓰는 건 공포물을 쓰는 것과 완전히 똑같은 일이라고. 다만 코미디에서는 긴장감을 최고조로 끌어올린 뒤 그걸 풀어주면서 웃음이라는 카타르시스로 관객을 안전하게 내려놓는다. 반면 공포물에서는 사람들이 죽을 때까지 긴장감을 계속해서 끌어올린다.

유머의 가장 큰 힘 중 하나는 긴장을 풀어준다는 점이다. 유머는 스트레스로 가득한 순간을 터뜨려버리고, 우리를 싸우는 대신 웃게 만든다. 내가 성인을 대상으로 하는 코미디 워크숍을 진행할 때 제일 먼저 강조하는 기술 중 하나가 바로 이것이다. 무대 위 다툼이든 실제 생활의 말다툼이든, 웃음을 찾아내는 순간 거의 즉시 분위기를 뒤집을 수 있다.

그 방법 중 하나는 상대의 말에 진심으로 동의해주는 것이다. 내가 가르쳤던 한 즉흥연기 수강생은 상대 배우에게 이렇게 말하면서 장면을 시작했다. "당신은 내 말을 한마디도 안 듣잖아! 항상 자기 생각만 하지!" 우리는 대개 이런 비난을 받으면 자연스럽게 자신을 방어하려 한다. 상대 배우도 바로 그렇게 했다. "그렇지 않아! 지금도 당신 말 듣고 있잖아!"라며 되받아쳤다. 충분히 이해할 만한 반응이다. 우리도 대부분 그런 식으로 말할 테니까. 하지만 딱히 재미있지 않고, 예상을 벗어나지도 않으며, 우리가 이미 수십 번 들어본 말다툼 말고는 아무것도 끌어내지 못한다.

하지만 진심으로 동의해주면 다른 결과와 큰 웃음을 끌어낼 가능성이 열린다. 그래서 수강생들에게 같은 장면을 다시 해보라고 했다. 이번에도 장면은 똑같이 시작했다. "당신은 내 말을 한마디도 안 듣잖아! 항상 자기 생각만 하지!" 하지만 이번엔 상대 배우가 이렇게 답했다. "맞아! 나 당신 말 한마디도 안 들어. 그리고 지금은 집에 가서 피자 주문하려면 얼마나 기다려야 하나, 그 생각밖에 없어!" 관객을 비롯해 방 안의 모든 사람이 크게 웃음을 터뜨렸다. 처음 말을 던졌던 배우도 마찬가지였다. 그는 능글맞은 미소를 지으며 거들었다. "나도 하루종일 피자 생각만 했어. 싸울 때가 아니라 토핑 고를 때 아닐까?" 서로 소리지르는 두 사람을 보는 것보다 훨씬 더 재미있고, 예상 밖이고, 볼 만했다!

즉흥연기 장면이든 실제 삶이든, 다른 사람들도 우리와 똑같은 경험을 하고 있다는 사실을 깨닫는 순간에는 뭔가 유쾌한 기분이 든다. 심지어 우리가 경험하는 일이 불쾌한 것일 때도 말이다. 이를테면 내가 좀 짜증나는 사람이라는 걸 깨닫는 순간처럼! 이런 식으로 공유된 경험의 감각이야말로 웃음이 사회적 연결을 만들고, 집단과의 유대를 형성하는 강력한 도구가 되는 이유 중 하나다(5장과 6장에서 깊이 다룰 주제다). 누군가 자신에 대해 정확한 농담을 던질 때 그토록 재미난 이유가 바로 여기에 있다. ("저 사람도 알고 있네! 우리한테만 그렇게 뻔히 보인 게 아니었네!")

하지만 유머가 작동하는 사회적·철학적 이유는 제쳐두고, 뭔가를 재미있게 만드는 좀 더 사소하고 기술적인 방법들도 여럿 있다. 프로 코미디 작가이자 스탠드업 코미디언으로서, 사람들을 웃게 만드는 불문율 몇 가지를 소개하고 싶다. 물론 당신이 이걸 읽을 즈음엔 내가 이미 글로 써버린 덕분에 불문율이라 부를 수는 없겠지만. 내가 이런 기술들을 가르치는 이유는 두 가지다. 다른 사람을 웃기려 할 때 이 방법들을 실험해 보고 싶을 수도 있겠지만, 원리를 이해하면 스스로를 웃도록 만드는 게 무엇인지 더 자세히 들여다볼 수 있기 때문이다. 이런 비법들을 알아두면 세상에서 나를 즐겁게 해줄 것들을 찾아낼 때 구체적으로 무엇을 기대해야 할지 기준이 생긴다.

1. 재미난 것들은 셋이 함께 온다*

코미디의 원리 중 딱 하나만 알려준다면 이것이다. 셋일 때가 가장 재미있다. 이유는 여럿이다. 먼저 코미디는 예상 밖의 것에 기댄다. 하지만 기대를 뒤집으려면 먼저 기대를 만들어야 한다. 바로 여기서 셋의 법칙이 등장한다. 아이디어를 소개하고, 패턴을 설정한 뒤, 그 패턴을 깨뜨려서 웃음을 끌어내라. 이건 새로운 개념이 아니다! 사실 1960년대의 TV 프로그램인 〈딕 반 다이크 쇼The Dick Van Dyke Show〉에 이 장르의 고전적 사례가 등장한다. 가게 점원이 대머리 남자에게 주문을 받으며 묻는다. "뭐 드릴까요? 커피 한잔? 도넛? 대머리용 뚜껑 가발?" 우리는 점원이 질문으로 어떤 이야기를 끌어내려는지 안다고 생각한다.

그러다 갑자기, 빵! 하고 완전히 새로운 방향으로 튀어버린다.

하지만 셋의 법칙은 패턴을 깨뜨릴 때만 재미난 게 아니다. 웃음 포인트를 반복할 때도 세 번이 가장 재미있는 횟수다. 처음은 재미있다. 두 번째는 (적당한 시간이 지났다면) 유쾌한 놀라움이 된다. 앞서 등장한 웃음을 다시 불러오는 콜백 callback 이 되어 더 큰 웃음을 끌어내는 것이다. 하지만 세 번째의 웃음이야말로 웃음의 절정이다.

셋이라는 숫자에는 묘하게 사람을 만족시키는 힘이 있다. 셋의 법칙을 처음 배웠을 때, 세상 어디서나 셋으로 묶인 것들을 발견하기 시작했다. '생명, 자유, 행복의 추구', '왔노라, 보았노라, 이겼노라', '시리얼 삼총사 스냅, 크래클, 팝' 코미디에서는 더욱더 보편적이다. 좋아하는 시트콤이나 영화를 떠올려 보라. 어떤 농담이 세 번씩 반복된다는 사실을 발견할 것이다. 반대로 내 경험상 유머감각이 없어 보이는 사람은 으레 어떤 재미난 표현이나 농담을 네 번이나 다섯 번씩 다시 꺼낸다. 세 번에서 멈췄더라면 훨씬 나았을 텐데 말이다. 세 번째 등장은 대머리 남자 머리 위에 놓인 새로운 뚜껑 가발처럼 유쾌하다. 어떤 패턴이 완성되었다는 느낌을 준다. 그런데 네 번째로 되돌아온다면? 어김없이 실망스럽다. 세 번이 넘으면 그야말로 아침에 쓸 가발을 점심시간에 꺼내는 격이라서 재미가 떨어진다. 농담도 이제 그만 좀 쉬어야 한다.*

2. 네, 그리고

코미디 명예의 전당에서 셋의 법칙과 어깨를 나란히 하는 개념이 바로 네, 그리고yes, and 다. 이는 즉흥 코미디의 핵심 원칙 중 하나이기도 하다. 전설적인 코미디극장 세컨드시티Second City는 이 원칙에 대해 "단순히 두 단어를 이어 붙인 게 아니라, 모든 코미디언이 따르는 하나의 마음가짐"이라고 설명한다.[1] 이 원칙의 핵심은 어떤 순간이든 장면을 함께하는 사람이 말하는 내용을 반박하거나 부정하는 대신 긍정하면서 덧붙여나가는 것이다. 많은 경우 즉흥연기를 하는 사람이 문자 그대로 '네, 그리고'라는 말을 한다. 이 말은 티 내지 않는 협업 정신을 가리키는 것인지도 모른다. 코미디는 이 같은 정신 덕분에 협력적으로 성장하고 발전할 수 있다.

이 기술이 통하게 하려면 두 가지 요소가 필요하다. 먼저 상대방에게 동의하는 것, 그러니까 '네'라고 말해야 한다. 세컨드시티가 설명하는 모습은 이렇다. "자기가 외계인이라고 말하면서 장면을 시작했는데 함께 연기하는 파트너도 외계인이 되거나 외계인에게 납치당하는 등의 상황에 완전히 몰입한다면, 두 사람은 서로를 믿을 수 있다는 사실을 알게 된다. 반면 강아지라고 말했는데 파트너가 '잠깐만, 난 네가 고양이인 줄 알았는데!'라고 말하면 그 장면은 망가지고 만다. 연기하는 사람도 자신감을 잃게 될 뿐만 아니라 관객의 즐거움도 떨어진다."[2]

두 번째 요소는 상대가 건넨 것에 덧붙여 쌓아올리는 것이다. 상대편이 건넨 첫 번째 벽돌을 받기만 하는 게 아니라, 자기 것을 하나 더 얹어서 함께 무언가를 만들어나간다. 이와 관련해 티나 페이 Tina Fey 는 자신의 책 《티나 페이의 보시팬츠 Bossypants》에서 다음과 같이 표현했다.

"여기 너무 더운데"라며 장면을 시작했는데 "그러게"라고만 말한다면, 그냥 멈춰 선 거나 마찬가지다. 하지만 내가 "여기 너무 더운데"라고 말했을 때 "당연하지, 우리 지금 지옥에 있잖아"라고 말한다면? 아니면 "여기 너무 더운데"라고 말했을 때, "이러다 밀랍 인형들이 다 녹겠는데"라고 말한다면? 혹은 "여기 너무 더운데"라고 말했을 때 "내가 뭐랬어, 강아지 입속으로 기어들어가면 안 된다고 했잖아"라고 한다면?

이제는 뭔가가 만들어지기 시작한다.[3]

네, 그리고라는 방법이 즉흥 코미디라는 폐쇄적인 세계 너머로 멀리 퍼진 이유는, 이 개념을 일상의 상호작용에도 똑같이 적용할 수 있기 때문이다. 당신이 말하는 내용을 받아들이고, 지지해주고, 덧붙여 쌓아올리는 사람을 떠올려보라. 더 많은 시간을 함께 보내고 싶은 사람일 것이다! 내가 지금의 아내와 처음 대화를 나눈 것은 실내경기장에서 열린 대학교 축구 동아리 경기의 사이드라인에서였다. 경기 도중 한 선수가 날아온 축구공에 중요 부위를 맞았다. 아내가 내게 그 고통이 어떤 느낌인지 설명해달라고 했다. 우리는 인류의 절반이 가장 연약한 신체 부위를 보호받지 못하는 주머니에 매달고 살아가게 된 비극적 진화의 대참사에 대해 이야기를 주고받았다. 다행히 그곳에 공을 맞은 선수는 금방 회복했고, 나는 그가 고통을 겪은 덕분에 아름답고 사랑스러운 가족을 꾸리게 되었다.

웃음과 유머는 신뢰와 지지라는 요소가 있을 때 훨씬 쉽게 만들어진다. 자신을 드러내기 위해서는 주변 사람들이 안전하다는 사실을 알아야 한다. 다시 말해 상대가 나를 받아줄지 그냥 바닥에 내팽개칠지, 둘의 가능성이 똑같다고 생각한다면 누구도 자신을 내던지려 하지 않는다.

3. 엘리베이터를 타라, 로켓이 아니라

내 상사는 나한테 소리를 지른다. 회사 대표는 전 직원 화상 회의에서 나한테 소리를 지른다. 미합중국 대통령은 국정 연설을 한다면서 나한테 소리를 지른다.

네, 그리고를 하거나 셋의 법칙을 써서 세 박자 구조를 만들 때는 점점 긴장감을 높여야 최고의 결과를 얻는다. 상사는 긴장감이 높다. 대표는 더 높다. 대통령은 가장 높다. 상황이 터무니없어지거나 긴장감이 높아질수록, 웃음이 커지고 농담의 재미도 더해진다. 그렇다고 너무 빨리 키우는 것은 안 된다. 대통령부터 시작하면 너무 극적이라 현실감이 없어 재미가 사라진다. 게다가 거기서 긴장감을 더 높일 곳도 없다. 그러니 긴장감을 높일 때는 로켓이 아니라 엘리베이터를 타도록 하자.

예전에 아내의 가족과 함께 콜로라도주 볼더로 여행을 간 적이 있다. 우리는 셀레스티얼 시즈닝스 허브차 공장 투어를 하기로 했다. 미국 톱텐티투어 Top Ten Tea Tour 중 하나라고 하던데, 순전히 발음이 딱 맞아서 존재하는 것만 같은 목록이다. 나는 이런 투어를 한다는 생각에 대해 꽤나 회의적이었다. 우리는 미국에서 자연환경이 가장 아름다운 곳에 막 도착한 참이었다. 걷기 좋고 자전거 타기 좋기로 유명한 도시였다. 그런데 거기서 보낼 수 있는 한정된 시간 중 몇 시간을 공장 견학에 쓴다고? 시간 낭비처럼 보였다.

내 생각은 완전히 틀렸다. 차 공장에 도착하자마자 엄청난 경험이 되리라는 걸 깨달았다. 투어 가이드는 젊은 아웃도어 브로였는데, 티tea를 섞은 말장난을 속사포처럼 쏘아대며 시작했다. "이 투어는 정말 티-으별할 겁니다! 계단이 좀 스티-프하긴 한데 걱정 마세요. 자, 파-티를 시작합시다." 나는 이미 그의 팬이 되어버렸고, 그가 투어의 첫 번째 코스로 우리의 시선을 이끌었다. 햇빛에 거울처럼 반사되는 큰 유리창이었다. "네, 맞습니다. 저희의 첫 번째 볼거리는 바로 여러분의 뷰-티풀한 모습입니다!" 그 뒤로는 그를 따라 지구 끝까지라도 갈 준비가 되었다. 특히 그가 뷰-티풀이라는 단어를 써서 우리에게 플러-티하게 군다는 걸 깨닫고 나서는 더 그랬다. 우리는 천재와 함께였다.

시설도 예상보다 훨씬 인상적이었다. 셀레스티얼 시즈닝스 공장은 전 세계에 딱 하나뿐이다. 슬리피타임 베어, 레드 징어,

레몬 징어를 마셔본 적이 있다면, 그 마법이 일어나는 곳이 바로 이 공장이다. 안으로 들어가니 몇 걸음을 뗄 때마다 재료 더미와 황홀한 향기가 우리를 맞았다. 이쪽에는 몇 톤짜리 오렌지 껍질, 저쪽에는 거대한 말린 히비스커스 자루가 있었다. 감각의 향연이었다. 그들은 재료를 하나씩 분리해서 보관했고, 투어 내내 그 점을 엄청나게 강조했다. 기념품 가게에는 "ㄴr는 민ㅌ 보관실을 버ㅌ ㅕ 냈다"라고 적힌 냉장고 자석과 티셔츠까지 팔고 있었다.

민트 보관실에 도착했을 때는 기대감이 최고조였다. 투어 가이드가 소리질렀다. "민트 보관실, 들어갈 준비됐습니까?!" 우리는 일제히 외쳤다. "준비됐습니다!" 그러자 그가 벽에 달린 커다란 빨간 버튼을 눌렀다. 거대한 금속 문이 천천히 위로 올라가기 시작하더니, 마치 쥬라기공원의 정문처럼 드라마틱하게 열렸다. 문이 열리자 민트향이 파도처럼 우리를 덮쳤다. 너무 강렬해서 눈물이 쏟아지고 숨이 막혔다. 민트가 우리를 덮치자마자, 투어 그룹 맨 앞에 있던 어린 여자아이가 그만 웩 하면서 사방에 토해버렸다. 그 아이는 정말로 민트 보관실을 버텨내지 못했다. 나오는 길에 있는 기념품 가게에선 아이에게 미안하지만 티셔츠는 안 된다고 했을 것 같다.

근데 정말 놀라웠던 게 무엇인지 아는가? 민트향이 얼마나 강했던지, 토사물이 눈앞에 보이는데도 냄새가 전혀 느껴지지 않았다는 사실이다. 셀레스티얼 시즈닝스가 고급 재료를 쓴다는 걸 알 수 있는 대목이다.* 이 이야기는 실화다. 그런데 가장 재미난 부분을 처음에 말하지 않았기 때문에 더 웃긴 이야기가 되었다. 만약 "허브차 공장에서 여자아이가 사방에 토하는 걸 봤는데"로 이야기를 시작했다면 더 이상 할 이야기가 없었을 것이다. 그래서 느린 기차를 탔다. 이 경우에는 차를 우리듯 시간이 우롱oolong** 걸렸어도 더 웃기다.

* 하이퀄리-티랄까.

** 차 이름으로 말장난을 하고 싶은 유혹을 이길 수가 없다. 하지만 이것도 셋의 법칙을 썼으면 더 웃길 수 있다는 걸 보여주는 예시다. 적당한 선에서 그만했어야 했다. 그러기 위해선 내게는 없는 자제력이 필요했겠지만 말이다.

4. 두 번째로 웃긴 이야기부터 시작하라

사람들을 웃기고 싶다면 처음부터 분위기를 정해야 한다. 우리는 사회적 동물이고, 상대편이 웃겨도 된다고 허락해줘야 웃길 수 있다. 농담인 줄 알고 빵 터졌는데 알고 보니 진심으로 자기 약점을 털어놓는 중이었다면? 끔찍한 일이다. 상황을 완전히 잘못 파악했다는 걸 깨닫고 황급히 웃음을 삼켜본 적, 다들 한 번쯤 겪지 않았을까?

"아! 전 애인이랑 다시 사귀겠다는 게 진심이었던 거야? 그 거… 참 잘됐다! 너무 좋은 생각이라서… 웃음이 나와버렸네." 새빨갛게 변한 얼굴로 웅얼거리면서 천천히 뒷걸음질친다. 다들 비슷한 경험을 해봤기 때문에, 명확한 신호가 없다면 상대가 웃기려고 말하는 게 아니라고 가정하는 편이 안전하다는 사실을 배운다. 그래서 처음 꺼내는 말이 분위기를 정하는 데 그렇게나 중요한 것이다. 스탠드업 코미디로 성공한 코미디언이라면 누구나 배우는 보편적인 규칙이 있다. 두 번째로 웃긴 농담부터 시작하라는 것이다. 처음부터 관객을 웃겨두면 나머지가 훨씬 수월해진다. 처음부터 웃기지 못하면 빠져나올 수 없는 구덩이를 판 것이나 다름없다.

큰 웃음으로 시작하면 기대와 분위기가 정해진다. 관객은 웃어도 된다는 걸 알게 되고, 더 나아가 자신이 유능하고 재능 있는 코미디언의 손아귀에 있다고 느끼게 된다. 일단 웃음이 터지고 나면 흐름은 코미디언의 편이 된다. 무표정하고 무뚝뚝한 상태에서 첫 번째 웃음을 끌어내는 것보다 이미 웃고 있는 사람들을 계속 웃기는 편이 훨씬 쉽다. 그렇다면 왜 가장 웃긴 농담이 아니라 두 번째로 웃긴 농담으로 시작할까? 코미디언은 가장 좋은 농담을 마지막을 위해 아껴두고 싶어하기 때

문이다. 가장 강한 농담으로 끝내면 관객은 최고의 기분으로
자리를 뜬다. 그러면 공연 전체가 좋은 인상으로 남는다.

물론 이 책의 요점은 전문적인 코미디언이 되는 법을 알려
주는 게 아니다. 그렇다면 일반인은 이걸 어떻게 자기 삶에 적
용할 수 있을까? 내가 보기에 스탠드업 코미디 기법의 핵심은
유머가 관성을 기반으로 한다는 점이다. 더 많이 웃기고 싶다
면 첫 번째 웃음을 터뜨리기까지 노력이 필요하다는 점을 각
오해야 한다. 하지만 일단 웃음이 터지고 나면 다음번 웃음은
점점 더 쉬워진다. 강력한 마무리를 해야 한다는 점에 있어서
도, 커다란 유머의 순간을 영원히 이어갈 수는 없으니 웃음이
정점에 달했을 때를 알아채고 거기서 물러나는 게 제일 좋다.
그게 모두에게 가장 만족스러운 결말이다.

실제 삶에는 가장 웃긴 농담으로 큰 웃음을 터뜨린 뒤에 조
명을 끄거나 커튼을 내려줄 스태프가 없다. 그래서 무대에서
처럼 극적으로 끝낼 수는 없다. 확실히 해두는데, 나는 최고조
에서 웃음을 마무리하려고 파티장 창문으로 몰래 기어나가는
사람은 아니다(솔직히 꽤 끌리는 아이디어이긴 하지만 말이다). 하지
만 큰 웃음이 터진 뒤에는 음료를 가지러 가거나 화장실에 간
다는 핑계를 대며 자리를 뜨는 편이다. 만약 대화를 멈추지 않

더라도 새로운 주제로 넘어가거나, 최소한 다른 사람들이 말하게 한 뒤 잠깐 동안 듣기만 하면서 스포트라이트를 나눠 갖기를 권한다.

5. [당신의 웃음을 여기에 넣으시오]

일상의 대화에서 일어나는 웃음의 대부분은 농담이나 펀치라인에서 나오지 않는다. 대신 웃음은 사소한 대화의 윤활유 역할을 하는 경우가 많다. 사람들은 대화의 어색한 빈틈을 채우려고 웃는다. 그러니 누군가를 웃기고 싶다면 그 사람이 웃을 수 있는 공간을 줘야 한다. 재미있는 말을 한 뒤에 멈추지 않고 계속 이야기하면 웃음을 짓눌러버릴 가능성이 높다. 더 좋은 결과를 원한다면 말을 잠시 멈추면서 의미심장한 눈빛을 보내거나 눈썹을 추켜올려보라. 그런 멈춤이야말로 불에 산소를 불어넣듯 웃음을 살린다.

어디에서 멈추는지도 중요하다. 거의 모든 농담, 유머러스한 관찰, 웃음을 유발하는 문장에서는 가장 재미있는 부분이 끝에 온다. 재미있는 문장을 써본다면, 가장 웃긴 단어는 마침표 바로 앞에 와야 한다. 역사상 가장 존경받는 유머 작가 중

한 명인 잭 핸디Jack Handey는 농담에서 불필요한 부분을 모두 덜어내는 것으로 유명하다. 그의 '깊은 생각Deep Thoughts' 시리즈에서 어떤 농담이든 그 구조를 보면 가장 순수한 형태의 코미디 공식을 볼 수 있다. 내가 가장 좋아하는 잭 핸디의 농담은 이것이다. "까마귀들이 자기 이름을 부르는 것 같군, 이라고 까악씨는 생각했다." 내가 볼 때는 이것이야말로 완벽한 농담이며, 농담의 재미는 바로 마지막 단어에 달려 있다. 말의 순서를 바꾸면 전혀 웃기지 않다. "까악씨는 까마귀들이 자기 이름을 부르는 것 같다고 생각했다." 아니, 됐다. 그만하자. 가장 웃긴 단어가 마지막에 오고, 그런 뒤에는 웃으라는 신호를 보내는 멈춤이 이어져야 한다.

6. 코미디클럽이 조명에 투자하지 않는 건 이유가 있다

코미디 전문 공연장을 방문하면 눈에 띄는 점이 하나 있다. 공간은 어둡고, 좌석은 빽빽하며, 천장은 낮다. 가장 유명한 코미디클럽들이 지하에 있는 건 우연이 아니다. 웃음은 사회적 현상이며, 전염성이 강하다. 그리고 옆자리에서 함께 웃는 관객이 있으면 전염성이 훨씬 더 강해진다. 공간이 어두우면 내 웃음소리가 민망하게 느껴지지 않는다. 천장이 낮으면 웃음소리가 위로 흩어지지 않는다. 실내에서 반향되며 커지고, 전염성을 한층 더 높인다.

대부분의 사람은 정교하게 짜인 스탠드업 공연을 하려 애쓰지 않는다. 그저 친구들과 장난치며 웃고 싶을 뿐이다. 전문 코미디 공연장이 왜 훌륭한지로부터 우리가 배울 수 있는 교훈은 이것이다. 사람들은 자의식을 내려놓고 자신을 덜 의식할 때 더 많이 웃고 더 즐거운 시간을 보낸다. 개인이 아니라 집단의 일부라고 느끼게 할수록, 누군가 자신을 지켜보거나 평가한다는 느낌을 덜어낼수록, 이야기나 농담, 그 순간에 연결되었다고 느끼게 할수록 사람들은 더 많이 웃는다.

때로는 조금의 노력만으로 이런 효과를 만들어낼 수 있다. 여러 사람과 둥글게 서서 이야기 중이라면, 한 발짝만 앞으로 나가 원을 조금 더 좁히면 된다. 누군가 목소리를 낮추거나 속삭이기 시작하면 모두들 흥미진진한 뒷담화라도 듣는 듯 몸을 앞으로 숙이는 모습을 본 적 있는가? 그 순간을 개인들의 이야기가 아니라 집단의 대화처럼 느끼게 만드는 작지만 은근한 방법이다. 정서적 태도로도 같은 효과를 낼 수 있다. 사람들이 편안함을 느끼고 자신이 이 자리에 어울린다고 생각하게 만들

수록 그들은 고립된 개인처럼 느끼지 않고 딴생각도 하지 않
는다. 다른 말로 표현해보자면, 상대를 좋아하고 함께 있어서
기쁘다는 사실을 알려주면 사람들은 더 즐거운 시간을 보내고
더 많이 웃을 것이다.

7. 끈을 당길 수는 있어도 밀어낼 수는 없다

개인적으로 가장 만족스러운 웃음은 공연이나 대화의 끝 무
렵에 온다. 주제들 사이에서 예상치 못한 연결고리를 발견하
고 그것들이 어떻게 맞아떨어지는지 보면서 폭소를 터뜨리는
것을 최고로 좋아한다. 이런 만족감은 연결이 억지스럽지 않
을 때만 느낄 수 있다. 즉 연결이 자연스럽고 즉흥적으로 이어
져야 한다는 뜻이다. 앞서 언급된 것들을 돌아보며 어떻게 하
나로 엮이는지 찾아내는 것이다. 연결될 만한 주제를 일부러
언급하거나 대화를 그쪽으로 몰아가려 하면, 억지스럽게 느껴
지고 맥이 빠져버린다.

예전에 가르쳤던 코미디극장에서는 신입생들에게 이 개념
을 연습시키곤 했다. 먼저 무작위로 영화 세 편을 말하게 한
뒤, 이 영화들을 상영할 영화제 이름을 지어보게 했다. 미리 주

제를 생각해두지 않았기 때문에 다들 그럴싸한 연결고리를 찾느라 머리를 쥐어짜야 했다. 종종 웃긴 결과물이 나오기도 했다. 한 학생이 〈터미네이터 2: 심판의 날〉, 〈찰리와 초콜릿 공장〉, 〈신데렐라〉를 말했던 게 기억난다. 그 학생이 정한 영화제 이름은 '두근대는 초대장을 받은 사람들 영화제'였다. 지금 생각해도 웃음이 난다. 완벽한 주제였다.

나는 코미디를 하지 않을 때도 이 개념을 자주 활용한다. 친구들과 대화 중에 우리가 나눈 이야기를 하나로 요약하는 말을 던지면 웃음이 터진다. "점심을 먹는 동안 각자의 운동 루틴, 부모님과 여행 가는 이야기에 대선까지 다 다뤘네. 오늘 주제는 등골에 식은땀이 줄줄 흐르게 만드는 것들이었나보다."

유머를 떠나서, 언제든 잡아당길 끈이 있다는 원칙은 내 삶을 돌아볼 때도 큰 위안이 된다. 지금 당장은 내가 해온 온갖 직업과 관심사들이 하나의 주제로 묶이지 않는 것 같아도 괜찮다. 끈을 앞으로 밀어낼 수는 없다. 나중에 돌아볼 때에야 비로소 모든 것이 어떻게 연결되어 있었는지 알게 될 테니까 말이다.

이런 내용은 무언가를 웃기게 만드는 온갖 코미디 원칙과 규칙 가운데 일부에 불과하다.* 마음에 와닿는 것들을 취하고, 나머지는 무시하라. 아니면 직접 만들어라! 핵심은 이것이다. 웃음을 얻으려면 내가 재미있다고 느끼는 걸 상대방도 이해할 수 있게 전달해야 한다.

제리 사인펠트Jerry Seinfeld는 이 개념을 설명할 때 자주 비유를 든다. 그는 모든 농담은 관객을 협곡의 한쪽에서 다른 쪽으로 뛰어넘게 만드는 것이라고 말한다. 셋업과 펀치라인의 간격이 너무 좁으면 관객은 위험을 느끼지 못해 지루해한다. 간격이 너무 멀면 관객이 당신과 함께 반대편에 이르지 못하고, 혼란에 빠진 채 틈새로 떨어진다. 하지만 간격이 적절하면 관객은 흥분하고, 예상하지 못한 반전에 놀라 당신과 함께 협곡의 반대편에 도착한다.

바로 이것이 훌륭한 코미디와 좋은 유머의 기본이다. 모든 사람이 당신과 함께 도약할 수 있게 해야 한다. 이는 코미디뿐 아니라 모든 소통에서 중요한 개념이다. 미리 외워둔 '재미난 이야기'를 전달하는 대신 대화 상대에게 주의를 기울이고, 그

* 이 개념들을 더 깊이 파고들고 싶다면 몇 가지 코미디 고전 텍스트를 추천한다. 차나 핼펀Charna Halpern, 델 클로즈Del Close, 킴 존슨Kim Johnson의 《코미디의 진실: 즉흥연기 매뉴얼 Truth in Comedy: The Manual of Improvisation》, 비올라 스폴린Viola Spolin의 《연극을 위한 즉흥연기 Improvisation for the Theater》, 맷 베서Matt Besser, 이언 로버츠Ian Roberts, 맷 월시Matt Walsh의 《업라이트 시티즌스 브리게이드 코미디 즉흥연기 매뉴얼 The Upright Citizens Brigade Comedy Improvisation Manual》, 그리고 제임스 P. 카스James P. Carse의 《유한 게임과 무한 게임 Finite and Infinite Games》이 있다.

의 이야기를 경청하고, 제대로 반응하면 상대가 어디서 혼란스러워하거나 지루해하는지 알 수 있고, 다시 소통할 수 있다. 상대방이 웃고 당신과의 대화를 즐기길 바란다면, 상대방이 필요한 배경지식을 알 수 있게 해주어야 한다. 코미디언들은 이를 '전제를 확실히 해두기'라고 부를 것이다. 다른 사람들은 '공감하는 인간이 되기'라고 부를지도 모른다.

자신이 하는 말을 명확하게 구조화하는 데 시간을 들여야 한다. 그런 뒤에는 이상하고 재미난 단어들을 상대방이 음미할 수 있는 자리에 배치해서 즐거움을 더한다. 접시에 담아 대접하고, 웃을 시간을 준다. 그러고는 듣는 사람을 여정에 함께 데려가며 이해를 쌓고, 끝에 가서는 그들도 나만큼 크게 웃게 만든다. 그렇게 하지 않으면, 당신은 제리 사인펠트의 나머지 관객들과 함께 협곡 바닥에 고꾸라질 것이다. 차라리 죽는 게 낫다고 생각하게 될지도.

5장
매력적으로 끌어당기기

상대를 웃기는 일보다
진짜로 중요한 것

한번은 친구들과 공원에서 피크닉을 하던 중이었다. 문득 고개를 돌렸더니 어떤 남자가 커다란 염소를 목줄에 매고 산책시키는 게 아닌가. 처음에는 전혀 이상하지 않았다. 아, 반려동물 산책시키는 중이구나. 아주 평범한 광경이지. 그렇게 생각했다. 그런데 그제야 내가 뭘 보고 있는지 깨달았다. 저건 개가 아니잖아. 뿔도 달렸고, 눈동자가 소름 끼치는 직사각형 모양인 커다란 염소잖아.*

　염소를 산책시키던 사람과 그의 맹수가 우리 곁을 지나가자마자 우리는 서로, 그리고 주변의 낯선 사람들과 눈을 마주쳤다. 모두가 말없이 눈빛으로 확인하고 있었다. '맞아, 우리 모두 같은 걸 봤어. 그리고 맞아, 우리 모두 이건 이상하

* 참고로, 염소의 눈을 언급할 때마다 내 머릿속에서는 배우 트레이시 모건의 목소리가 울려퍼진다. 〈새터데이 나이트 라이브Saturday Night Live〉에서 한 대사다. "저 염소 눈깔은 악마의 눈이야."

다고 생각해.' 그러더니 일제히 웃음이 터졌다. 더 좋았던 점은 조금 전까지 서로 전혀 몰랐던 사람들이 방금 본 것에 대해 농담을 주고받기 시작했다는 사실이다. "평범한 날이네요, 공원에서 염소를 산책시키는!", "전 집에 들소를 두고 왔어요!", "반려가축을 받아주는 집주인을 찾아야 한다고 생각해봐요!"

내가 도서관, 공원, 심지어 차량관리소 같은 공공장소에서 가장 좋아하는 건 이런 점이다. 별난 사건 하나면 거기 있던 모든 사람들이 각자 조용히 따로 노는 낯선 사람들에서 동맹을 맺은 이들로 변모한다는 것. 염소맨을 목격한 그 순간 영원히 하나로 묶인 동맹 말이다. 공공장소에서 이상한 일을 목격한 직후의 순간들이야말로 낯선 사람들과 경험한 가장 웃기고도 연결된 순간이었다. 이번 장은 바로 그에 대한 이야기다.

어떻게 오직 유머만이 그토록 즉각적인 유대를 만들어낼 수 있는가. 그리고 어떻게 그러한 마법을 활용해서 그 일이 더 자주 일어나게 할 수 있을까?

유머감각이 가장 좋은 사람

사람들에게 가장 최근에 눈물이 쏙 빠질 정도로 웃었던 순간이 언제였는지 물으면, 거의 대부분은 무엇 때문에 배꼽 빠지도록 웃게 되었는지 잘 설명하지 못한다. 대부분 친구나 가족과 깊이 연결되어 있을 때, 서로를 들뜨게 하고 웃음을 도저히 멈출 수 없는 그런 순간인 탓이다. 영화나 코미디 퍼포먼스, 심지어 유머의 중요성을 다룬 논픽션 책을 읽다가 그 정도로 깊은 웃음이 터졌다는 이야기는 드물다.

한편으로는 유머의 이런 특성 때문에 다른 사람이 가장 크게 웃었던 순간에 대한 이야기는 별로 재미가 없다. 다른 사람의 꿈 이야기를 듣는 것과 꽤나 비슷하니까. 당신의 꿈속에서는 생동감 넘치는 열대우림인 동시에 웬일인지 고등학교 강당이기도 한 그곳이 실감이 났겠지만, 나로서는 그 서사를 따라가기 힘들다. 그냥 그런가보다 할 뿐. 그러나 다른 한편으로는 이것이 바로 유머의 마법이다. 오직 두 사람만이 온전히 이해할 수 있는, 공유된 역사가 생기는 것이다.

내게는 수십 년 전에 뭔가를 함께 겪은 뒤 서로에게 세 단어만 던지면 곧장 웃음보가 터지는 친구들이 있다(“잘 짚었어, 브라이스” 또는 “변한 게 없네”처럼). 그런 정도의 연결감, 엔도르핀의 분출은 우리가 그것을 더 갈구하게 만든다. 우리는 그 같은 기분을 느끼게 해주는 사람들과 더 많이 시간을 보내고 싶어한다. 그들 곁에 있기를 바란다. 자석처럼 우리를 끌어당기니까.

내가 이 책을 통해 바로잡고 싶은 유머에 대한 가장 큰 오해 중 하나가 바로 이것이다. 유머감각이 뛰어나다는 것을 주목의 대상이 되면서 모든 것을 자기 이야기로 만드는 것이라고 믿는 사람이 많아 보인다. 저녁식사 자리나 파티에서 이야기나 농담을 하면서 넋 나간 청중에 둘러싸인 사람이 유머감각이 가장 좋은 사람이라고 말이다. 사실 나는 유머감각이 가장 좋은 사람은 최대한 깊이 공감하고 가장 크게 웃는 사람이라고 주장하고 싶다. 그런 사람은 끊임없이 즐거움을 주는 사람이기보다는 너그럽게 들어주는 사람일 가능성이 훨씬 높다. 내가 지지하는 유머는 카리스마와 매력보다는 관심과 배려에 더 가까운 무엇이다.

신발끈 묶어주기

유머감각을 기르는 가장 좋은 방법 중 하나는 다른 사람들과 진득하게 (어울리거나 협업하면서) 시간을 보내는 것이다. 두 사람이 함께 있을 때 편안할수록, 서로를 신뢰하고 서로의 취향과 특이한 점을 알수록, 더 쉽게 깊은 웃음에 빠질 수 있다. TJ & 데이브는 즉흥 코미디 역사상 가장 유명한 듀오 중 하나다. TJ 자고도브스키TJ Jagodowski와 데이브 파스퀘시Dave Pasquesi는 2002년부터 놀라운(때로는 웃기면서도 감동적인) 한 시간짜리 연극을 즉석에서 만들어 선보였다. 공연은 완전히 독창적이며 매번 처음부터 즉흥적으로 만들어진다. TJ & 데이브의 작업은 "숨이 멎을 듯 멋지다", "기적 같다", "놀랍다"라는 평가를 받아 왔다. 그들이 전문적으로 하는 작업의 핵심에는 배려에서 출발하는 연기, 그리고 상대방을 돋보이게 하려는 노력이 있다.

TJ & 데이브의 커리어 초기에 파스퀘시가 권위 있는 공연상을 수상했다. 그는 수상 소감에서 이렇게 말했다. "우리의 일은 상대방을 돋보이게 하는 겁니다. 이 상을 제가 받았다는 건 제 임무를 제대로 수행하지 못했다는 뜻이겠죠. 다음에는 더 열심히 해보겠습니다."[1] 자고도브스키와 파스퀘시가 서로를 돋보이게 만드는 핵심적인 방법은 서로에게 엄청나게 주의를 기울이고, 무대 위에서 자신의 역할이 관심을 끄는 일이라는 생각을 버리는 것이다. 파스퀘시는 잡지 〈왜그스 레뷰Wag's Revue〉와의 인터뷰에서 이렇게 말했다.

한번은 수업을 하는데 다들 아무런 이유도 없이 서성거리고만 있더라고요. 그래서 움직여야 할 이유가 생길 때까지 가만히 서 있으라고 했죠. 그런데 누가 무게중심을 옮기길래 "왜 움직여요? 왜 움직이는 거예요?" 했더니 대답을 못 하더라고요. 그래서 이렇게 말했어요. "그러면 닥치고 가만히 서 있어요. 가만히요." 그랬더니 아무도 움직이지 않았고, 왜 안 움직이는지, 뭘 해야 하는지 점점 더 미칠 것처럼 괴로워하더라고요. 그러다가 한 사람이 움직여서 다른 사람의 신발끈을 묶어줬어요. 바로 이겁니다. 내 안에는 아무것도 없다. 내 쓸모는 다른 사람들을 위해서다. 바로 그게 즉흥연기에서 내가 뭔가를 하도록 이끄는 진짜 이유여야 합니다.[2]

상대방에게 도움이 되겠다는 동기는 무대에서뿐 아니라 삶에서도 필수적이다. 우리 모두가 전문적인 즉흥연기자는 아니다. 그러나 우리는 매일의 상호작용을 즉흥적으로 만들어내며 살아간다. 우리에겐 따라야 할 대본이 없지만, 파스퀘시의 지시를 따른다면 최소한 나쁘지는 않을 것이다. 무언가를 하려거든 다른 사람을 돕기 위해 하라.

또 하나 중요한 점은 자고도브스키와 파스퀘시가 웃음과 유머를 그 자체로 목표가 아니라 서로 정직하고 깊이 연결된 결과에서 생겨나는 부산물로 본다는 것이다. 파스퀘시는 이렇게 말한다. "웃기려는 게 목표인데 실패하게 된다면 아무것도 남지 않습니다. 하지만 다른 목표를 두고서 실패한다면 웃길 수도 있고, 흥미로울 수도 있습니다." 자고도브스키는 즉흥연주에서도 마찬가지라고 덧붙인다. "실수를 할 때까지 연주하다가, 그 실수를 계속해서 반복합니다. 몇 번이고 말이죠. 진심 어린 실수보다 좋은 건 없습니다."

이 말을 듣고 이렇게 생각할지 모른다. 도대체 누가 틀린 연주를 듣고 싶어하겠어? 하지만 그건 아마 실수를 그저 예상치 못한 것, 계획대로 되지 않은 것, 나쁜 것이라고 생각하기 때문일 테다. 즉흥연기와 창의성이 아름다운 이유 중 하나는 일탈을 취해서 새롭고 즐거운 어떤 것으로 엮어내는 능력에 있다. 재즈 뮤지션이 불협화음 하나를 잡아서, 그 '실수'가 완벽하게 어울리는 듯 느껴지게 하는 독특한 리프로 발전시키는 방식을 생각해보라. 또는 화가가 수채화 물감의 예상치 못한 번짐으로 하늘의 색조에 뉘앙스와 섬세함을 더하는 모습을.

자고도브스키와 파스퀘시는 그런 '실수'에 그럴 만한 이유를 설명하고 지지해주는 것, 실수가 부끄러움과 불안을 자아내도록 버려두지 않는 것이야말로 유머의 가장 숭고한 소명이라고 여긴다. 근사한 직장 행사에 참석해서 조금 긴장되고 어색한 상황이라고 상상해보자. 누군가에게 자기소개를 하다가 긴장한 나머지 더듬거리며 "제 일흠은 크리스입니다"라고 말해버렸다. 새로 알게 된 사람이 아무 말도 하지 않거나 이상한 눈으로 쳐다본다면, 아마 행사가 끝날 때까지 말실수를 곱씹을 것이다. 반면 그 사람이 곧장 해적 말투를 흉내내며 따스한 미소와 함께 "요호호호, 크리스! 이 배에서는 다들 나를 조애나 선장이라고 부른다네"라고 한다면, 이제 우리 두 사람 모두 상황을 즐기는 거다. 바닥에 구덩이를 파고 사라져버리고 싶다는 생각 대신 밤새 조애나 선장과 수다를 떨고 싶어진달까.

이런 유머와 연결은 억지로 만들어지는 게 아니다. 조애나가 비아냥댔다면 내 기분은 더 바닥을 쳤을 것이다. 누구나 상상할 수 있는 일이다. 하지만 진심에서 우러나오는 친절함과 장난기를 바탕으로 나온 반응이라면 성공 확률이 훨씬 높다. 결국 모든 사람은 실수를 저지르고, 누구나 때로는 이상한 말과 행동을 한다. 우리가 통제할 수 있는 건 그 순간에 어떻게 반응하고, 어떤 맥락과 의미를 부여하는지다. 파스퀘시는 말한다. "웃음은 우리라는 존재의 부조리함을 알아차리는 반응일 뿐입니다."

사람들이 당신과 시간을 보내고 싶어하길 바란다면, 당신을 즐거운 사람으로 여기길 바란다면, 다른 사람들이 매력적이라고 부르는 사람이 되고 싶다면, 부조리함을 껴안는 게 좋은 방법이 된다. 어떻게 하면 당신 곁에서 다른 사람들이 자신의 우스꽝스러움을 편하게 드러낼 수 있는 공간을 만들 수 있을까?

2장에서 이야기했듯이 그저 자신의 우스꽝스럽거나 터무니없는 부분을 인정하는 것이 그 방법일 수도 있다. 모두들 나만 불완전한 게 아니라는 사실을 알고 싶어한다. 때로는 함께 어울려서 그 사람이 무리의 일부라고 느끼게 해주는 것이 방법일지도 모른다. 동료가 헤드폰으로 음악을 들으며 고개를 까딱거리고 있다면, 리듬에 맞춰 고개를 움직여보라. 그렇게 한다면 회계팀의 재니스만 혼자서 이상한 사람이 되는 게 아니라, 소리 없는 사무실 댄스 파티가 된다. 혹은 누군가 비틀거리다 케이크 한 조각을 떨어뜨렸을 때 함께 안타까워하며 웃어주는 것처럼 단순한 일이 그 방법일 수도 있다. "괜찮아요? 저도 오랫동안 이런 비극적인 상황에 시달려왔어요. 2007년에 중력 때문에 잃어버린 브라우니를 아직도 생각한다니까요. 새것 한 조각 가져다드릴까요?"

내가 생각하는 이상적인 친구란 함께 웃을 수 있고 실수해도 안전하다고 느낄 수 있는 사람이다. 그런 사람들을 찾아내고, 그런 사람들과 함께 시간을 보내고 싶다.

금연보다 좋은 일

웃음을 통해 깊은 인간관계를 맺는 능력은 파티용 기술에 그치지 않는다. 우정은 그야말로 삶과 죽음을 가르는 문제가 될 수 있다. 로빈 던바는 옥스퍼드대학교 진화심리학 명예교수로, 사회적 유대와 우정 분야의 세계적 권위자다. 그는 자신의 저서《프렌즈Friends》에서 이렇게 썼다. "외로움은 오늘날 치명적 질병으로 떠오르고 있으며, 가장 흔한 사망 원인으로 꼽히던 기존의 질병들을 빠르게 대체하고 있다." 그는 지난 10년간 가장 놀라운 의학적 발견으로 "우정이 단지 행복뿐 아니라 건강, 안녕, 심지어 수명에까지 실제로 얼마나 극적인 영향을 미치는지를 알게 된 것"을 꼽는다.[3]

브리검영대학교 사회적 연결과 건강 연구소Social Connections and Health Laboratory의 줄리앤 홀트-룬스태드가 진행한 연구는 던바의 견해를 뒷받침한다. 그녀와 공저자들은 약 150건의 역학연구(총 30만 명 이상의 환자 포함)를 메타분석한 결과, 사회적 유대가 강할수록 조기 사망 위험이 50퍼센트 감소한다는 사실을 발견했다.[4] 이 정도로 효과를 내는 건강 증진 방법은 금연뿐이었다. 던바는 이 연구들에 대해 꽤 놀라운(그리고 웃긴) 결론을 내린다. "의료계에서 욕먹을 각오로 말해보자면, 먹고 싶은 만큼 먹고, 마시고 싶은 만큼 마시고, 원하는 만큼 빈둥거리고, 운동에 소홀하고, 최대한 오염된 환경에서 산다고 한들 별 차이를 느끼지 못할 거라고 말해도 과장은 아니다."[5] 반면 친구가 없거나 참여하는 사회활동이 없다면 수명이 극적으로 단축될 것이다.

인간관계가 중요함을 확신하는 사람조차 막상 사회적 연결을 어떻게 맺어야 할지 알아내려면 막막할 수 있다. 나이가 들수록 구조적 요인으로 친구들과 어울리는 일이 점점 어려워지기 때문이다. 여유 시간은 줄고, 가족을 위해 지켜야 할 의무는 돌려 막기 중이고, 오랜 친구들은 여기저기 흩어졌다. 걸어서 5분 거리에는 친구가 없다.

지금 이 시점에서 우정을 유지하려면 계획과 시간이 필요하다. 유머는 이 모든 것을 원활하게 해준다. 사실 사회적 관계라는 경험은 마지못해 접시에 올리는 녹색 채소 같은 부담이 아니라, 친구들과 웃고 농담할 때 즐거운 일이 된다. 의료적 재앙에서 살아남을 확률을 높이려고 사회적으로 연결되려는 게 아니다. 건강 증진은 기꺼이 환영하는 부수적 효과일 뿐이다! 적절한 유머를 기르면 연결은 자연스럽게 일어난다. 유머는 사람들을 끌어당긴다.

웃음이 아니라 관계를 만들기

안타깝지만, 적절치 않은 유형의 유머는 사람들을 밀어낼 때가 많다. 이번 장의 앞부분에서 이야기한 자기중심적이고 지배적인 '나 좀 봐!'라는 식의 농담 말이다. 항상 주목받고 싶어하는 사람과 관계를 맺고 싶은 사람은 드물다. 대화에 몰입하고 경청하며, 서로에게 도움이 되고, 뭔가를 함께 만들어가는 사람과 관계를 맺는 쪽이 훨씬 쉽다.

내가 경험한 바로는 이성애자 남성(내가 속한 집단이다)*이 유머를 퍼포먼스가 아니라 연결의 도구로 삼는 걸 가장 어려워한다. 이건 특히 비극적인 일인데, 이성애자 남성은 외로움이라는 전염병에 가장 큰 영향을 받는 집단 가운데 하나이기 때문이다. 던바는 약 4천 명의 호주 남성을 대상으로 진행된 연구를 인용한다. "친구가 적고 사회적 지지가 작은 남성이 가장 큰 심리적 고통을 겪었다. 특히 취약한 이들은 스포츠클럽처럼 공통 관심사를 제외하면 아무것도 없는 식의 우정을 맺은 사람들이었다. 활동 참여가 줄어들고, 회원들이 결혼하고, 아이를 낳고, 이사를 가면서 남은 사람들은 친구를 잃었고 그 친구들은 쉽게 대체되지 않았다."[6]

여기서 좋은 소식은 관계는 양보다 질이 더 중요하다는 점이다. 진정 서로 연결되어 있고 취약한 모습을 보여도 안전하다고 느끼는 사람 몇 명만 곁에 두어도 큰 이득이 된다. 그리고 사람들을 밀어내는 대신 끌어당기는 유머 기술은 언제든 개발할 수 있다.

컬럼비아대학교 경영대학원의 박사후연구원이자 뛰어난 즉흥연기자인 애덤 마스트로이안니는 사람을 끌어당기는 유머를 (뮤지션들이 모여서 재미로 하는 연주와 같은 표현인)'재밍jamming', 퍼포먼스적 유머를 '조킹joking'이라고 부른다. 이런 구분은 그가 몇 년 동안 쉬지도 않고 말장난을 하면서 친구들과 멀어지고, 가족들이 그에게 눈을 흘기게 만든 끝에 어렵사리 파악한 것이다. 그는 그 경험에 대해 이렇게 썼다. "나는 대화 주변을 어슬렁거리다가 말장난으로 바꿀 수 있는 단어 조합이 보이면 덮쳤다. 예를 들어 어떤 여자가 오리건Oregon 출신이라고 자기소개를 하면 불쑥 끼어들어 말했다. '아, 그럼 오레-곤 걸Ore-Gone Girl이시네요.' 2014년 영화 〈나를 찾아줘Gone Girl〉를 인용한 말장난인데, 뭘로 받아들일지는 알아서 생각해보시라."[7]

마스트로이안니는 그런 식의 유머가 사회적으로 별 도움이 되지 않았다는 사실을 이제는 안다. 당시에도 그런 유머가 자연스러운 대화로 이어지지 않는다는 건 알았다. 하지만 왜 그런지 완벽하게 이해하지는 못했다. "사람들은 내가 재밌다고 생각했을지도 모른다. 하지만 나를 제대로 아는 사람은 아무도 없었다. 대학에서 몇 년을 알고 지낸 친구는 이렇게 말했다. '너는 어떤 사람인지 알기가 어려워.' 나는 대략 이런 식으로 대답했다. '나? ㅋㅋ 내가 007 영화라면 〈[친해지기 어려운] 닥터 노〉겠네 ㅋㅋ 아니 그냥 〈황금 말장난을 가진 사나이〉려나. 빵야 빵야!' 하지만 마음속 깊은 곳에서는 이런 생각이 들었다. '웁스.'"[8](〈닥터 노〉와 〈황금총을 가진 사나이〉는 007 시리즈 영화다. 'know(알다)'와 'No', 'gun(총)'과 'pun(말장난)'의 발음이 비슷한 데서 나온 말장난. - 옮긴이)

마스트로이안니는 이 경험을 통해 그에게 가장 중요한 학술 연구 주제를 알게 되었다. 바로 대화에 관한 연구였다. 이 연구

는 우리 모두의 삶에 직접 적용할 수 있고, 더 나아가 건강하고
너그럽고 사람을 끌어당기는 유머감각을 장려하려는 나의 작
업과도 직접적으로 이어진다.

대화의 문고리

대화가 끝나는 건 언제일까? 왜 어떤 대화는 영원히 흥미진
진하게 이어질 것 같은데, 어떤 대화는 맥이 빠지고 끝없는 노
동처럼 느껴질까? 마스트로이안니는 이런 질문들을 끝까지
파고들기로 했다. "대부분의 대화는 아무도 원하지 않는 시점
에 끝나고 만다. 사람들이 원하는 대화의 길이가 다르기도 하
지만, 상대방이 언제 이야기를 멈추고 싶어하는지 전혀 모르
기 때문이기도 하다."[9]

마스트로이안니는 동안에 환한 미소와 소금 후추색 머리,
안경 너머로는 장난기 그득한 눈이 반짝이는 사람이다. 그는
개인적으로도 또 직업적으로도 우리가 사회를 어떻게 경험하
는지에 푹 빠져 있다. 그가 학술지에 쓴 것처럼 "사회적 연결
은 신체적·정신적 안녕에 필수적이고, 대화는 이를 달성하는
주요 수단이다. 그런데 과학자들은 대화에 대해 거의 알지 못

한다. 즉 대화가 어떻게 시작되고, 어떻게 전개되고, 어떻게 끝나는지 모른다."[10]

대화가 물 흐르듯 이어지게 하는 것(또는 멈추게 만드는 것)이 무엇인지 이해하면, 왜 유머를 갖춘 대화 상대가 그토록 매력적이고 사람을 끌어당기는지도 이해할 수 있다. 마스트로이안니는 학계라는 권위의 전당에 들어서기 전에 TJ & 데이브처럼 즉흥 코미디를 했다. 더 구체적으로는 즉흥 뮤지컬을 했다. 그는 유쾌한 뉴스레터 〈실험적 역사Experimental History〉에서 공연에 숨은 비밀을 설명했다.

예를 들어 추수감사절에 부모님께 남자친구를 처음 데려가서는 그가 스파이더맨이라고 설명해야 하는 장면을 하다가, 갑자기 피아니스트가 큰 소리로 반주를 하면 이런 식으로 노래를 부르게 된다.

스파이더맨, 스파이더맨♪

엄마 아빠, 제 남친이에요

밥을 먹기는 할까요?

그건 묻지 마세요

마스크는 절대 안 벗더라고요♪

이런 걸 즉흥으로 해내기란 정말 어려운 일이다. 우리에게 숨통을 틔워 준 비법은 '초점 주고받기take-and-take of focus'라는 기법이었다. 노래를 부르고 있다면 다른 사람이 그걸 이어받아 스포트라이트를 가져갈 때까지 계속 이어가야 하는데, 이것이 빠른 속도로 자주 벌어져야 한다. 처음부터 끝까지 재미있는 노래를 즉석에서 만드는 건 거의 불가능하지만, 한 사람이 한 소절을 뱉으면 다른 팀원이 후렴구로 이어받고, 이렇게 두 바퀴를 돌고 화음까지 얹으면 관객이 환호한다.[11]

마스트로이안니는 대화를 다룬 학술 연구를 깊이 파고들던 중 즉흥연기 기법 중 하나인 '초점 가져오기taking focus'가 만족스러운 사회적 상호작용의 핵심이라는 사실을 깨달았다. 사람들은 항상 뭔가를 주고받는 게 좋은 대화라고 착각한다. 한 사람이 질문하면 다른 사람이 답하고, 그 반대도 마찬가지라는 식으로 말이다. 한편, 마스트로이안니의 연구에서 거듭 밝혀진 바에 따르면, "대화는 즉흥연기 장면이 그렇듯 제자리에 머무르면 가라앉기 시작한다."[12]

한 사람이 떠들기만 하고 멈추지 않는 대화는 분명 불쾌하다. 하지만 아무도 자기 의견이나 이야기, 아이디어를 내놓으려 하지 않아서 덧붙일 게 없는 대화도 똑같이 힘들다. 저녁으로 뭘 먹을지 정하려고 하는 것과 비슷한 일이랄까. 다들 "난 상관없어. 아무거나 먹을게"라고 하면 사실 자기가 먹고 싶은 음식을 말하기가 더 어렵다. 자기 이야기를 하지 않는 건(대화의 초점을 잠깐 가져가려 하지 않는 것은) 다른 사람에게 무슨 말을 해야 할지 파악하는 부담을 전부 떠넘기는 셈이다. 아니면 "각자 돌아가면서 좋아하는 음식을 말해봐"라고 해서 모든 사람이 의견을 낼 기회를 얻는다고 한들, 대학교 1학년 때 처음 들어간 세미나처럼 고통스러운 일이 될 뿐이다. 차라리 누군가 대화의 초점을 움켜쥐고는 "렌틸콩 수프가 최고의 음식이지"라고 말하는 편이 훨씬 낫다.*

마스트로이안니는 이렇게 초점이 명확한 발언을 '대화의 문고리 conversational doorknob'라고 부른다. 다른 사람들이 반응할 수 있는 생각이라, 대화에 빠르게 탄력을 붙일 수 있기 때문이다.

* 이 문장을 읽자마자 아니, 그건 아니지!라고 말하고 싶지 않았다고 해보라. 무릇 대화란 이렇게 화끈하게 시작해야 하는 법이다.

주고받기가 잘 이루어지면 심리학자들이 **행위유발성**affordance이라고 부르는 것이 만들어진다. 행위유발성이란 특정 행동을 가능하게 하는 환경적 특징을 의미한다. 물리적 행위유발성으로는 계단, 손잡이, 벤치 등이 있다. 대화의 행위유발성으로는 곁가지로 빠지는 이야기, 고

백, 반론을 요구하는 대담한 주장 등이 해당된다. 다른 사람과 대화하는 것은 암벽등반과도 같다. 당신이 나의 암벽이고, 나는 당신의 암벽이다. 당신이 손을 뻗으면 나는 그 손을 잡을 수 있고, 우리는 함께 하늘을 향해 올라갈 수 있다. 정말 좋은 대화가 마치 공중에 떠 있는 듯한 느낌을 주는 이유는 아마도 여기에 있을 것이다.

그렇다면 가장 중요한 것은 우리가 말을 얼마나 많이 주고받느냐가 아니라, 우리가 행위유발성을 제공하고 수용하는지 여부다. 행위유발성을 받는 쪽도 크고 잡기 쉬운 문고리를 내놓을 수 있다("커플들이 강아지를 아기 취급하는 거 보면 좀 오싹하지 않아?"). 아니면 그렇지 않을 수도 있다("영화 〈비밀과 거짓말의 차이 Must Love Dogs〉 줄거리 좀 들려줄게…"). 제대로 된 수용은 상대방도 수용하고 싶게 만든다("맞아! 내 친구들이 자기네 슈나우저의 대부가 되어달라고 하더라. 완전 미쳤어.", "뭐라고? 의식 같은 거라도 치렀어?"). 마찬가지로, 어떤 질문에는 문고리가 달려 있다("너랑 동생이 왜 그렇게 다르게 자랐다고 생각해?"). 어떤 질문에는 문고리가 없다("조부모님 중 몇 분이나 살아 계세요?"). 하지만 행위유발성이 없는 제공도 행위유발성이 풍부한 수용으로 되받을 수 있다("할머니 한 분이 살아 계시는데, 할머니가 알고 계신 것들에 대해서 생각이 많아. 가족은 어떻게 돌보는지, 비극에는 어떻게 대처하는지, 초콜릿 호박빵은 어떻게 만드시는지 말이야. 그리

고 아직 시간이 남아 있을 때 할머니한테서 배워야 한다는 불안감이 들기도 해").[13]

제안과 수용이야말로 유머의 핵심이다. 앞서 살펴본 유머 이론가들이 사회적으로 이뤄지는 모든 웃음의 바탕에 깔려 있다고 믿는 해독의 과정이 바로 이것이다. 당신이 내게 대화의 문고리를 내민다면, 나는 그것을 어떻게 돌려야 할지를 안다. 내가 그토록 갈망하는, 그러니까 호흡이 가빠지고 눈물을 줄줄 흘릴 만큼 재미난 웃음은 심리적 행위유발성을 제공하고 받아들이는 사람들과 함께할 때만 이뤄질 수 있다. 농담과 바보 같은 짓들이 서로를 바탕으로 쌓이고 증폭되기 시작하며, 마스트로이안니가 말한 것처럼 공중에 떠 있는 듯한 느낌으로까지 고조되는 순간이다.

아이들과 놀면서 배우는 자석 같은 끌림의 기술

작가이자 교육 전문가인 리사 시빗은 아이들과 대화하는 법에 관해 이와 비슷한 이야기를 들려준다. 아이가 없는 많은 사람들에게 아이와 대화를 이어가는 방법을 알아내는 일은, 어색함과 불가능함 사이의 어디쯤에 있는 느낌을 준다. 시빗 본인도 아이는 없지만 최고의 이모가 되기 위해 노력 중이고, 따라서 아이들에게 안겨줄 대화의 문고리를 찾는 데 자부심을 느낀다. 시빗에 따르면 어른들이 아이들에게 저지르는 가장 흔한 실수는 "학교는 재미있니?", "커서 뭐가 되고 싶어?" 따위의 스몰토크를 시도하는 것이다. 아이들에겐 그런 이야기가 꽤 지루하다(솔직히 말하면, 대부분의 어른들에게도 꽤나 지루한 이야기다).

대신 시빗은 이런 제안을 한다. "어른이 먼저 (흥미로운!) 이야기를 꺼내면 아이들과의 대화가 훨씬 쉬워진다. 교육학에서는 이를 인지부하 줄이기라고 부른다."[14] 아이에게 학교가 재미있냐고 묻는 대신, 운동장에서 늘 개미를 주워먹던 아이 이야기를 들려주면 어떨까? 아니면 매일 커다란 카우보이모자를 쓰고 학교에 오던 4학년 담임선생님 이야기는? 언젠가 교실에 애완용 토끼가 있었는데, 봄방학 동안 일주일간 집에 데려갈 수 있었더라는 이야기는?

이런 이야기를 대화의 문고리라고 부르든, 인지부하를 줄이려는 시도라고 부르든, 아니면 재미난 사실이라고만 부르든, 이건 아이들을 신나게 하고 웃게 만들 가능성이 크다. 시빗은 이런 식으로 첫 번째 대화를 나눈 뒤 아이들을 너무 밀어붙이지 말라고 조언한다. "잠시 자리를 떠나 아이가 당신을 어떻게 생각할지 결정할 틈을 줘라. 잠시 후 아이가 관심 있어할 만한 다른 주제를 제시해라. 아이가 당신에게 다가올 때까지 기다려라. 아이는 곧 하고 싶은 말을 가지고 달려올 것이다. 그때 마음껏 떠들어라! 단 아이가 금세 대화를 벗어날 것에 대비해라. 말을 하다가 중간에 가버릴 수도 있다."[15]

아이들이 으레 그렇듯, 이들은 나이와 상관없이 우리 모두를 이끄는 근본적 역학을 드러낸다.* 누군가 대화 중에 유머를 활용해 장난스럽고 재미있으며 의외의 주제와 상호작용 방식을 만들어내면, 우리는 계속해서 그 사람을 향해 가고 싶다고 느낀다. 그런 사람은 정말 자석처럼 우리를 끌어당긴다. 우리는 그 사람에게 끌리고, 이야기를 더 나눌 기회가 생기면 기뻐한다. 반면 형식적으로 행동하면서 본인조차 흥미가 없는 세부사항과 진부한 말을 늘어놓기만 한다면, 대화에서 최대한 벗어나고 싶어진다. 화장실이 어디 있는지 살피거나, 술을 한 잔 더 주문하겠다거나, 전화가 왔

* 아내와 내게 아이가 생기자마자 깨달은 게 있다. 아기의 울음을 멈추게 하는 모든 행동이 내 기분을 풀어주는 것들과 완전히 똑같다는 사실이었다. 나는 정말로 화가 난 걸까, 아니면 그저 간식이나 낮잠, 산책, 혹은 냄새나는 옷을 갈아입는 일이 필요한 걸까? 이제는 알게 됐다. 아이들이 재미있는 대화라고 생각하게 만드는 것들이 나에게도 마찬가지라는 걸. 일 이야기는 그만! 나는 공룡이나 엄청나게 큰 강아지 이야기를 듣는 걸 훨씬 더 좋아하니까.

다는 핑계를 대기 시작한다.

실전에 응용하기

지금까지 배운 학술적 개념들을 실제 삶에서 어떻게 적용할 수 있을까? 다음번에 디너 파티나 행사에 간다면 이런 기법들을 실험해보자.

문고리에 주목하라. 누군가와 대화를 나누던 중 상대가 대화를 더 깊게, 재미있게, 혹은 더 흥미로운 방향으로 돌리는 질문이나 발언을 한다면 기회를 잡아라! 문고리를 움켜쥐고 문을 열어젖히자. 반면 그런 기회가 없다면 직접 문고리를 제안하자. 내가 좋아하는 몇 가지를 소개하자면 이렇다. '만약 당신이 양심 따위는 없는 악당이지만, 기술과 경력이 지금과 똑같은 상태라면 어떤 나쁜 짓을 저지르겠는가?' 어릴 때 내가 집착했던 특이한 음식에 관한 이야기도 대화를 잘 풀어준다(나는 언젠가 생일에 초콜릿푸딩 위에 있는 껍질, 그 껍질만 달라고 했던 적이 있다). 아니면 소소한 생활 꿀팁을 공유하는 것도 좋다(요리사 친구가 생강을 냉동실에 두었다가 얼린 채로 갈아 쓰라고 알려줬는데, 훨씬 간단하더라!).

상대방을 빛나게 하라. 상대의 이야기에 미소 짓고 웃어주는 단순한 행동이든, 실수나 오류를 창피한 순간이 아니라 재미있는 순간으로 바꿔주는 것이든, 상대방이 스스로를 멋지고 대단하게 느끼도록 최선을 다하자. 대화에 관한 조언 중 가장 흔한 것이 '흥미로운 사람이 되려 하지 말고, 흥미를 가져라'인 데는 다 이유가 있다. 나에 관한 대화가 아니라 상대에 관한 대화가 되게 하라! 그렇게 하면 흥미로운 사람이면서 동시에 흥미를 가진 사람이 되지 못할 이유가 없다.

귀기울여 듣고 다시 들려주자. 주변 사람들이 하는 말을 들어보자. 진심으로 귀를 기울여라. 영리하게 되받아치며 끼어들 기회를 기다리면서 그저 '듣는 척'만 하지는 말자. 웃음을 유발하는 최고의 방법이자 자석처럼 끌어들이는 매력을 자아내는 확실한 방법은 대화에서 언급된 주제나 아이디어, 작은 농담을 나중에 다시 들려줄 수 있을 만큼 주의 깊게 듣는 것이다. 즉흥연기나 스탠드업에서는 이걸 콜백callback이라고 부른다. 저녁 모임 초반에 누군가 '러플스'라는 강아지를 입양해서 훈련 중이라는 이야기를 했다고 가정해보자. 몇 시간 뒤 밖에서 개 짖는 소리기 들리면 친구를 보면서 "러플스가 왔네"라고 말해보는 거다. 이게 역대급 농담이나 관찰일까? 절대 그렇지 않다. 하지만 당신이 상대방의 말에 귀를 기울였고 강아지의 이름을 기억한다는 걸 보여준다.

상대가 웃지 않는다면 그게 오히려 이상한 일이다.[*]

마지막으로, 친절하고 너그러우면서도 솔직하고 진솔한 모습을 보이는 것을 잊지 말자. 쉴 새 없이 말장난만 하는 사람과 친구가 되고 싶은 사람은 거의 없다. 사람들은 자기 말에 귀기울이고, 진심 어린 관심으로 반응하며, 적절한 순간에 바보 같고 의외의 모습을 보여주는 사람과 시간을 보내고 싶어한다. 이걸 간단하게 확인하는 좋은 방법이 있다. 스스로에게 이렇게 물어보라. 당신과 어울려 노는 사람들이 모두 여덟 살 아이라면 더 많은 이야기를 나누고 싶어서 당신을 향해 달려올까, 아니면 반대 방향으로 몸을 비틀며 도망갈까? 만약 이 모든 게 통하지 않는다면, 염소를 한 마리 사서 공원을 산책시키면 된다.

[*] 물론 러플스가 밤새 짖어대서 잠을 못 잔 경우엔 얘기가 다르다. 그렇다면 어정쩡한 웃음을 지을 것이다. 속으로는 아 안 돼, 오늘 밤도 반려-동물-고문이 시작되는구나라며 겁에 질린 채로.

6장

우리만 아는 농담 깊숙이

공통의 경험과
'내부자' 라는 감각이 중요한 이유

에이브러햄 링컨이 참모들을 모았을 때, 링컨이 선택한 사람들은 모두 그와 대통령 자리를 놓고 싸웠던 라이벌들이었다. '적수들이 모인 팀team of rivals'이라 불린 이 내각의 인사들은 하나하나가 뛰어난 정치가였다. 그런데 문제가 한 가지 있었다. 이들 대부분은 서로를 증오했고, 링컨을 그리 좋아하지도 않았다. 그렇다면 '정직한 에이브'는 대체 어떻게 이 경쟁자 무리를 하나의 팀으로 만들었을까?

링컨의 해법은 일단 그들과 함께 웃는 것이었다. 그들만의 농담, 소박한 일화, 함께 나눈 유머로 집단 정체성을 만들었다. 링컨을 아는 사람이라면 그가 끝도 없이 농담을 던질 수 있다는 것도 알았다. 당대의 어떤 이는 링컨의 농담이 "블랙베리만큼 넘쳐난다"고 말했다.[1] 그리고 블랙베리에 대해 우리가 아는 한 가지가 있다면 엄청 많다는 사실이다.

오늘날 링컨은 대개 진지하고 비극적 인물로 묘사되는 편인데, 그럴 만한 이유는 충분하다. 하지만 정치가이자 지도자로서 링컨이 지닌 능력 가운데 상당 부분은, 사람들을 웃게 함으로써 그들과 공감을 형성하는 데 있었다. 링컨 연구자 벤저민 P. 토머스에 따르면 "어떤 문제를 고민하는 데 있어 링컨의 사고방식은 신중하고 꼼꼼했다. 하지만 그는 거의 모든 상황에서 재치 있는 농담이나 기막힌 답변을 곧장 내놓을 준비가 되어 있었다."[2]

안타깝게도 유머란 문화와 맥락에 크게 좌우되는 법이라, 지금 읽었을 때 조금이라도 재미있다고 느낄 만한 링컨식 농담은 딱히 소개하기가 어렵다. 그러나 지금도 통하는 몇 안 되는 예외가 있다. 링컨이 자기 외모를 소재로 한 농담이다. 1858년 일리노이주 상원의원 선거 당시 벌어진 일곱 차례의 링컨―더글러스 공개 토론 도중 누군가 링컨을 '이중인격자'라고 비난했다. 그러자 링컨은 이렇게 받아쳤다. "솔직히 제가 두 얼굴의 이중인격자라면 이따위 얼굴을 내놓고 다니겠습니까?"[3] 이 정도면 아주 제대로 된 '셀프 디스' 아닌가!

하지만 링컨이 했던 다른 농담들은 21세기를 살아가는 나로서는 도무지 이해가 안 된다. 말이 파리한테 물린 이야기는 링컨의 시대에는 엄청나게 웃긴 이야기였다고 한다. 내가 봤을 땐 딱히 웃기지 않은데, 당대의 기록들은 하나같이 링컨이 완전 대박 웃음꾼이었다는 증언뿐이다. 겨울에 땅을 파헤치려는 돼지 이야기나 스컹크에게 총을 쏜 다음 후회하는 농부 이야기로 청중을 들었다 놨다 했다는 것이다.

1842년 전직 대통령 마틴 밴 뷰런이 일리노이주 스프링필드 정치인들과 하룻밤을 보냈다. 링컨은 전국구 인물이 되기 한참 전이었지만 전직 대통령을 즐겁게 하는 데는 모자람이 없었다. 토머스에 따르면 "밴 뷰런은 뉴욕 정치판의 재밌는 일화들을 늘어놓았고, 다른 이들은 개척지 시절 이야기를 들려주었다. 하지만 결국 모두가 링컨에게 자리를 내주었다. 그는 밤늦도록 끝없이 쏟아지는 이야기로 웃음바다를 만들었고, 급기야 밴 뷰런은 '웃느라 옆구리가 아플 지경'이라고 말했다."[4]

역사학자들은 링컨의 내각이 남북전쟁에서의 승리와 미국의 미래에 얼마나 중요했는지에 관해 수많은 책을 썼다. 하지만 링컨의 능력 가운데 유머가 어떤 역할을 했는지는 과소평가하곤 한다. 비대한 자아와 넘치는 야망이 가득한 집단 안에서 긴장을 풀고 질서를 유지하는 데 유머가 중요한 역할을 했다는 것 말이다.

링컨 시대 사람들이 '유머'를 어떻게 이해했는지 역사적 맥락을 짚어보아야 하겠다. 만화가이자 전 〈뉴요커〉 만평 편집자 밥 맨코프는 오래전부터 링컨의 유머에 관심을 가져왔다. 그는 한 에세이에서 이렇게 설명했다. "요즘은 '재치wit'와 '유머humor'를 구분하지 않지만, 19세기 사람들은 둘을 구분했다. 재치는 비꼬면서 반감을 일으키는 것이었고, 유머는 다정하고 공감하는 것이었다. 지금 우리가 '함께 웃기laughing with'와 '비웃기laughing at'를 구분하는 것처럼 말이다. 링컨은 '비웃기'보다 '함께 웃기'에 훨씬 가까운 쪽이었다. 그리고 '비웃기'를 할 때도 대체로 자기 자신을 조롱했다."[5]

링컨의 친근함과 공감 능력은 비판자들을 누그러뜨리고, 집단에서 긍정적인 분위기를 자아내는 편안한 공간을 만드는 데 도움이 되었다. 진화론적으로는 이것이야말로 유머의 가장 오래되고 중요한 기능 중 하나였을지 모른다. 동물 행동 전문가들은 오래전부터 침팬지와 다른 영장류에서 인간의 웃음에 해당하는 행동을 관찰해왔다.* 영장류는 함께 웃고 나면 훨씬 더 편안해지고 공격성이 줄어든다.[6] 마찬가지로 전 세계의 아이들도 놀이

* 우리는 ("하하하" 하면서) 숨을 내쉬며 웃지만, 침팬지는 들숨과 날숨을 오가면서 웃는다. 마치 '숨 가쁜 헐떡임' 같은 소리다.

를 할 때 웃는다. 아이들이 처음 하는 놀이는 대개 술래잡기와 비슷한 종류다. 즉 우리는 유머로 방어심과 경계심을 푸는 생물학적 성향을 타고났다. 일단 사람들의 거부감과 의구심을 넘어서고 나면, 웃음은 집단을 하나로 묶어주는 데 필수적인 역할을 할 수 있다. 바로 여기서 자기만의 비밀 언어와 의례, 상징을 만들어가는 일이 등장한다.

함께 있어야만 알 수 있는 순간

나는 친구를 사귀고 공동체에서 시간을 보낼 때, 우리만 아는 농담을 만들 수 있는 기회야말로 가장 큰 기쁨이라고 생각한다. 진짜 우리만 아는 내부자 농담이란 외부인은 도무지 알 수가 없는 것이다. 집단의 구성원들만 공유하는 비밀 언어인 셈이다. 1장에서 이야기했던 유머에 관한 위대한 과학 이론들을 다시 짚어보자면, 내부자 농담은 궁극적인 해독decoding의 사례다. 수수께끼를 풀 수 있는 유일한 방법은 그 농담의 일부가 되는 일뿐이다.

우리만 아는 농담을 외부인에게 설명하는 건 십중팔구 망하는 지름길이다. 그야말로 '거기에 있어야만 알 수 있는' 순간에 관한 거니까. 하지만 논의를 이어가기 위해 나의 생활 속에서 있었던 농담 하나를 꺼내서 풀어보겠다. 나는 매주 수요일마다 동네 푸드뱅크에서 봉사활동을 한다. 이곳은 전적으로 자원봉사로 운영되기에 등장인물이 자주 바뀐다. 하지만 단골 멤버라는 핵심 그룹이 있고, 시간이 지나면서 서로 좋은 친구가 되었다. 매주 짧은 시간만 함께하고 푸드뱅크 외부에서는 거의 어울리는 일이 없지만, 끊임없이 늘어나는 우리만의 농담과 레퍼런스 모음을 통해 관계를 쌓아왔다.

한번은 별명이 카바요Caballo(스페인어로 '말horse'을 가리키는 단어-옮긴이)인 자원봉사자가 해변에 갔다가 다람쥐들에게 빵 조각을 던져줬다는 이야기를 하려 했다. 그런데 말끝을 얼버무린 탓에 모두 그의 말을 잘못 알아들었다. "해변에 가서 다람쥐들squirrels한테"가 아니라 "내 여자들girls에게 빵을 던져줬다"고 말한 줄 알았던 거다. 갑자기 푸드뱅크의 모두가 완전히 다른 분위기로 귀를 쫑긋 세웠다. 카바요가 그런 바람둥이였다는 걸 대체 누가 알았을까? '여자들'에게 빵을 던져준다니! 그럴 줄은 몰랐다. 알고 보니 카바요 본인도 마찬가지였다. 하지만 덕분에 모두 한바탕 웃었고, 몇 달이 지난 지금도 만날 때마다 그때 그 여자들은 어떻게 지내냐고 묻는다.

우리 모두가 서로 무슨 이야기를 하는지 알고, '그 여자들' 이야기만 나오면 웃거나 미소를 띤다는 점은 우리가 푸드뱅크에서 단단히 뭉친 집단이라는 느낌을 자아낸다. 새로운 사람이 정기적으로 봉사하러 나오기 시작하면 그 농담을 설명해주고 일종의 입문 의식을 치른다. 그렇게 그들은 우리의 언어를 말하게 된다. 우리의 은어를 익힌다. 우리 문화의 일원이 되는 것이다.

사실 우리만 아는 내부자 농담이란 바로 그런 것이다. 그것은 집단 안에서 문화가 형성되고 있다는 증거다. 서아프리카에는 요루바족이 쓰는 에그베egbe라는 개념이 있는데, '집단의 영혼'이라는 뜻이다. 사람들이 모인 집단마다 서로 다른 에그베를 가진다. 우리는 서로 어떻게 상호작용하느냐에 따라 그 집단적 영혼을 형성하고 빚어낼 수 있다. 함께 웃고 농담과 이야기로 추억을 쌓음으로써, 관계들을 더 굳건히 다지고 유대를 강화한다.

한 집단에 오래 속해 있다 보면 결국 원래의 출발점은 사라지고 농담만 남는다. 이제 나는 대학교 시절 친구들과 수십 년 동안 쌓인 말도 안 되는 농담들로 묶여 있다. 이건 내부자 농담을 유지하기 위해 반드시 같은 장소에 머무를 필요가 없다는 사실을 보여주는 증거이기도 하다. 우리는 수년간 이메일로 활발하게 농담을 주고받았다. 하지만 그것만으로는 축적된 농담의 무게를 감당하기에 부족했다. 그래서 이제는 생산적인 업무 소통을 위한 기술 플랫폼인 슬랙 메신저를 쓴다. 그런데 우리가 개설한 슬랙 채널에서는 생산적인 일이 벌어진 적이 거의 없으며, 우리에게 슬랙 채널은 그저 내부자 농담 저장소일 뿐이다.

채널 제목 자체가 모두 농담으로 쓰였기에 외부인은 대부분 이해할 수 없다. 자기가 쓴 농담을 처음 공유했을 때 충분히 인정받지 못했다고 느낀다면 #불발_명예의_전당 채널에 다시 올린다. 그래도 여전히 하트 뿅뿅 이모티콘을 받지 못하면 수치의 표시로 #고통의_전당 채널에 또 올린다. 모든 사람이 다 모이지 못하는 상태로 줌미팅을 하거나 직접 만날 경우에는 단체 사진을 찍어서 #소외시킨_자들의_셀퍼 채널에 올린다. 이상하고 딱히 의미도 없지만 바로 그게 매력적인 부분이다.

심지어 우리만의 농담에 맞춘 이모티콘까지 만들어서 활용한다. 가끔 이런 사실을 끼먹고 실수를 저지를 때도 있다. 대학 시절 한 번 스치듯 만났던 브라이스라는 사람의 사진 섬네일을 농담 친구가 아닌 사람에게, 예컨대 같이 일하는 사람에게 보내면 어떻게 될까? 그 사람은 내가 "좋은 의견이군요"라고 말하려 했다는 사실을 알아채지 못할 테다.

그게 바로 내부자 농담의 힘이다. 내부자 농담은 모든 사람에게 똑같이 통하지 않는다. 내부자 농담은 우리들끼리만 통한다. 대체 누가 특별하고 소속감 있다는 느낌을 원하지 않겠는가? 훌륭한 내부자 농담은 관계를 증명하는 마일리지 카드다. 시간을 투자했으니, 이제 무료로 재미나 보너스를 받는다. 가볍게 드나드는 외부인은 누릴 수 없는 어떤 것이다.

제로 더 히어로

새해가 시작되고 얼마 지나지 않은 화요일 아침, 나는 한 초등학교 화장실에 서 있었다. 망토와 마스크를 착용하고 화려하게 장식된 의상을 입은 채였다. 나는 친구 조슬린이 신호를 보낼 때까지 숨어 있었다. 신호가 오면 복도를 달려가 십진법 슈퍼히어로인 '제로 더 히어로'의 모습으로, 조슬린이 가르치는 유치원생들을 깜짝 놀라게 할 참이었다. 인형으로 만든 '제로'는 10일에 한 번씩 아이들을 찾아와 숫자가 어떻게 작동하는지 가르쳐준다. 조슬린과 동료 교사들은 100일째 되는 날을 위해 사람이 직접 입을 수 있는 의상을 만들었다.

교실에는 이미 제로 더 히어로를 둘러싼 방대한 설정과 신화가 구축되어 있었다. 그래서 학생들의 질문에는 대부분 이런 식으로 답해주었다. "정말로 제로 모양 우주선을 가지고 있어요?" "응, 진짜야." 그러면 다른 아이가 또 물었다. "그럼 제로 행성에서 오셨어요?" "맞아, 제로 행성에서 왔단다."

어떤 질문들은 창의적 답변을 할 자유를 더 많이 안겨주었다. 예를 들어 내가 좋아하는 제로 모양의 음식들을 다 말해줄 수 있었다(치리오스 시리얼, 도넛, 베이글 같은 것들). 또 다른 학생은 도무지 믿음이 가지 않는지 계속 물었다. "좋아요, 그런데 정말로 제로 맞아요?" 내가 그렇다고 하자 나이가 몇 살인지 물었는데, 살짝 함정 질문처럼 느껴졌다. 나는 상황을 역이용했다. "지구 나이로 말이니? 아니면 제로 행성 나이로?" 이 말로 그 아이를 완전히 사로잡았던 것 같다.

예전에는 선생님들이 자기 친구들에게 제로 역할을 맡기면 상대적으로 빨리 일이 마무리되었다고 한다. 섭외된 친구가 이제 가야 한다고 말하면 상황극은 종료되었다. 하지만 내 경우엔 내 성격을 단적으로 보여주는 반전이 벌어졌다. 선생님들이 이렇게 말해야만 했던 것이다. "좋아요, 제로 씨. 이제 돌아갈 시간이에요. 수업을 다시 시작해야 하거든요." 나는 종일 교실 밖 복도에 서서 내 고향 행성과 제로라는 말로 지어낸 것들로 소소한 질문에 답해줄 수도 있었다.

제로 역할을 하면서 과장된 연기를 실컷 할 수 있었지만, 더 중요한 건 그 역할이 상징하는 교육적 의미다. 제로는 교사들이 유머와 창의성으로 어떻게 교실 문화를 만들어가는지 보여주는 완벽한 사례였다. 아이들은 웃고 즐거워하며, 유머는 아이들이 개념을 더 오래 기억하게 만든다. 아이들에게 공유된 경험도 안겨준다. 몇 년이 지나도 떠올리며 유대감을 느낄 수 있는 경험 말이다. 나는 이게 사실이라는 걸 안다. 내가 복도에서 유치원 교실 쪽으로 달려가는데, 고학년 아이들이 나를 힐끗 봤기 때문이다. 아이들의 눈이 휘둥그레지더니, 나를 알아보았다는 듯 고개를 끄덕이고는 서로 팔을 붙잡으며 말했다. "저 사람, 제로야!"

아마 당신은 친구에게 초능력 외계인 복장을 입혀 사무실을 뛰어다니게 할 일이 없을 것이다(물론 그럴 수도 있고, 정말 그렇게 한다면 엄청 멋질 거다). 하지만 직장에서도 원리는 같다. 동료들과 긍정적인 경험을 만들고 지속적인 유대를 형성하려면 말이다.

낯설수록 가까워지는 밤

에미상을 수상한 영화감독이자 라디오 프로듀서인 비앙카 예베르_{Bianca Giaever}는 집단 안에서 창의적이고 예상치 못한 방식으로 연결을 창출하는 일에 독보적이다. 예베르는 일과 개인 생활에서 모두 항상 다른 사람들과 연결될 방법을 추구한다. 한번은 친구와 함께 자전거 여행으로 플로리다 최남단에서 알래스카 끝자락의 북극해까지 페달을 밟았다. 그녀는 여행하는 내내 마음에 드는 우편함과 도로통제용 교통콘을 적은 상세한 목록을 작성했다.

우편함과 교통콘 모두 도로변의 명물은 아니지만, 바로 그 특이하고 구체적인 점이 미국 전역에서 만난 낯선 이들과 식사를 하거나 쉬는 동안 대화를 나누게 해준 비결이었다. 어디에 사는 사람이든, 우편함이나 교통콘은 거의 확실히 본 적이 있다. 거기에 푹 빠진 사람을 만나게 되면, 사람들은 주변 세상을 살짝 새로운 시선으로 보게 된다. 어쩌면 예베르에게 자기만의 보물을 공유할지도 모른다.

예베르는 자전거로 수천 마일을 달리지 않는 평소에는, 사람들이 껍질을 깨고 나오게 돕는 독특하고 유머러스한 방법들을 고안한다. 다음은 예베르가 주최한 파티 몇 가지인데, 그녀는 당신이 이 아이디어들을 훔쳐서 직접 파티를 열어도 좋다고 전적으로 허락했다.

1. 페로몬 파티

이 파티는 행사 3일 전부터 준비를 시작한다. 모든 게스트에게 앞으로 3일 밤 동안 흰색 티셔츠를 입고 자되, 빨지도 말고 향수나 향이 나는 제품도 쓰지 말라고 한다. 파티 당일 게스트들이 티셔츠를 가지고 도착하는 즉시 비닐봉지에 밀봉하고 번호를 붙인다. 어느 티셔츠가 누구 것인지는 주최자만 안다. 모두 다 도착하면 빈 차트를 하나씩 나눠준다. 게스트들은 티셔츠를 담은 봉지들을 번갈아가며 '표본'의 냄새를 맡고 자기가 느낀 '후각 노트'를 쓴다.

당신은 여기서 파티를 마무리해도 된다. 사람들은 다양한 페로몬을 경험했고, 집에 가서 들려줄 멋진 이야깃거리를 얻었으며 무엇보다 경계를 내려놓은 재미난 시간을 함께 보냈다. 예베르처럼 체계적인 성향이라면 게스트들에게 '최고의 냄새', '최악의 냄새', '가장 흥미로운 냄새'에 투표하라고 요청할 수도 있다. (각자에 대한 투표 결과는 알려주지 않는 편이 더 친절하겠다. 자기 체취에 대해 콤플렉스가 생길 수도 있으니까.)

예베르가 발견한 흥미로운 점이 있다. 많은 사람이 만장일 치로 '나쁜' 냄새를 풍긴다고 꼽는 티셔츠가 있으리라고 생각하지만, 냄새란 사실 엄청나게 주관적이라는 사실이다. 20명 가량의 게스트가 모인 자리라면 모든 셔츠마다 그 냄새를 너무 좋아하는 사람과 역겨움을 느끼는 사람이 함께 있었다. 아름다움은 보는 이의 눈에만 있는 게 아니다. 아름다움은 그 냄새를 맡는 사람의 코에도 있다.

2. 낯선 이들끼리의 저녁식사

여느 디너 파티와 다를 것은 없다. 다만, 한 가지 예외가 있다. 파티 참석자 가운데 누구도 서로를 알지 못한다는 것이다. 그건 주최자도 마찬가지다. 예베르는 이렇게 파티를 준비했다. 친구들에게 (더 나아가 친구의 친구들에게) 한 번도 만난 적 없는 사람을 떠올려보고, 그 사람에게 예베르의 집에서 열리는 디너 파티에 참석할지 물어봐달라고 부탁했다. 그녀는 의도적으로 손님 목록이 다양한 세대와 문화가 넘나들게 꾸려지도록 했다. 더 매력적인 초대를 제안하기 위해, 낯신 이들에겐 맛있는 음식을 제안했고 아무것도 가져오지 않아도 된다고 알렸다.

나는 파티가 성공을 거두리라는 데 회의적이었다. 하지만 예베르는 파티가 큰 성공을 거두었다는 소식을 전했다. 저녁 식사에서 가장 짜릿했던 부분은, 누구도 서로의 이야기나 일화를 이전에 들어본 적 없다는 점이었다고 한다. 그래서 간단한 자기소개를 마친 뒤에는 각자가 할 수 있는 가장 흥미로운 이야기(친구와 가족들이 수없이 눈을 흘겼을 그런 이야기 말이다)로 서로를 완전히 놀라게 만들 수 있었다.

3. 같은 키 파티

이 모임은 예베르가 독일 예술가 한스 헤메르트Hans Hemmert에게서 영감을 받아 꿈꾸고 있는데, 아직 실행에 옮기지는 못했다. 여기 도착하는 모든 사람은 키를 정확히 잰다. 그런 뒤 굽 높은 신발을 신는다(혹은 각자의 신발 밑창에 플라스틱을 덧댄다). 그러면 모든 사람의 키가 방 안에서 제일 큰 사람의 키에 맞춰지게 된다. 갑자기 모든 사람이 정확히 같은 눈높이에서 세상을 경험하게 된다. 그렇게 된다면 집단의 역학은 어떻게 바뀌게 될까? 모두 키가 같아지는 평등을 이루는 건 어떤 느낌일까? 예베르는 언젠가 그 소식을 전할 수 있기를 소망한다.

파티는 끝나도 이야기는 남는다

예베르가 제안한 파티들은 내가 정말 좋아하는 아이디어지만, 비슷한 결과를 내려고 꼭 기발한 테마 파티를 열어야만 하는 건 아니다. 내가 읽어본 집단을 하나로 모으는 방법에 관한 책 중에는 프리야 파커의 《모임을 예술로 만드는 법 The Art of Gathering》이 단연 최고다.[7] 파커는 예베르가 꾸린 파티에도, 격조 있는 결혼식이나 임신 축하 모임에도 똑같이 적용할 수 있는 실용적 팁과 조언을 제시한다. 그녀는 집단 경험을 창출하는 (그리고 내부자 농담과 사회적 유대의 가능성을 구축하는) 핵심 요소로 두 가지를 꼽는다. 행사를 위한 내러티브를 만드는 것과 세부사항에 대해 '의견이 오가도록' 만드는 것이다.[8]

내러티브 만들기의 경우, 파티의 배경이 되는 이야기를 만들어보는 것이다. 예컨대 생일 파티를 열어야 할 것 같은데 요즘 들어 삶이 너무 정신없고 빡빡한 일정에 치이는 느낌이라고 해보자. 파커의 조언에 따르면, 초대장에 그 사실을 솔직하게 밝히기만 하면 된다. 그러고는 사람들에게 트레이닝복 차림으로 팝콘이나 긴식을 들고 와서 두 시간 동안 아무 생각 없이 볼 수 있는 리얼리티쇼를 함께 보자고 제안하는 것이다. 노래를 부르지도 않고, 차려입을 일도 없고, 선물을 주고받지 않아도 된다. 그냥 느긋하게 누워서 쇼 프로그램을 정주행하면 된다.

아니면 은퇴를 앞두고 커리어를 뒤로하는 것에 대해 복잡한 감정을 느끼는 사람을 위해 은퇴 파티를 준비한다고 해보자. 금시계와 케이크를 선물하는 전형적인 파티 대신, 그가 남긴 사무용품을 위한 추모식을 열어보는 건 어떨까. 공용 스테이플러, 말썽을 부리던 복사기, 그리고 파티의 주인공이 다시는 쓰지 않아도 될 형편없이 설계된 이메일 프로그램에 대한 추도사를 낭독하는 것이다. 씁쓸하면서도 달콤한 감정을 받아들여도 좋다. 이제 안녕이라고 말할 수 있어서 속으로 기뻐할 직장 생활의 귀찮은 것들을 함께 웃어넘기는 일도 나쁘지 않다. 탕비실에서 이상한 냄새를 풍기던 전자레인지와 영원한 작별을.

파커가 제시하는 또 다른 핵심 요소는 '의견이 오갈 여지'를 만드는 일이다. 이 말은 누군가 그 아이디어에 반대하거나 참석을 거부할 만큼 충분히 구체적으로 제안하라는 뜻이다. 예를 들어 나를 자정에 시작해서 새벽 4시에 끝나는 보름달 기념회에 초대한다면, 내가 거기 참석할 가능성은 완전 제로다. 하지만 이거야말로 좋은 일이다! 시간이란 명백하게 의견이 갈릴 수 있는 요소이며, 그렇기 때문에 실제로 행사에 참석하는 사람들은 진심으로 관심이 있고 들떠 있으리라는 의미다. 의견이 오갈 여지를 만든다는 건 행사에 참석할 만큼 용감한 사람들이 앞으로 몇 년 동안 그 이야기를 나누고 함께 웃게 된다는 뜻이기도 하다.

내 친구 월과 조슬린은 매년 자기 집에서 수프 파티를 연다. 예상했겠지만, 이 파티의 음식은 모두 수프로 이뤄진다. 의견이 오갈 여지가 있는 파티란 바로 이런 거다! 수프가 싫다면 수프 파티에는 오지 말아야 한다. 차가운 물에서 수영하는 게 싫다면 북극곰 수영대회는 가지 말아야 한다. 무서운 영화가 소름 돋게 한다면, 제발 공포영화제에는 참석하지 마라. 의견이 오갈 여지가 있다는 건 모든 사람에게 맞지는 않는다는 뜻이다. 또한 아이디어를 들었을 때 웃고 기뻐할 가능성을 만들어낼 만큼 충분히 구체적이란 뜻이기도 하다. 생일 파티에 초대받는 것도 좋지만, 그건 좀 평범하고 재미가 하나도 없다. 하지만 '피클만 가져와, 오직 피클만! 29번째 생일 기념 발효 대잔치'에 초대받는다면? 구체적이고, 기억에 남고, 아주 재미난 일이 될 수도 있다.

때로는 열쇠 하나로 충분하다

내가 정말 좋아했던 많은 모임이 시간이 지나면서 김이 빠지고 흐지부지됐다. 독서 모임의 핵심 멤버가 이사를 갔을 수도 있고, 모두가 일 때문에 바빠졌을 수도 있다. 글을 쓰는 작가라는 직업상, 작품을 공유하고 동료들에게 피드백을 받을 수 있는 모임은 큰 도움이 된다. 하지만 내 경험상 작가 모임의 수명이 가장 짧은 편이다. 처음 몇 달 동안은 정말 좋다가, 어느 순간 사라져버리거나 주 1회에서 월 1회로, 잘 풀리면 반년에 한 번으로 줄어든다. 내가 속했던 작가 모임은 전부 다 그랬다. 단 하나만 빼고.

키스톤 소사이어티 Keystone Society*가 오랫동안 이어진 이유는 호스트인 맷과 리아가 모임에 어울리는 우스꽝스러운 의식들을 만들었기 때문이라고 본다. 맷은 골동품 열쇠가 가득 든 큰 상자를 사서 참가자 각자에게 하나씩 열쇠를 나눠줬다. 모임의 의식은 이렇다. 첫째, 모임을 시작할 때마다 이전에 받았던 열쇠를 다시 가져와서 새 열쇠로 바꾸어야 한다. 둘째, 열쇠 상자를 들고 있는 동안 자기소개를 하고 작업 중인 글쓰기 프로젝트가 무엇인지 말해야 한다. 셋째, 아주 사소한 성취

* 우리가 만나는 장소의 주소에서 따온 이름이면서, 멤버 가운데 몇 명은 북극곰에게 잡아 먹히게 되는 19세기 모험가들의 모임처럼 들리기도 해서 지은 이름이다.

의 기미만 보이더라도 힘찬 박수를 보내야 한다. 열쇠를 가져오는 걸 잊지 않았다고? 그러면 박수를 받는다. 마이크로소프트 워드 프로그램에서 목차 서식을 어떻게 만드는지 알아내는 게 지금 가장 집중하고 있는 일이라고? 기립박수가 쏟아질 것이다.

이런 의식은 딱히 시간이 많이 걸리거나 대단한 것도 아니다. 그저 우리 모두가 함께 나눌 수 있는 특이하고 우스꽝스러운 뭔가를 제공할 뿐이다. 이 의식들은 모임을 그저 글을 공유하는 자리에서 선의로 가득한 글쓰기 광신도 모임*으로 변화시킨다. 좋은 의식을 만드는 비법은 좋은 내부자 농담의 비법과 마찬가지다. 사소하고 재미있는 무언가를 찾아서 반복하고 또 반복하다 보면, 그것이 관계를 이루는 독특한 문화의 일부가 된다.

집단 안에서 유머를 활용한다는 건 이런 매력이 있다. 매년 뻔한 방식으로 축하하거나 모이는 대신, 늘 피상적인 주제만 이야기하는 대신, 자신을 살짝 드러내는 기쁨을 경험할 수 있다. 모두가 안전지대를 조금 벗어난 환경을 만들고, 함께 공통의 경험을 만들어가는 것이다. 그렇게 하면 유머도, 인간적 유대도 거의 저절로 생겨나게 된다.

* 내 경험상 글쓰기 광신도 모임은 실제로 글쓰는 일을 미루는 갖가지 기발한 방법을 찾아내는 데 집중하는 편이다.

7장

웃음 처방전

효과는 분명하고 부작용이 없는 약

미미 체 교수와 홍콩의 의료 연구팀은 노인 환자들을 심각하게 우려하고 있었다. 노인들, 특히 요양원에서 통증을 겪으며 지내는 이들을 살펴보니 신체적·정서적 건강에서 일관되게 염려스러운 경향이 드러났다. "많은 노인이 통증을 삶의 일부로 받아들이며, 심각하고 견딜 수 없는 지경이 되어서야 도움을 구합니다. (…) 점점 고립되면서 밖에 나가 친구나 가족을 만나려 하지 않고, 감정 표현도 줄어들면서 외로움에 빠지기 쉬워집니다."[1] 미미 체 교수는 환자들의 삶을 개선하고 싶었지만, 또 다른 약을 처방하거나 개입하는 방식으로 치료를 진행하려니 망설여졌다.

체 교수는 밝고 쾌활한 성격을 타고난 사람이다. 이 책을 위해 줌으로 인터뷰를 진행했을 때, 그녀는 잠깐 인터뷰를 멈춰보자고 하더니 재미난 모자를 쓰고 나타나 함께 셀피를 찍었다. "이거 제 페이스북에 올릴게요. 친구들이 좋아할 거예요."[2] 그녀는 농담과 유쾌한 장난이 자신의 삶을 얼마나 나아지게 했는지 되새겼다. 그리고 유머를 잠재적 건강 관리 수단으로 고려하기 시작했다. 이후 그녀는 연구팀과 함께 8주짜리 연구를 설계했다. 연구 대상자인 노인들은 일주일에 한 번씩, 한 시간 동안 유머 세션에 참가했다. 각 세션에서는 오늘의 유머, 재미난 이야기 낭독, 웃음을 유도하는 활동, 일상에서 유머의 우선순위를 높이는 법에 관한 강의가 이뤄졌다. 참가자들은 자신을 웃게 만든 재미있는 이야기, 프로그램, 일화 등을 기록하고 다른 참가자들과 공유하도록 요청받았다.

8주가 지났을 때 연구진은 실험 결과에 놀라움을 금치 못했다. 실험에 참가한 이들은 통증과 외로움에 대한 인식이 유의미하게 감소했고, 행복감과 삶의 만족도가 유의미하게 증가했다. 유머 치료 프로그램에 참여하지 않은 대조군에서는 이러한 결과가 나타나지 않았다. 체 교수는 이 연구가 환자 치료에 대한 생각을 바꿔놓았다고 했다. 가장 효과적인 치료에는 약물이나 시술이 필요하다는 기존의 통념에 도전하는 결과였다. 나이든 환자들이 가장 시급하게 겪는 몇 가지 건강 문제를 해결하면서도, 사실상 부작용이 거의 없는 건강 증진 수단이 바로 앞에 있었던 것이다.*

환자 분류는 의사에게, 바질은 페스토에게

건강에 관한 이야기를 본격적으로 시작하기 전에 밝혀둘 게 있다. 의학과 유머를 함께 다루다 보면 어느새 엉뚱한 데로 빠지기 쉽다. "유머가 환자의 치료 결과를 개선할 수 있다" 같은 말로 시작했다가, 정신을 차려보면 반과학적 사고와 의료 음모론의 수렁에서 허우적대고 있는 식이다.

한번은 식물원에서 진행하는 약용 식물 투어에 참가한 적이 있다. 예쁜 꽃도 보고, 잎을 차로 우려내면 근육통이나 메스꺼움에 좋다는 정도의 이야기를 들을 줄 알았다. 그런데 웬걸, 드레드 머리를 한 백인 남자 케빈이 점점 더 심각한 응급 상황들을 늘어놓기 시작했다. 케빈의 말로는 이 모든 게 "병원에 갈 필요 없이, 허브만으로 완치될 수 있다." 케빈은 두통에서 시작해 백내장, 간질환, 골절, 종양으로 점점 더 심각한 증상들을 언급했다. 그러다 갑자기 그는 샌들을 벗어 던지더니 커다란 바질 옆 흙에 발가락을 쑤셔넣었다. "총상이나 자상을 입었을 때 제일 좋은 방법은 상처 부위에 홀리바질잎을 꽉꽉 채워넣는 겁니다." 부디 투어 참가자 중 누구도 케빈이 알려준 이 조언을 따라 하지 않았기를 바란다. 내가 하고 싶은 말은 이거다. 케빈처럼 되지는 말자.

사람들은 의학적 조언에 대해 온갖 이야기를 한다. 그리고 비전문가의 조언은 대개 끔찍한 것들이다! 분명히 해두는데, 나는 현대 의학이 기적에 가까운 발전을 이뤘다고 생각한다. 생명을 구하는 약품과 수술은 우리가 감사해야 할 선물이며, 케빈이 인터넷 게시판에 무슨 말을 올리든 내 생각을 바꿀 수는 없다.* 사람들은 흔히 웃음이 최고의 치료약이라고 한다. 글쎄, 나는 잘 모르겠다! 나는 여전히 그 말이 틀렸다고 생각하고, 페니실린을 믿는 편에 서겠다(아니면 소아마비 백신 쪽에?). 페니실린은 정말 대단한 치료제가 아닌가! 웃음보다는 확실히 효능이 좋다. 하지만 웃음은 두 번째로 잘 듣는 치료제가 될 수 있지 않을까? 적어도 10위권 안에 드는 건 확실하다.

(체 박사의 연구를 비롯해) 점점 늘어나고 있는 논문과 연구 결과에 따르면, 유머와 웃음은 건강 증진에 도움이 될 수 있다.

* 나는 절대 의사가 아니다! 코미디언이 유머에 관해 쓴 책에서 의학적 조언을 구한다면, 예후가 좋을 거라고 보기는 어렵다. 사실은 인터넷 게시판을 통해 치료 계획을 세우는 것보다 한 단계 더 낮은 수준일지도.

특히 질병을 경험하는 과정에 강력한 영향을 미친다. 통증, 불안, 절망감은 심각한 의학적 문제다. 이번 장에서 살펴보겠지만, 웃음을 통해 이런 문제들이 완화될 수 있다고 보는 연구자들이 갈수록 늘어나는 추세다.

가장 힘든 순간에 나오는 귀한 웃음

나는 유머가 치료에 큰 도움이 된다는 사실을 직접 목격했다. 하지만 내가 겪어본 일 가운데 가장 무섭고, 가장 웃기지 않았던 일을 통해 그걸 알게 되었다. 아내 몰리가 만성 통증과 지속적인 부상으로 자기 몸 하나 건사하기도 힘들어지면서 모든 일이 시작됐다. 30대 초반의 나이에 독립적이고, 직업적으로도 성공을 거두었으며, 바쁜 사회생활을 누리던 성인이 좌절을 안겨주는 병원 진료와 결론 없는 검사 결과에 휘둘리는 사람으로 변해가는 모습은 몰리 스스로에게도 (그리고 나에게도) 충격적이었다.

몰리는 스트레스를 풀고 정신건강을 유지하기 위해 오랫동안 아침마다 조깅을 즐겨왔다. 그런데 당시에는 극심한 통증 때문에 1.6킬로미터도 제대로 못 걸었다. 병원을 전전하는 내

내 명확한 진단을 받지 못했다. 무슨 일이 일어나고 있는지에 대한 설명도, 병명도 알아내지 못했다. 신체적 고통에 더해 끊임없는 불확실성과 보험회사를 상대하는 고단함, 상황 전체를 의심하는 듯한 의료진까지 모두 감당하기 어려웠다. 몰리는 곧 소파에서 몇 시간씩 울면서 지냈고 불안과 깊은 우울감, 자살 충동의 나락으로 빠져들었다.

의심할 여지 없이 우리 둘 모두에게 인생 최악의 시기였다. 나는 사랑하는 사람이 고통받는 모습을 지켜보면서도 도울 수가 없었고, 상황이 나빠질수록 절망감에 빠져들었다. 필요한 치료를 받지 못하는 사람을 책임지는 간병인이 된 채 어떤 치료가 맞는지조차 모르는 상태로 버티는 일, 이건 정말 날카로운 고통이다. 나는 정말로 몰리를 잃게 될 수도 있다고 생각했다. 계속해서 머릿속을 맴돌던 비유가 있다. 우리 두 사람 모두 물에 떠 있으려고 있는 힘껏 헤엄을 치는데, 강력한 물살이 우리를 끌어내리는 모습이었다. 아무리 발버둥쳐도 벗어날 수 없는 상황이었다.

이 이야기가 꽤 어둡고 무거운 부분을 건드린다는 건 나도 안다. 이 책이 유머에 관한 책이니만큼 더 그렇다. 하지만 좋은 소식이 있다. 몰리는 살아남았다. 우리는 소용돌이를 벗어나

단단한 땅 위로 돌아왔다. 우리는 운이 좋은 편이었다. 몰리는 자기와 잘 맞는 약물과 치료법, 심신 조정 프로그램을 찾아냈다. 모든 것이 나빠지기만 하던 긴 시간이 지나고, 마침내 상황을 조금씩 나아지게 하는 몇 가지 방법을 알아내었다.

그 일이 있은 지도 이제 몇 년이 지났다. 가끔은 지금 우리의 일상이 그때와 얼마나 달라졌는지 믿기 어려울 때가 있다. 물론 좋은 쪽으로. 한창 고통에 빠져 있을 땐 모든 게 정상적이고 편안하게 느껴지는 상태로 돌아갈 수 있으리라는 상상조차 할 수 없었다. 하지만 우리는 돌아왔다. 나는 그게 당연한 일이라고 생각하지 않는다.

몰리에게 통했던 방법은 그저 고통을 웃어넘기거나 주어진 상황에서 유머를 찾는 게 아니었다. 우리 둘 다 웃음을 상상도 못 할 때가 많았다. 우리에게 벌어지는 일에 웃긴 구석이라곤 없었다. 하지만 종종 예상치 못한 큰 웃음이 그간 쌓인 긴장을 폭발시키듯 터뜨려주곤 했다. 한번은 몰리를 설득해서 집 밖으로 데리고 나갔다. 친구 잭 셔윈이 진행하는 십자말풀이 코미디쇼를 보러 갔던 거다. 농담 하나에 웃음을 터트리며 잠시나마 고통에서 벗어난 몰리의 얼굴에 나타난 놀라움과 안도의 표정이 기억난다.

한번은 몰리가 지푸라기라도 잡는 심정으로 산속 외딴 곳에 있는 명상 수련원에서 한 달간 묵언 수행을 해보면 어떻겠냐고 말했다. 인터넷에서 찾았다는데, 설거지와 화장실 청소를 하면 무료로 지낼 수 있다고 했다. 나는 찜찜하다고 말했다. 몰리의 몸과 마음이 위태로운 상황에서 완전히 고립된 곳으로 가버리면 비상시에 연락할 방법이 없지 않겠냐고. 그러자 몰리가 말했다. "아니, 당신도 수련원에서 같이 사는 거라니까."

그때 나는 간신히 이성의 끈을 붙들고 있었다. 청구서 납부, 청소, 식사 준비, 예약 시간에 맞춰 병원에 가는 일까지, 해야 할 일이 나의 한계를 넘어 쭉쭉 늘어나고 있었다. 나는 평생 외향적인 사람으로 살아왔고, 쉬지 않고 떠드는 수다쟁이다. 묵언을 수행하는 수련원에서 생활한다니, 생각만으로도 너무 끔찍해서 나도 모르게 웃음이 터지고 말았다. 몰리도 피식 웃지 않을 도리가 없었다. 내가 농담을 하거나 수련원 사람들과 잡담하는 일을 금지당하는 모습을 떠올리고는 말이다. 그 모습이 우리 두 사람의 머릿속에 선명하게 그려졌다. 표정과 몸짓만으로 말하려고 필사적으로 애쓰는 내 모습이. 어쨌거나 한번 생각해보겠다고 말했다. 다행히 몰리는 내가 침묵 서약을 하지 않아도 되는 다른 해결책을 찾아냈다.

몰리나 내게 유머가 마법의 묘약은 아니었을지 모른다. 하지만 유머는 몰리의 회복 과정에서 의도적으로 선택한 부분이었다. 스스로 웃는 건 몰리의 신경계가 만성적인 투쟁-도피 상태를 벗어나 휴식-소화 상태로 넘어가도록 도왔다. 매일 의식적으로 웃는 일은 몰리를 나아지게 하면서, 건강하고 좋은 상태를 유지하는 핵심 습관으로 자리잡았다.

매일 저녁식사를 마치면 우리는 소파에 누워 함께 웃을 거리를 찾는다. 어떤 날은 유튜브에서 드라마 〈오피스〉 NG 영상을 찾아본다. 또 어떤 날은 요즘 유행하는 밈이나 친구가 보내준 재미난 문자를 공유한다. TV에서 하는 코미디쇼를 볼 때도 있고, 아들이 아기였을 때의 사진을 꺼내볼 때도 있다. 응가 직전에 찍은 게 분명한, 우스꽝스러운 표정을 짓고 있는 사진을. 소재는 뭐든 상관없다. 공유할 만큼 재밌는 게 없는 날에는 레딧에서 '전염되는 웃음' 서브레딧 r/ContagiousLaughter 을 스크롤한다. 여기엔 이름 그대로 배꼽 빠지게 웃는 사람들의 영상이 올라오는데, 보다 보면 따라 웃지 않을 수 없다. 몰리와 나는 종종 눈물을 흘리며 웃는다. 수천 킬로미터 떨어진 곳에 있는 모르는 사람과 함께.

소파에 누워 함께 웃는 5~6분이 약을 대신하거나 상담, 병원 진료를 대체하는 건 아니다. 하지만 이건 더없이 반가운 리셋이다. 특히 스트레스가 심한 시기이거나 둘 중 한 사람이 건강, 일, 아이들 문제 등으로 불안에 휩싸일 때 매일 함께 웃는 그 시간이 얼마나 큰 효과를 내는지 알게 되었다. 건너뛰기도 미루기도 쉬운 일이지만, 최대한 그러지 않으려 한다. 그리고 지금까지는 꽤 잘되고 있다.

이봐요 의사 선생, 코에 뭘 꼈는지 좀 봅시다

로버타 골드의 연구는 유머가 매일 실천하는 치료가 될 수 있다는 생각을 중심으로 이어져왔다.[3] 그녀는 응용 및 치료 유머 협회 Association for Applied and Therapeutic Humor 회장으로 30년 넘게 전 세계의 치료사, 간호사, 의사 및 의료 종사자들과 함께 매일 웃는 법, 환자들의 삶에 의도적으로 유쾌함을 불어넣는 법을 연구해왔다. 골드는 웃는 행위 자체가 혈압을 낮추고 도파민과 세로토닌을 분출시키는 등 다양한 건강상의 이점을 제공한다고 본다. "유머가 있어야 웃음을 끌어낼 수 있어요." 그녀가 내게 해준 말이다. "그리고 모든 신체적·정서적 혜택을 주는 건 바로 웃음이에요."

그녀는 자신의 삶에서 가장 힘든 시기에도 억지로 웃음을 끌어낼 온갖 방법을 고안해냈다. 그녀는 무슨 일이 있더라도 웃음을 터뜨릴 방법을 찾아야 한다고 강력하게 주장한다. 사실 골드의 가족 중에는 대장암을 유발하는 유전병을 앓는 사람이 많다. 아버지가 그 병으로 돌아가셨고 자신과 오빠, 아들까지 같은 상황이라는 걸 알게 되었다. 아마 대부분의 사람들에게 대장암 수술을 받으러 입원하는 일은 '도저히 웃을 수 없는 상황' 목록의 상위권에 놓일 테다. 그런데 골드는 아버지가 입원했을 때 링거대에 작은 광대 장난감을 달아놓았다. 중독성 있는 웃음소리를 뿜어내는 장난감이었다. 번뜩이거나 세련된 건 아니었지만, 장난감이 내는 웃음소리가 하도 우스꽝스러운 탓에 그녀와 아버지는 따라 웃지 않을 도리가 없었다.

얼마 지나지 않아 모든 간호사들이 그녀의 아버지 병실에 들어와 광대 장난감의 웃음 스위치를 작동시켜달라고 부탁했다. 그들은 "222호 환자 때문에 미치겠어" 하며 장난감의 웃음소리를 들으러 왔다. "아버지가 웃으셨어요. 간호사들도 웃었고요. 아버지는 항상 의사들이 예상한 것보다 일찍 퇴원하셨죠." 장난감에 녹음된 웃음소리 하나만으로도 병실 분위기가 바뀌는 모습을 경험한 일은 나중에 골드 자신이 같은 수술로 입원했을 때의 행동에 영향을 미쳤다. 그녀는 자신의 집 화장실에 《100가지 응가법100 Ways to Poop》*이라는 책을 눈에 띄게 진열해두었다고 알려주었다. 수술실에 들어가기 전에는 담당 외과의사가 빨간 광대 코를 써야 한다고 고집했다. 아주 무뚝뚝하고 진지한 전문의였는데도 말이다. 사실 그녀는 의료진 전원이 쓸 광대 코를 가져왔다. 덕분에 마취에서 깨어났을 때 처음 본 광경은 광대 모습을 한 의사들이 진지하게 활력징후를 점검하는 모습이었다.

광대 코라니, 억지로라도 웃음이 나오게 하는 꽤 좋은 방법이다. (물론, 당신이 광대 공포증이 있는 6퍼센트의 미국인에 해당한다면 웃음 대신 비명이 나올 수도 있겠지만.)[4] 골드는 이제 청중들에게 이야기한다. 진짜로 웃을 방법을 찾지 못하면 일단 가짜 웃음으로라도 실험해보라고. 웃음소리를 억지로 내는 게 너무 어처구니없어서 진짜 웃음으로 이어지는 경우가 많다는 것이다. "될 때까지 되는 척해보세요. 그런 식으로 웃음을 활용한다면 오래 걸리지 않는답니다."

총상은 치료할 수 없더라도

'될 때까지 되는 척하기'는 의학 분야에서 유서 깊은 전통이다. 의사들은 수백 년 전부터 플라세보 효과의 힘을 알고 있었다. 플라세보는 1785년경부터 흔히 처방되었고, 1903년 하버드대학교 의과대학의 리처드 캐벗Richard Cabot 박사는 의사들이 '빵가루 알약' 처방법을 훈련받는다는 논문을 썼다.[5] 나만 그런지 모르겠는데, 캐벗 박사에게 빵 처방을 받으면 치즈도 곁들여줄 것 같은 기분이다(캐벗크리머리Cabot Creamery는 체다치즈로 유명한 미국의 유제품 회사다 – 옮긴이).

대중문화에서 플라세보 효과만큼 오해받는 것도 없다. 사람들은 플라세보가 아무 효과도 없는 약이라고 생각하는 경우가 많다. 하지만 전혀 그렇지 않다. 사실 플라세보는 꽤 많은 일을 해낸다. 플라세보의 핵심은 사람을 치유하는 생물학적 기전이 없다는 점이다. 환자의 상태가 나아진다면 알약에 든 성분 때문이 아니라 약을 먹는다는 믿음과 의식 때문이다.

심리학자 데이비드 데스테노는 믿음의 힘을 다룬 책에서 플라세보가 "광범위한 질환에서 임상적으로 유의미한 호전"을 거듭 보여주었다고 말한다.[6] 하지만 가장 흥미로운 점은 따로 있다. 환자가 자신이 먹는 약이 플라세보인 줄 알아도 효과가 유지

된다는 것이다. 최근 과민대장증후군IBS 연구에서도 이런 결과가 나왔다. 데스테노의 설명에 따르면 "일부 환자들은 아무 효과 없는 성분만 들어 있다고 안내받은 캡슐을 복용했다. 의사의 지시에 따라 2주간 하루 두 번 복용한 환자들은 알약에 치료 성분이 없다는 사실을 알면서도 IBS 증상이 유의미하게 줄었다고 보고했다. 플라세보라고 알려주고 진행한 다른 실험에서도 주의력결핍과잉행동장애ADHD, 편두통, 요통 등 다양한 질환에서 효과가 입증되었다."[7]

플라세보가 최대의 효과를 발휘하려면 환자가 의료진을 신뢰하고, 약을 복용하기 위해 일종의 의식*을 따르며, 플라세보가 자신에게 도움이 될 수 있다고 믿어야 한다. 어쩌면 플라세보 효과와 비슷한 메커니즘이 유머의 치료 효과에도 작용하는 듯하다. 웃음이 최고의 약이라고 믿는다면, 그 덕에 실제로 꽤 괜찮은 약이 될 수도 있다! 기분이 나아지고, 불안도 줄고, 통증도 덜하다면 그것만으로도 매우 긍정적인 의료적 성과다. 이 정도만 해도 의사들에게는 환자의 삶의 질을 해치지 않으면서, 심각한 질환에 대응할 수 있는 길이 열리는 셈이다. 홍콩의 미미 체 교수와 연구진이 발견했듯 환자가 통증과

* 의식이란 이부프로펜을 먹을 때처럼 일정한 순서를 따르는 것을 말한다. 병을 열고, 알약 개수를 확인하고, 물과 함께 삼킨 뒤 효과를 기다린다.

괴로움을 겪을 때 사용할 수 있는 안전하고 저렴하며 부작용
도 없는 추가적 도구가 있다면, 그 가치는 어마어마하다. 웃음
이 진지한 의료 행위로 인정받으려면 총상까지 치료해야 한다
는 기준 같은 건 필요 없다. 그건 홀리바질잎이 알아서 해줄 테
니까.*

의학계의 배트맨을 돕는 로빈

의학에서 보조 요법이란 환자의 주된 치료를 돕기 위해 함
께 쓰이는 추가적인 방법을 가리킨다. 응급의학과 의사인 제
러미 파우스트 박사는 유머가 바로 이런 역할을 할 수 있다고,
그런데 "말도 안 될 만큼 잘 쓰이지 않는다"고 말해주었다.[8] 로
버타 골드와 마찬가지로 파우스트 박사 역시 웃거나, 심지어
웃는 척만 해도 환자가 통증을 잊는 데 놀라울 만큼 효과적일
수 있다고 설명했다. 환자가 "진통제 복용 간격을 늘릴 수 있
을 만큼, 혹은 아예 그 복용분이 필요 없을 만큼, 혹은 통증에
더 효과적으로 대응할 수 있을 만큼" 잠깐이라도 증상에서 벗
어날 수 있다면 "이 중 어떤 결과든 정말, 정말 대단하다"고 말
이다.

파우스트 박사가 특히 좋아하는 유머의 매력이 있다. 좋은 농담이든, 왜 웃긴지는 모르지만 함께 웃게 되는 경험이든, 유머는 사람 사이에 즉각적인 유대를 만들어낸다는 점이다. 의사로서 그는 이런 유대감이 건강에 얼마나 중요한지 직접 목격하고 있다. "웃음은 정말 아름다워요. 우리가 같은 생각을 하고 있다는 걸 알게 해주는 지름길이라는 점에서 그렇죠."

또한 그는 유머가 "의료진과 환자 모두에게" 중요한 역할을 한다고 본다. 고립감과 번아웃은 의료인들에게 큰 문제다. 그런데 웃음은 환자에게 도움이 되는 것과 마찬가지로 환자를 돌보는 사람들에게도 도움이 된다. 대만의 한 연구는 간호사의 건강을 예측하는 요인 세 가지를 밝혀냈다. 최근 삶에 큰 변화가 있었는지, 업무 스트레스가 얼마나 심한지, 그리고 유머 수준이 어떤지였다.[9] 병원처럼 스트레스와 긴장이 늘 높은 환경에서는 마음의 여유를 찾고, 동료와 연결되며, 스트레스를 풀 수 있어야 한다.

물론 유머를 적절히 구사하기란 아슬아슬한 줄타기와 같지만, 잘만 쓰면 의사와 간호사가 환자를 대하는 태도를 개선하는 데도 도움이 된다. 파우스트 박사는 업무 중에 농담을 하는 것이 분명 끔찍한 실수가 될 상황이 많다고 알려주었다. 예컨대 환자의 CT 촬영 결과를 보고 이렇게 말하는 거다. "스캔 결과가 별로 마음에 안 드네요. 그렇지만 좋은 소식이 있어요. 제가 방금 자동차 보험을 바꾼 덕분에 15퍼센트 할인을 받았다는 겁니다." 나는 이게 꽤나 재미난 농담이라고 생각하지만, 그의 생각엔 용서받지 못할 판단 착오다.

하지만 다른 중요한 상황에서는 진지함을 조금 내려놓는 게 오히려 환자의 신뢰를 높이거나 상황을 '진정시키기기도' 한다. "응급실에서 진정시키는 건 제게 정말 중요한 일이에요. 하지만 핵심은 환자가 여기 온 이유를 존중하면서 진정시키는 겁니다." 예를 들어 그는 응급실에서 부상 환자를 치료할 때 리도카인이라는 국소 마취제를 자주 사용하는데, 주사할 때는 아프지만 그 부위를 마비시켜 상처를 봉합하거나 다른 처치를 할 수 있게 해준다. 그는 주사 시 환자의 긴장을 풀어주기 위해 농담을 던지곤 하는데, 환자에 따라 병원이 보스턴에 있다는 점을 활용하기도 한다. "양키스가 이기는 모습을 보는 일보다 더 아플 겁니다." 전략적으로 욕을 섞을 때도 있다. "미리 말씀 드리는데요, 이거 X같이 아플 겁니다." 이처럼 격식을 차리지 않은 모습은, 환자가 웃고 긴장을 풀 수 있게 해주어 주사의 고통을 줄여준다.

"아이고!"를 "하하하!"로

의료인 중에서도 환자를 대하는 태도가 가장 중요한 쪽은 정신건강 분야다. 환자를 치료하기 위해서는 안전하고 신뢰할 수 있는 공간이 필요하기 때문이다. 트레이시 푸스 박사는 캘리포니아대학교 샌프란시스코 캠퍼스에서 불안장애 치료 프로그램 책임자로 오랫동안 일했다.[10] 정신과 레지던트 시절, 그녀는 자기 비하적 농담을 기꺼이 던질 때 환자들이 훨씬 편안해하고 마음을 열게 된다는 사실을 깨달았다. 그녀의 농담은 처음엔 의사로서 어린 나이와 경험 부족을 인정하는 식이었다가, 나중에는 지나치게 베이지색이 많은 진료실 인테리어의 색감을 놀리는 쪽으로 진화했다.

"저는 일찍부터 유머를 썼어요. 치료라는 게 얼마나 어색한 일인지 말하기 위해서요. 낯선 사람에게 속마음을 털어놓으면 그 사람이 어떻게든 길을 찾아주리라고 기대하는 거잖아요. 그러다보니 좀 더 체계적인 방식으로, 유머를 우리가 말하는 '해석'을 전달하는 방식이라고 생각하기 시작했어요."

푸스 박사의 진료에서 '해석'이란 환자들이 보이는 패턴과 믿음을 전달하는 방식이다. 종종 환자의 행동이나 속마음을 직접 짚어주고 싶을 때가 있지만, 그걸 언급하거나 눈치챘다고 말하는 것만으로도 환자가 부담을 느낄 수 있다. 특히 정신 건강을 치료하는 환경에서는 수치심과 창피함을 자극하기 쉽다. 푸스 박사는 신중하고 부드럽게 유머를 사용하면, 환자의 다음 행동을 예측할 수 있다는 걸 보여줌으로써 그의 방어기제를 우회할 수 있다는 사실을 알아냈다. 예를 들어 환자가 불안 때문에 주변 사람들을 밀어내고 의미 있는 관계를 맺지 못한다고 해보자. 진료 중에 이런 패턴을 짚어줄 수 있다.

"아마 당신 머릿속에서는 이렇게 말하고 있을 거예요. '저 사람은 어차피 내게 전화 안 할 거야. 그러니까 아예 번호를 잘못 알려주는 게 낫지.'" 대개 환자들은 그녀의 해석이 너무 정확해서 웃음을 터뜨린다. "이때 중요한 건 부드럽게 전달하면서, 환자가 자신의 방어기제나 믿음을 웃어넘길 수 있도록 해주는 거예요. 그 사람 자체를 놀리는 게 아니라요."

파우스트 박사와 마찬가지로 푸스 박사도 학생들과 후배 의사들에게 부적절한 유머 사용의 위험성을 경고한다. 그녀는 사춘기 딸을 여럿 둔 엄마로서 일상생활에서도 이 문제를 고민한다. "우리 애들이 어떤 환자보다 제 유머에 더 민감하게 반응해요." 나는 푸스 박사와 함께 정신건강 치료 현장에서 유머가 도움이 되는 경우와 해가 되는 경우를 가르는 기준을 정리해보려 했다. 우리가 도달한 결론은 '치료적 모호함'이었는데, 나는 푸스 박사가 환자를 대할 때뿐 아니라 딸들을 대할 때도 이 개념이 똑같이 적용된다고 생각한다.

유머를 제대로 쓰기만 한다면 환자의 마음에 도움이 되는 한 방울의 모호함을 떨어뜨릴 수 있다. 파국적인 생각에 휘말리고 있는 환자에게, 적절한 타이밍에 던진 관찰이나 농담은 생각할 여지를 만들어준다. 어, 잠깐. 내 방식만이 유일한 관점이 아닐 수도 있잖아. 모든 게 100퍼센트 재앙으로 끝난다고 정해진 건 아니잖아.

하지만 치료사가 모호함의 방향을 잘못 잡으면 역효과가 날 수 있다. 치료가 처음이라 아직 확신이 없는 환자 앞에서 심리상담사가 자신의 경험 부족이나 비싼 상담료를 농담거리로 삼으면 엉뚱한 모호함만 생겨난다. 이거 돈 낭비 아닐까? 또는 이 사람 자기가 뭔 소리 하는지 알고는 하나? 같은 생각은 환자에게 전혀 도움이 되지 않는다. 마찬가지로, 푸스 박사의 딸들이 창피하거나 속상한 일을 털어놓으러 왔는데 엄마가 농담을 던지면 어떻게 될까. 아이들은 엄마가 자기를 진짜 존중하는지 의심하게 된다. 역시나 도움이 안 된다.

유머가 모호함을 활용하는 방식이라고 생각하니, 이 장을 쓰기 위해 조사한 내용이 하나로 연결됐다. 우리는 세상을 새로운 각도에서 보기 때문에 웃는다. 그건 대체로 멋진 일이고, 꼭 필요한 일이다. 하지만 때로는 자신이 보는 세상이 틀리지 않았다고, 혼자가 아니라고 누군가에게 확인받고 싶을 때도 있다. 둘 다 자연스러운 욕구다. 모호함도, 확인도 쓸모 있는 전략인데 상황에 따라 둘 중 하나가 더 유용할 수 있다. 물론 어느 쪽이든, 푸스 박사의 사춘기 딸들은 엄마가 뭔가 망쳤다며 투덜댈 이유를 기어이 찾아낼 것이다. 하지만 그녀의 환자들만은 제발 그러지 않기를! 가장 좋은 건 짙은 베이지색 소파에 앉아 상담을 받으며 돌파구를 찾는 것이다.

직접 지어 먹는 처방전

유머는 건강을 위한 도구가 될 수 있다. 나 자신의 건강과 내가 돌보는 사람들의 건강을 위해서다. 유머에만 의존할 수는 없지만, 그렇다고 아예 의존하지 말라는 뜻은 아니다. 우리는 정신건강과 신체건강이 완전히 별개인 양 말하곤 하지만, 실제로는 그렇지 않다. 뇌는 몸과 연결되어 있다. (어떤 사람들은 뇌가 몸의 일부라고까지 말할 것이다.[*]) 그렇기 때

[*] 그렇게 말할 사람들이란 모든 명망 있는 의사와 해부학 교수들을 가리킨다.

문에 웃을 방법을 찾고, 마음의 긴장을 풀고, 상황을 조금 다른 눈으로 바라보는 일이 몸을 돌보는 데도 큰 효과를 발휘한다. 만약 내가 당신이 직접 지어 먹을 수 있는 유머 처방전을 써준다면, 거기엔 몇 가지 핵심 요소가 포함될 것이다.

웃음을 기록하라. 홍콩에서 미미 체 교수의 환자들에게 유머를 통한 개입이 효과를 발휘했다. 핵심은 자신을 웃게 만드는 것들에 주의를 기울이고 하나의 파일에 모아두는 것이었다. 그룹과 공유할 수도 있고, 필요할 때 다시 꺼내볼 수도 있도록 말이다. 고통스러운 순간에서 좋은 농담을 찾을 생각은 하지 마라. 이미 검증된 웃음의 재료를 미리 모아두는 편이 훨씬 쉽다. 문서나 노트에 저장해두고, 가능하면 파트너나 그룹을 찾아서 서로 조사한 결과를 나누고 최고의 재료를 공유하라. 다른 사람의 파일에서 마음에 드는 농담을 발견하거든 주저 없이 당신의 유머 폴더에 복사해 넣어라.

될 때까지 웃긴 척하라. 독감이 전염되듯, 웃음도 전염된다. 그러니 유머러스하게 느껴지는 걸 도통 찾을 수 없다면, 웃음소리 그 자체를 시도해봐도 좋다. 로버타 골드의 아버지가 작은 광대 장난감으로 경험했듯, 버튼 하나를 누르고 우스꽝스러운 웃음소리를 듣는 것만으로 충분할 수 있다. 앞서 말했듯이 내 아내 몰리는 레딧의 '전염되는 웃음' 커뮤니티의 열렬한 팬인데, 이곳은 매일 새로운 웃음 바이러스 영상이 올라온다. 웃음 요가 수업에 등록해서 낯선 사람들과 함께 아무 이유 없이 깔깔대도 좋고, 거울을 보면서 억지로 배꼽 잡는 웃음을 짜내봐도 좋다. 우스꽝스럽게 들리겠지만, 그게 진짜 웃음을 일으킬 수도 있다.

유머는 근육이다, 단련하라. 어렵다고 해서 자신을 너무 다그치지 마라. 유머와 웃음은 연습과 기술이 쌓이면 더 쉬워진다. 이게 바로 이 책의 요점이다! 유머로 건강까지 챙기고 싶다면, 맹장 수술처럼 평생 한 번 할 일이 아니라 양치질처럼 매일 하는 일로 생각하라.

플라세보에 시동을 걸어라. 유머를 일상에 녹여내는 자기만의 방법을 만들 때, 반복할 수 있는 루틴으로 만들어라. 우스꽝스러운 작은 의식을 받아들여라. 플라세보가 통하는 것도 이 때문이다. 사람마다 의식은 다를 것이다. 저녁식사 후 소파에 누워 고전 시트콤의 한 장면을 보며 휴식을 취할 수도 있고, 거울을 보며 "어머, 안녕! 여기 자주 와요?"라고 말한 뒤 최대한 크게 억지웃음을 터뜨릴 수도 있다. 매일 아침 눈을 감고 자화상을 그리며 하루를 시작해도 좋다.

연결하고 진정시켜라. 직업적으로든 개인적으로든 누군가를 돌보는 입장이라면, 유머는 소통을 돕고 긴장을 낮추는 데 중요한 도구가 될 수 있다. 제대로 사용해야만 하겠지만, 유머는 강력한 힘을 지니고 있으면서도 충분히 활용되지 않는 경우가 많다. 유머와 웃음이 자신과 환자, 또는 사랑하는 사람 사이의 간극을 메우는 방법이자 긴장을 풀어주는 방법이라고 생각해보자. 핵심은 자신이 얼마나 똑똑한지가 아니라 얼마나 연결되어 있는지다. 푸스 박사의 '치료적 모호함'을 활용하라. 아무리 그러고 싶다고 한들 우리는 모든 정보를 알지 못하며, 다음에 무슨 일이 일어날지 완벽하게 예측할 수 없다는 사실을 인정하는 것이다. 최선의 경우, 우리는 자신의 한계를 웃어넘기고 그 웃음 안에서 지금은 상상도 못 할 가능성이 열려 있다는 것을 확인할 수 있다.

결국 마법의 유머 알약 같은 건 없다. 나만의 유머 처방전은 직접 실험해봐야 찾을 수 있다. 매일 조금씩이라도 더 웃으면 그게 쌓인다. 스트레칭을 조금씩 늘리면 몸이 점차 유연해지듯이 말이다. 적어도, 그게 내가 들은 이야기다. 나는 여덟 살 이후로 발끝에 손이 닿아본 적이 없다. 하지만 그걸 보고 웃을 수는 있다!

8장

생각이 터지는 순간

위대한 혁신과
성공한 유머의 공통점

MIT 캠퍼스 어딘가에서 길을 잃었다. MIT는 건물과 강의실 이름의 대부분을 글자 대신 숫자와 하이픈으로 표기한다. 이 방식이 캠퍼스 내 이동을 훨씬 논리적으로 만들어준다고 하는데, 여기 사는 수학·과학 천재들에게는 아마 그럴 것이다. 하지만 내 길 찾기 능력은 천재 수준에 한참 못 미친다. 그래서 완전히 방향을 잃은 채 '무한 복도'라는 별명이 붙은 복도를 헤매고 있었다. 말 그대로 끝이 안 보이는 복도다. 저멀리 끝없이 이어지는 연구실과 강의실을 바라보며, 나는 내 운명을 받아들이기 시작했다. 나는 여기서 죽겠구나.

이제 정말 끝이구나 싶은 순간, 정장 차림의 일본인 과학자들이 눈에 들어왔다. 그들을 따라 엘리베이터에 올라탔고, 드디어 목적지에 도착했다. 제34회 '첫 번째 연례' 이그노벨상 시상식이었다.* 이그노벨상은 노벨상과 비슷하다. 다만 물리학, 화학, 평화 분야에서 세상을 바꾼 업적에 시상하는 대신 그해 가장 웃기거나 놀라운 발견에 상을 준다. '일단 웃기고, 그 다음 생각하게 만드는 연구'가 이그노벨상의 슬로건이다.

이 책을 읽는 중이라면 짐작하겠지만, 나는 이 미션에 단박에 홀딱 반하고 말았다. 매년 이그노벨상이 조명하는 연구들은 정말이지 대단하다. 변비를 앓는 전갈, 소문을 퍼뜨리는 알고리즘, 거대한 사슴 모양 충돌 테스트 더미. 최근 몇 년간 이그노벨상을 받은 과학 논문 주제들이다. 국제적인 연구진으로 이뤄진 한 팀은 사람들이 '하나의 단어를 다시, 다시, 다시, 또다시, 다시 또다시 말할 때' 느끼는 감각을 연구해서 이그노벨상을 받았다.

조지아공과대학교 과학자들은 '소변 배출의 보편적 길이'를 발견한 공로로 이그노벨 물리학상을 받았다.[1] 그들은 유체역학을 활용해 체중이 3킬로그램을 넘는 모든 포유류가 가득 찬 방광을 완전히 비우기까지 약 21초를 소모한다는 사실을 증명했다. 이그노벨상에는 과학 분야만 있는 게 아니다. 미국의 수많은 잔디밭을 장식해온 분홍색 플라스틱 플라밍고를 발명한 돈 페더스톤Don Featherstone이 이그노벨 예술상을 받은 해도 있었다.

얼핏 황당해 보이는 주제에도 불구하고, 30년이 넘는 세월 동안 매년 수백 명의 세계적인 과학자와 학자들이 매사추세츠주 케임브리지의 극장을 가득 채워왔다. 이 중에는 실제 노벨상 수상자도 적지 않다. 그들은 해마다 열리는 이 익살스러운 시상식을 구경하러(그리고 때로는 직접 상을 받으러) 온다.* 세계에서 가장 똑똑한 사람들이 바쁜 일정을 쪼개 지구 반대편까지 날아오는 이유가 뭘까? 고작 한바탕 웃자고? 나는 그걸 알아내러 이곳에 왔다.

이그노벨상은 예전부터 좋아했지만, 시상식에 직접 가본 건 이번이 처음이었다. 들어서자마자 알았다. 이 행사 때문에 비행기를 탄 사람이 나만이 아니라는걸. 호주, 프랑스, 일본, 독일 등 세계 곳곳에서 연구자들이 날아왔다. 시상자는 진짜 노벨상 수상자 다섯 명이었는데, 웃긴 점은 무대에 의자가 세 개밖에 없다는 사실이었다. 그래서 행사 중간중간 진행자가 "수상자 교대 시간입니다"라고 외치면 두 명이 퇴장하고 새로운 두 명이 입장했다. 이 학자들은 자기 분야에서 세계적으로 최

* CNN 보도에 따르면, 어느 해 시상식에서는 수상자들에게 (지금은 발행이 중단된) 10조짜리 짐바브웨 달러 지폐 한 장과 '이그노벨 유사-콜라' 한 팩이 부상으로 주어지기도 했다.

고의 영예를 안은 사람들이다. 노벨상을 받은 사람이 대체 뭐가 아쉬워서 이런 데 올까. 대강당에 앉아 수백 명이 자기가 평생을 바친 연구를 보면서 깔깔대는 걸 지켜봐야 하고 낯선 사람들과 지나치게 격식을 차린, 어색하도록 긴 악수를 나눠야 하는데 말이다.*

답은 간단하다. 이들은 세상을 바꾸는 탁월한 아이디어 앞에선 웃음을 그냥 넘기면 안 된다는 사실을 알 만큼 똑똑하다. 의학 역사에서 가장 중요한 발견은 누군가 더러운 페트리접시를 치우지 않아서 일어났다. 알렉산더 플레밍 Alexander Fleming 은 연구실에서 처음으로 페니실린을 발견했을 때 "유레카!"라고 외치지 않았다. 그가 곰팡이를 배양하면서 실제로 한 말은 이거였다. "어, 이상한데."[2]

유머감각에서 중요한 건 패턴과 예상 밖의 디테일을 알아채는 일이다. 반대의 경우도 마찬가지다. 유머감각이 있으면 새로운 통찰, 뜻밖의 발견에 지적으로 더욱 열린 태도를 지니게 된다. 자, 그럼 이제 지금껏 길러온 유머감각으로 어떻게 더 혁신적인 사람이 될 수 있는지 이야기해보자.

고작 그게 대단한 네 아이디어라고? 장난하는 거지?

《메디치 효과_The Medici Effect_》의 저자 프란스 요한손은 평생 혁신을 연구해온 사람이다. 요한손이 특히 집착하는 주제가 있다. 왜 어떤 아이디어는 진정한 혁신이 되고, 어떤 아이디어는 점진적 개선에 머무는가. 그가 내린 결론은 이렇다. 작지만 꾸준히 진전하는 아이디어일수록 주변의 지지를 얻기 쉽다.

예컨대 지금이 1970년이라고 해보자. 당신은 가정용 전화기의 효율을 10퍼센트 높이는 일을 하고 있다. 전화 회사 사람들은 모두 두 손 들어 환영할 것이다. 하지만 야외에서도 작동하고 전화선도 필요 없는 전화기를 개발 중이라고 말하면? 아마도 찬밥 신세가 되기 딱 좋을 것이다(문자 그대로, 그리고 비유적으로도 말이다). 혁신적 아이디어가 지지를 얻기란 극도로 어려운 일이다. 실제로 그걸 해내기 전까지는 말이다. 그런데 돌이켜보면 어떤 프로젝트가 더 가치 있었는지 너무나 명확하게 보인다.

바로 이 지점에서 유머와 혁신이 가장 직접적으로 맞닿는다고 본다. 세상을 뒤흔드는 변화를 만들어내고 싶다면, 다소 터무니없어 보이는 아이디어라도 기꺼이 시도할 각오를 해야 한다. 아직 모두들 말을 타고 다니던 때 알아서 굴러가는 수레를 만들겠다고 말했다면 웃음거리가 되었을 테다. 하늘을 나는 새를 올려다보며 이렇게 말하는 것도 코미디 소재로 딱이다. "내 동생 오빌과 함께 저렇게 날 수 있는 방법을 발명해내겠어."*

나 또한 내 삶에서 이런 생각을 더 받아들이려고 노력 중이다. 더 큰 승부수를 던지고, 되지 않을 듯한 걸 노리는 일 말이다. 나는 매년 초 그해의 목표들을 적어두는데, 예전에는 '방송국에 공연 판매하기'라든가 '코미디클럽 주말 공연 매진시키기' 같은 것들을 적었다. 하지만 이제는 통제할 수 없는 경우가 많은 성공의 지표 대신, '큼직한 퇴짜 최소 여섯 번 받기'라든가 '완전히 망한 라이브 공연 최소 세 번 하기' 같은 것들을 적는다. 이렇게 일부러 실패를 추구하면, 익숙하고 닳아빠진 길에서 벗어날 수 있다. 십중팔구 실패할, 크고 야심 찬 목표에 도전하게 되는 것이다. 어쨌든 내가 적어놓은 목표는 그거니까 말이다! 나는 매년 굵직한 실패를 몇 번씩 겪어야 하는데, 그 말은 곧 내가 평소와 다른 일들에 도전해야 한다는 뜻이다.

재앙을 의도적으로 추구하면 의외의 '부작용'이 생긴다. 때로는 성공을 거두고, 전혀 예상치 못한 방식으로 일이 풀리기도 한다. 요한손이라면 여기에 놀라지 않겠지만, 나는 매번 깜짝 놀란다. 새로운 해결책을 찾고 싶다면 먼저 떠오르는 것들, 뻔한 답을 넘어서야 한다. 그러니 엉뚱한 걸 시도해보자! 설령 좋은 아이디어가 아니더라도 말이다.

요한손이 내게 말해주었듯 "가장 중요한 건 익숙한 사고 패턴을 끊어내는" 것이다.[3] 요한손에 따르면, 혁신을 가로막는 주범은 인간의 두뇌가 '연상의 장벽'을 만들어 세상을 이미 익숙한 패턴으로 재빨리 분류하려는 경향이다. 이런 유형의 사고는 즉각적인 반응이 필요할 때에는 대단히 유용하지만 "연구자들은 오래전부터 이것이 창의성을 억누른다고 의심해왔다. (…) 창의적인 사람들은 이른바 '확산적 사고'에 몰두하기 때문에 독특한 연결고리를 만들어내는 경향이 있다."[4] 달리 말해 유머감각과 터무니없는 것을 받아들이려는 자세로 어려운 문제에 접근한다면, 혁신적 해결책을 만들어낸다고 검증된 길을 실제로 걷고 있는 셈이다.

하지만 여기서 핵심은 이렇다. 유머러스한 아이디어를 떠올리는 일은 실제로 혁신적인 돌파구를 만들어내는 것보다 훨씬 쉽다. 그렇다고 해서 이 둘이 서로 배타적이지는 않다. 이런 발견이 요한손의 연구에서 가장 마음에 드는 부분이다. 좋은 아이디어를 떠올리기 위해서는 엉터리 아이디어도 수없이 떠올려야 한다. 이게 정말 좋다. 나로 말할 것 같으면 형편없는 아이디어를 떠올리는 데 아주 능숙하기 때문이다. 내 특기라고 해도 될 정도다. 당신도 아마 그 일에는 꽤 능숙할 거다. 할일 목록에 '엉터리 아이디어 몇 개 떠올리기'라고 적으면 성공이 눈앞에 있다는 느낌이 든다. 나는 그 느낌이 정말 좋다.

쉬지 말고 던져라

캘리포니아대학교 데이비스 캠퍼스의 심리학자 딘 사이먼턴은 저서 《천재의 기원 *Origins of Genius*》에서 혁신가의 성공은 그들이 얼마나 생산적인지와 직접적으로 연결된다고 썼다.[5] 다시 말해, 아이디어의 양이 많을수록 질 높은 아이디어로 곧장 이어진다는 주장이다. 직관적으로 납득이 간다. 아이디어를 잔뜩 던지면, 그중 하나쯤은 대박일 확률이 높아진다. 딱 하나만 떠올리는 건 부담이 너무 크다.

내 친구 맥스는 내가 또 말도 안 되는 농담을 던졌다며 놀릴 때 나를 '볼륨 슈터'라고 부른다. 나는 농구를 전혀 모르는데, 아마 골대에 공을 엄청나게 많이 던져서 결국 꽤 많은 점수를 내는 유형의 선수가 아닐까 한다. 단 그만큼 많이 빗나가기도 한다. 그저 쉬지 않고 공을 던지는 것일 뿐. 하지만 사이먼턴은 아이디어의 세계에선 바로 그것이 천재의 기원이 된다는 사실을 밝혀냈다.*

* 맥스, 이거 읽고 있지? 맞아, 내가 천재라고 말하는 거야.

사이먼턴은 연구 제안서를 쓴 횟수의 총합이 제안서가 승인될 가능성을 가장 잘 예측하는 변수라는 사실을 발견했다. 예술가들도 마찬가지였다. 클래식 작곡가들이 불후의 명작을 가장 많이 남긴 시기는 완전한 졸작을 가장 많이 쏟아낸 시기와 정확히 일치했다. 내 생각에 사이먼턴의 책은 본질적으로 스포츠 영화의 진부한 명대사 "일단 뛰어들어야 이길 수 있다"를 가장 엄밀한 학술적 언어로 표현한 것이다.

뒤집어서 생각하라

더 많은 아이디어를 창출하고 확산적 사고를 열어젖히는 전략 가운데 다른 한 가지는 요한손이 말하는 '가정 뒤집기'가 있다. 당연하게 여기던 사실 하나를 뒤집어 아이디어를 만들어내는 기법이다. 그렇게 하면 "선입견에서 벗어나 사고가 자유로워진다."[6] 이 기법은 세 단계로 진행된다.

1. 현재 직면한 문제 상황을 떠올리고, 그 상황과 관련된 가정들을 적
   어본다.

2. 그 가정들을 뒤집어본다.

3. 뒤집은 가정을 실제로 적용하려면 어떻게 해야 할지 생각한다.

예를 들어 요한손은 여러분에게 진정 흥미진진하고 참신한 레스토랑을 위한 콘셉트를 떠올려보라고 요청한다. 먼저 레스토랑에 대한 기본적인 가정을 세운다. 메뉴가 있고, 음식값을 받고, 음식을 제공한다는 식이다. 그런 뒤 가정들을 뒤집는다. 그러면 다음과 같은 아이디어가 도출된다.

a. 메뉴가 없는 레스토랑. 재료 단위로 주문하면 셰프가 맞춤 요리를
   만들어준다.

b. 음식값을 받지 않는 레스토랑. 음식은 무료로 제공하고, 머문 시간
   에 따라 요금을 받는다.

c. 음식을 제공하지 않는 레스토랑. 아름다운 공간만 제공하고 테이블
   이용료를 받으며, 음식과 음료는 손님이 직접 가져온다.

요한손의 책에서 이 부분을 읽고 나는 무릎을 탁 쳤다. 혁신

적인 레스토랑 콘셉트가 TV 코미디 스케치 설정과 너무 비슷했기 때문이다. 음식을 주지 않는 레스토랑이나 분당 요금을 받는 레스토랑이라니, 〈포틀랜디아Portlandia〉나 〈새터데이 나이트 라이브〉에서 한바탕 신나게 써먹을 에피소드가 충분히 그려진다.

그런데 사실은 그 점이 바로 핵심 아닐까! 확산적 해법을 찾는 일과 유머를 발견하는 일은 의외로 자주 같은 곳에서 만난다. 내가 볼 때 이건 정말 멋진 일이다! 문제를 해결하지 못할 수도 있지만, 머리를 벽에 박으며 괴로워하는 대신 웃고 있는 자신을 발견하게 될 가능성이 높다. 게다가 문제에서 유머를 짜낼 방법을 충분히 찾다 보면, 웃음 속에 묻혀 있던 진지하고 예상치 못한 해결책을 정말로 발견하게 될지도 모른다.

내 말만 믿지 말고 전문가의 말을 들어보자. 창의성을 본격적으로 연구한 초기 학자인 아서 케스틀러는 그의 영향력 있는 저서 《창조의 행위 *The Act of Creation*》에서 창의성의 과정과 우리를 웃게 만드는 과정이 거의 똑같다는 주장을 펼쳤다.[7]

열이 날 때 처방은 딱 하나, 더 놀아라

스튜어트 브라운은 의사이자 정신과 전문의이자 임상연구자이자 국립놀이연구소National Institute for Play의 설립자다. 몸과 마음의 건강에 헌신하는 진지한 의료 전문가가 대체 왜 놀이에 집중하는 연구소를 세웠을까? 브라운 박사는 베스트셀러《놀이, 즐거움의 발견Play》에서 "하고 있는 일이 가볍게 느껴지지 않는다면 경고 신호다. 계단을 오를 때 가슴이 조이거나 숨이 차는 것, 혈당 수치가 높은 것, 빈혈만큼이나 심각하게 받아들여야 한다"고 주장한다.[8] 그에 따르면 놀이는 육체적·정신적 건강의 토대다. 인간에게만 중요한 게 아니라 많은 동물 종에게도 마찬가지다. 놀이와 지능의 연관성을 보여주는 진화적 증거도 탄탄하다. 한 과학자팀이 포유류 15개 분류군을 연구한 결과, 뇌가 클수록 더 잘 노는 종이 많았다.[9]

동물 놀이 사례 중 내가 제일 좋아하고 웃기기도 한 건 수달 연구다. 수달을 연구하던 생물학자가 "후프를 통과해 헤엄치면 먹이 보상을 주는 방식으로 수달 몇 마리를 훈련시키기로 했다." 수달들은 후프를 통과해 헤엄치는 법을 금세 익히고 보상 체계도 이해했다. 그런데 생물학자가 예상하지 못한 반전이 일어났다. 수달들이 묘기를 섞으면 더 나은 보상을 받을 수 있는지 실험하기 시작한 것이다. 그들은 후프를 뒤로 통과하기도 하고, 한 방향으로 헤엄치다가 돌아서 다시 빠져나오기도 했다. 심지어 후프 중간에 멈춰서 그냥 매달려 있기도 했다. 수달들은 매번 "이렇게 해도 보상을 받을 수 있을지 기대에 찬 눈으로 지켜봤다."[10]

수달들이 시스템을 공략하려는 모습이라니, 정말 좋다. 이 모습은 놀이가 종과 종을 뛰어넘어 실험과 혁신을 가능하게 한다는 사실을 명쾌하게 보여주는 사례이기도 하다. 참고로 그 생물학자는 "대학원생들에게 판에 박힌 사고와 기계적인 학습 대신 이렇게 놀이하듯 탐구하도록 몇 년째 유도해왔지만 잘되지 않았다"고 씁쓸하게 말했다.[11] 브라운 박사는 이 생물학자가 원하는 놀이하듯 탐구하는 자세와 유머를 연결 지으며 이렇게 말한다. "재밌거나 예상치 못한 것을 즐길 마음이 열려 있어야 '어, 이거 재밌네…'라는 말이 나온다. 그렇지 않을 때 눈에 보이는 건 재미라고는 눈곱만큼도 없는 실패한 실험뿐이다."[12]

세상에는 우연히 탄생한 놀라운 발명과 발견이 얼마나 많은지 모른다. 그 일을 한 사람들이 처음의 실패로부터 겸손하게 배우지 않았더라면 영원히 세상에 나오지 못했을 혁신들이다. 그중 내가 제일 좋아하는 세 가지를 소개한다.

- 1800년대 후반 존스홉킨스대학교에서 일하던 한 러시아 화학자가 손에 화학물질을 쏟고나서 씻지 않았다. 그는 그날 저녁식사를 먹던 중 빵에서 놀랍고 독특한 맛이 나는 걸 알아챘다. 흥분한 그는 곧장 실험실로 달려가 손과 실험복에 묻은 잔여물, 실험실의 화학물질을 하나하나 맛보기 시작했고 마침내 맛의 근원을 알아냈다. 아무 화학물질이나 입에 집어넣는 게 과연 좋은 생각일까? 절대 그렇지 않다. 하지만 그 덕분에 사카린이 발견됐다.[13]

- 1856년, 야심 찬 18살 영국인 학생이 인공적인 퀴닌 성분을 최초로 개발해 말라리아 치료를 도우려 했다. 안타깝게도 그의 노력은 완전히 실패했고, 걸쭉한 침전물만 결과로 남았다. 그런데 그 침전물을 옷감에 쏟았을 때 얼룩에서 뭔가 눈에 띄었다. 몇 년 뒤 그는 엄청난 부자가 되었고 역사책에 이름을 남겼다. 그는 우연히 연보라색 mauve과 최초의 인공염료를 발명한 것이다.[14]

- 제2차세계대전 중 미국 메인주에서 독학으로 기술을 익힌 한 엔지니어가 레이더 장비에 쓸 동력원을 만지작거리고 있었다. 주머니에 손을 넣은 그는 바지 주머니에 있던 초콜릿바가 녹아 퐁뒤가 됐다는 사실을 깨달았다. 그건 중대한 발견이었다. 그가 주머니에 초콜릿을 넣고 다녔던 덕분에 이제는 모든 사람이 전자레인지로 음식을 데워 먹을 수 있게 되었다.[15]

원더우먼처럼 마법 올가미를 챙기고, 투명 제트기를 타보자

MIT에서는 모든 사람이 연구와 혁신에서 유머의 역할을 아주 잘 알고 존중한다. 덕분에 유머 관련 프로젝트에 자금을 지원하는 특별 프로그램이 따로 있을 정도다. 언어학 명예교수이자 피터 드 플로레스 유머석좌교수*로 활동한 바 있는 제이 카이저 Jay Keyser 는 언젠가 왜 과학자와 엔지니어에게 유머감각이 필요하냐는 질문을 받았다. 그는 이렇게 답했다. "MIT 학생에게 유머감각이란 원더우먼의 마법 올가미와 같습니다. 없어도 살아남을 수 있긴 하지만, 그게 있으면 정말 요긴하거든요."**[16]

연구와 혁신에서 유머가 왜 이토록 중요한 도구인지 더 깊이 파고들다가, '지적 겸손'이라는 새로운 심리학 분야를 발견했다. 이전에 한 번도 들어본 적이 없는 용어였지만, 이 말은 자신이 틀릴 수도 있음을 기꺼이 인정하고 생각을 바꿀 준비가 되어 있는 자세를 가리킨다. 심리학에서는 비교적 새로운 연구 분야다. 나는 어느 봄날 주말에 캘리포니아대학교 버클리 캠퍼스에서 열리는 지적 겸손 학회에 가보았다. 자기가 틀렸을 때 인정하는 연습에 전적으

* 피터 드 플로레스 유머석좌교수직은 실제로 기부금으로 운영되는 석좌교수 자리고, MIT에 정말로 존재하는 직책이다!

** "살아남는다"라는 표현을 쓴걸 보면, 웃기지 못하면 처형당하는 것처럼 들린다. 물론 그럴 리는 없겠지만.

로 집중하는 학술행사라니, 그런 게 있으리라곤 상상도 못 했다. 대체 누가 주최했을까. '과학자를 배우자로 둔 사람들 연합' 같은 곳일까?[*]

이 모임에서는 과학자들과 언론인들이 모여 최신 연구를 논의하고 연구를 어떻게 활용할지, 앞으로 어떤 방향으로 나아갈지 이야기를 나눴다. 이곳에 초대받아서 무척 기뻤다. 흥미로워 보이기도 했고, 무료 음식이 나오는 행사에 초대받으면 그게 뭐든 기쁘기 때문이기도 했다. 내가 그 자리에 있다는 사실이 좀 우습기도 했다. 나는 분명 과학자가 아니고, 틀릴 때가 많은데 이를 인정하는 일은 거의 없으니까.

하지만 지적 겸손이라는 개념에 대해 알아가면서, 이런 자리에 왜 코미디언이 필요한지 그 이유가 점점 더 많이 보이기 시작했다. 사람들이 새로운 아이디어를 받아들이거나 자기가 모른다는 사실을 인정하기 두려워하는 이유는, 바보처럼 보이거나 비웃음을 사기 싫어서다. 앞에서 이미 이야기했듯이, 나는 그런 걸 좋아한다. 매일 아침 눈을 뜨면 그걸 목표로 삼는다. 나는 바보 같아 보이는 데 일가견이 있다. 낯선 사람들이 나를 비웃어주었으면 하고 간절히 바란다! 기꺼이 나를 희생

[*] 알고 보니 행사 주최자는 '그레이터 굿 사이언스 센터 Greater Good Science Center(더 큰 선을 위한 과학 센터)'였다. '선함이 덜한lesser good' 과학을 하는 사람들이라면 당장 수치심에 움츠러들 이름이다.

양으로 내던질 준비가 되어 있다.

그리고 내가 아는 사람 중 유머감각이 가장 뛰어난 이들은 항상 호기심을 출발점으로 삼는다. 어떤 과학자는 토론 중에 이렇게 말했다. 판단과 호기심은 동시에 가질 수 없으며 호기심이야말로 배우고 성장하는 데 핵심이라고(반면 판단은 우리를 기존 믿음에 가둬버린다고). 정치적 양극화 해소를 다루는 전문가도 같은 맥락으로 말했는데, 당파적 갈등을 넘어 소통하게 만드는 핵심 요소는 신뢰를 쌓고 상대편의 믿음에 대해 호기심을 가져도 안전하다고 느끼는 환경을 조성하는 것이라고 했다(상대의 견해에 동의하지 않더라도 말이다).

생각을 잘 바꾸지 않는 건 지적 오만이다. 너무 쉽게 바꾸면 지적 비굴함이다. 아무 근거도 없이 바로 자기 믿음을 철회해버리는 거니까. 지적 겸손은 자신의 믿음에 대해 '적당한 크기'의 확신을 갖되, 설득력 있는 증거가 제시되면 생각을 바꿀 여지를 열어두는 자세다.

하나의 분야(또는 특정 집단에 속한 사람들 내부)에서는 지적으로 겸손하다가도, 다른 분야(또는 집단)에서는 오만할 수 있다. 겸손이나 오만은 한 사람 안에서도 고정된 상태가 아니라는 뜻이다. 관계에 대한 '사회적 윤활유 가설'이라는 게 있는데,

겸손이 "경쟁심이 일으키는 마찰을 줄여주는 윤활유 역할을
한다"는 이론이다.[17] 달리 말해, 갈등이 생겼을 때 상대가 겸손
하여 자신이 틀렸을 가능성에 열려 있다면 관계가 성장한다.
반대로 겸손하지 않고 자신에게 모든 정보가 있지 않을 가능
성을 고려하지 않으면, 관계는 악화된다.

다시 이그노벨상으로

곰곰이 생각할수록 분명해진다. 이그노벨상이 그토록 재미
있는 건 지적 겸손의 정신 덕분이다. 이그노벨상의 창립자 마
크 에이브러햄스는 한 인터뷰에서 처음부터 "시상식에 아주
유명한 과학자들을 많이 참여시키려 했다"고 말했다.[18] 외부
인에게 조롱당하는 게 아니라 연구자들이 스스로를 비웃는 자
리로 행사를 설정하기 위해서였다. 동시에 똑똑하고 저명한
학자들도 자신의 연구가 남들 눈에 얼마나 우스꽝스러워 보일
수 있는지를 기꺼이 즐길 수 있다는 걸 세상에 보여주고 싶었
기 때문이기도 했다.

몇 년에 걸쳐 완수한 연구를 스스로 웃어넘길 수 있다는 건,
자신이 종종 실수할 수 있음을 기꺼이 받아들이는 태도를 보

여주는 훌륭한 증거다. 내가 한 연구가 시간 낭비였을 수도 있다! 하지만 항상 그런 건 아니다. 이그노벨상이 더 흥미롭고, 기발하고, 독특한 아이디어를 떠올리고 싶은 우리 같은 사람들에게 일종의 로드맵이 되는 이유는 바로 이런 지점에서다. 여기서 내가 얻은 교훈 몇 가지를 정리하면 다음과 같다.

1. 나를 웃게 만드는 게 뭔지 파고들어보자.

에이브러햄스에 따르면, 이그노벨상 성공의 핵심은 '일단 웃기고, 그다음 생각하게 만드는 연구'라는 슬로건이었다. 에이브러햄스는 사람들이 웃고 있을 때 "적어도 몇 초 동안은 집중하게 된다. 그래서 갑자기… 평소라면 애써 피했을 것에 호기심을 갖게 된다"고 말한다. 나를 웃게 하는 게 뭔지 탐색하는 일은 재미있다. 예상치 못한 아이디어를 발견하게 해주기도 한다.

에이브러햄스는 이그노벨상 수상자 중 다수가 훗날 극도로 중요하고 영향력 있는 발견을 해냈다고 알려주었다. 어떻게 보더라도 장난 아닌 상을 받은 사람들이다. 그런데 모든 수상자의 연구에서 발견한 공통점이 있다. 웃음이 나오게 하는 뭔가를 깊이 들여다보고, 왜 그런지 알아내려 한다는 것이다. 네

모난 똥을 싸는 웜뱃이든, 두통을 느끼지 않는 딱따구리든 말이다. "그들은 곰곰이 생각할수록 '여기엔 분명 이유가 있을 거야. 그게 뭔지 알아보자'고 합니다. 사실 과학의 역사는 거의 전부 이런 식으로 시작됩니다. 하지만 우리가 과학에 대해 그런 식으로 생각하지 않는 건 학교에서 [영감과 혁신을] 가르치는 방식이 그렇지 않기 때문이죠."

2. 똑똑해지고 싶다면 바보처럼 보이기를 두려워 말라.

이그노벨상 시상식 동안 청중들에게 종이비행기를 접어서 무대를 향해 던지라는 안내가 몇 차례 이뤄졌다. MIT 공학자들이 객석을 가득 채웠고, 그중 일부는 정말로 공기역학을 연구하는 사람들이었다. 당연히도 그들이 만든 종이비행기는 정말 끝내줬다. 반면 내가 만든 종이비행기 두 대는 던지자마자 유턴을 하더니 내 뒤에 앉은 남자의 무릎에 착륙했다. 평소의 나라면 이 형편없는 실력을 부끄러워하며 목격자들의 눈을 피했을 것이다. 하지만 이그노벨상이다보니 문득 궁금해졌다. 저절로 방향을 바꾸는 비행기를 만드는 법에서 뭔가 흥미로운 발견이 이뤄질 수도 있지 않을까?*

* 혹시 이 아이디어에서 가치 있는 걸 발견한다면, 내 몫도 좀 챙겨주시길.

3. 다들 아는 걸 말해버리자.

이그노벨상의 전통 가운데 내가 가장 좋아하는 건 주최 측이 시상식을 정해진 시간에 맞춰 진행하는 방식이다. 큰 행사를 기획해봤거나 참석해본 사람이라면 알겠지만, 연설은 대부분 예정된 시간을 넘긴다. 이그노벨상이 도입한 혁신은 이렇다. 수상자가 연단에서 너무 오래 말하면 음악을 틀어서 내려오게 만드는 대신, 여덟 살짜리 아이가 무대 위로 올라와 연설자 바로 앞에 서서 연설이 끝날 때까지 "지루해요, 그만해요"를 되풀이한다. 이보다 효과적인 시간 관리자는 지금까지 본 적이 없다. 이게 통하는 이유는 장황한 연설이 주는 민망함을 애써 피하려 하지 않고 오히려 그 상황을 정면으로 마주하기 때문이다. 연설이 끝나지 않았는데 오케스트라가 연주를 시작하면, 다들 그게 무슨 뜻인지 안다. 하지만 아이가 직접 말해버리기 때문에 훨씬 재밌다. 다들 아는 걸 그냥 말해버리자!

4. 가정을 뒤집어보자.

이그노벨상 수상자 가운데 제일 웃겼던 사람은 이그노벨 인구학상을 받은 솔 저스틴 뉴먼Saul Justin Newman이었다. 그의 연구는 장수의 비밀을 품고 있다며 온갖 언론의 주목을 받아온 '블루 존(100세 이상 인구가 많이 사는 지역)’에 공식적인 출생 및 사망 기록이 거의 없다는 사실을 밝혀냈다. 달리 말해, 110세가 넘는다고 알려진 덕분에 연구 대상이 된 사람들 대부분은 그저 연금 사기를 치고 있었거나 출생 연도를 착각하고 있었을 가능성이 높다는 것이다.

나는 이것이 가정을 뒤집어봄으로써 훌륭한 아이디어가 탄생할 수 있음을 보여주는 멋진 사례라고 생각한다. 이 신비로운 110세 노인들이 어떤 식단을 따르고 어떤 운동을 하는지 알아내려고 모두들 애쓰는 동안, 뉴먼은 이들이 출생증명서를 어디에 숨겨뒀는지 알아내려 했다. 초장수 노인들이 정말로 자기 나이만큼 살았으리라는 가정을 뒤집어보는 일이야말로 거의 모든 사람이 놓친 중요한 단계였다. 하지만 나는 놓치지 않았다. 163세인 지금도 나는 머리가 아주 잘 돌아간다.*

* 이 문장에서 그 어떤 부분도 팩트체크하지 말아달라. 아 참, 팩트체크라고 하니까 말인데, 성실한 나의 팩트체커 리사가 알려준 바에 따르면 현재 뉴먼과 블루 존을 연구하는 학자들 사이에 “인구학자들의 전쟁”이라 불리는 치열한 논쟁이 벌어지고 있다고 한다. 리사는 내가 어떤 판에 발을 들이밀려는 건지 주의하라고 했는데, 이 자리를 빌려 분명히 밝히고 싶다.

또 하나 기가 막힌 논문은 이그노벨 식물학상 수상작이었다. 이 연구는 ‘진짜 식물 가운데 일부가 자기 옆에 놓인 가짜 플라스틱 식물의 형태를 흉내낸다는 증거’를 발견했다.[19] 대자연도 가끔 속아 넘어간다는 걸 알게 되어서 좋다. 식물들도 자기 옆에 놓인, 건강해 보이는 모조품이 하는 대로 따라 해야겠다고 생각한다는 것이다. 다육식물이든 과학자든 실수를 주의깊게 들여다보면 큰 돌파구로 이어질 수 있다.

5. 많이 던지면, 하나는 맞는다.

이 책의 4장에서 다뤘듯이 셋의 법칙에는 어딘지 모르게 웃긴 구석이 있다. 그리고 이그노벨 확률상 수상 연구에도 뭔가 유쾌한 구석이 있다. 무려 50명으로 이뤄진 연구팀이 '동전을 던지면 처음 놓인 면과 같은 면이 나오는 경향이 있다'는 걸 증명하기 위해 동전 던지기 실험을 35만 757번 수행했다는 사실이 그렇다.[20] 이 정도로 헌신하면 오히려 거기서 뭔가를 발견하지 않기가 어렵다. 이 장을 쓰면서 만난 여러 전문가들이 설명해주었듯, 훌륭한 아이디어를 찾는 비결은 아이디어를 많이 내는 것이다. 물론 그중 상당수는 쓰레기다.

요컨대 지금 형편없는 아이디어를 딱 하나만 더 내면 바로 훌륭한 아이디어가 나올 수도 있다는 말이다. 적어도 조금은 희망적인 이야기라고 생각한다. 물론 그 형편없는 아이디어 때문에 내가 먼저 죽지만 않는다면 말이다.

9장

펀칭 업, 위를 노려라

유머는 어떻게 사회를 바꿀까?

미라클 존스는 나와 인터뷰를 나눴을 때 겨우 35살이었지만, 고향인 피츠버그에선 이미 상당한 영향력을 지닌 인물이었다. 존스는 변호사이자 투표 독려 캠페인을 이끄는 활동가였으며, 에드 게이니 피츠버그 시장의 인수위원회 위원이기도 했다. 그녀는 심리적 위기에 처한 지역 주민들과 함께하며 필요한 서비스를 연결해주고, 머무를 집이 없는 이웃들에게 자원을 제공하는 봉사활동도 한다. 이 모든 활동은 '예술, 교육, 사회 정의'를 표방하는 비영리단체 원후드 미디어1Hood Media에서 정책 및 권익 옹호 담당 디렉터로 일하는 본업에 덧붙여 하는 일이다.

이렇게 심각한 문제들을 일상적으로 다루는 사람은 아주 진지하리라 생각하기 쉽다. 하지만 존스는 전혀 그런 모습이 아니다. 밝고 유쾌하며, 입가에선 시원하게 터지는 웃음이 떠나질 않는다. 그녀는 자신의 유머감각이야말로 이 모든 일을 해낼 수 있는 원동력이라고 말한다. "저는 사람들이 저에 대해 이렇게 말해줬으면 해요. '저 사람 봐, 본인답게 살면서 재미있게 지내고, 그러면서도 세상을 바꾸네. 백인우월주의와 폭력에 맞서 싸우면서도 항상 심각하고 지쳐 있을 필요는 없구나.'"[1]

존스는 살면서 누구보다 많은 고난과 억압을 겪어왔다. 하지만 그녀에겐 유머감각이 더없이 중요하다. "기쁨은 저항의 일부이기 때문이에요. 기쁨은 고통의 일부이기도 하고요. 우리는 둘 중 하나만 골라서 사는 게 아니잖아요…. 기쁨이 있어야 서로에게 힘을 주고, 지지하고, 연대할 수 있어요…. 그래서 혁명적인 활동에 기쁨과 행복이 녹아드는 거예요." 존스는 활동가 동료들과 함께할 때 의도적으로 노래하고 함께 춤추고 영화를 보거나 그냥 깔깔대며 장난칠 시간을 마련한다. 무슨 일이 벌어지든 "그냥 웃고… 그 기쁨이 흐르게" 하는 시간을 반드시 만들어야 한다는 걸 안다고, 그녀는 말해주었다.[2]

우리는 마치 공포영화 속에서 살아가는 듯한 시대를 살고 있다. 대홍수가 없을 때는 맹렬한 산불이 일어나고, 살인적인 폭염이 없으면 전례 없는 폭설이 닥친다. 어느 날은 끔찍한 폭력이 일어나고, 다음날엔 독재를 향해 미끄러진다. 여러 겹으로 중첩된 억압의 체계들은 그 와중에 사라지기는커녕 해마다 더 깊이 뿌리를 내리는 듯하다. 글로 쓰는 것만으로도 벅찬데, 그 안에서 살아내는 일은 말해 뭐하랴.

유머감각이 있다고 해서 이런 문제들이 해결되는 건 아니다. 유머는 만병통치약이 아니다. 하지만 유머감각은 긴장을 조금이나마 풀어줄 수 있다. 정의를 구현하는 일이 공포영화라기보다 코미디처럼 느껴지게 만들어준다. 유머는 냉소와 번아웃에 맞서고, 더 나은 세상을 그려내는 강력한 도구다. 사회 변화를 위한 활동으로 기운을 빼앗기는 대신 오히려 힘을 얻을 수 있다.

진짜 맞는 말이야!

사회 변화를 위한 모든 운동의 첫걸음은 현재 상황의 실체를 사람들에게 이해시키는 것이다. 문제를 인식하지 못하면, 그걸 해결하기도 어려울 수밖에 없다. 1장에서 살펴보았듯이, 유머의 강점은 세상을 있는 그대로 더 주의깊게 바라보도록 한다는 점이다. 사람들은 배꼽이 빠질 듯이 웃을 때 종종 이렇게 말하곤 한다. "아, 진짜 맞는 말이야!"

코미디언들은 때로 섬뜩할 정도로 정확하게 미래를 예언하는 농담을 던지곤 한다. 유고슬라비아의 스케치 코미디 그룹 톱 리스타 나드레알리스타Top lista nadrealista, TLN('차트 1위 초현실주의자들'이라는 뜻)는 1980년대 후반과 1990년대 초 사라예보에서 엄청난 인기와 영향력을 누렸다. TLN은 펑크록에서 영감을 받은 어두운 스타일을 구사했으며, 그들이 선보인 스케치 코미디는 대체로 정치 풍자에 가까운 내용이었다. 유고슬라비아가 해체되고 발칸반도에서 전쟁이 터지기 전에 이뤄졌던 TLN의 스케치 코미디는 훗날 폭력에 휩싸이게 될 사회의 균열을 짚어냈다.

어떤 스케치에서는 부부가 화해할 수 없는 정치적 견해 차이로 이혼을 결심한다. 다툼은 곧 폭발물과 중화기로 아파트를 박살내는 시가전으로 번진다. 아내는 반쯤 무너진 벽 뒤에 숨어 소리친다. 부엌과 침실은 자기 것이 되어야 마땅하다고. 왜냐하면 "그건 내 역사적 권리니까!"[3] 또 다른 스케치에서는 남녀가 근사한 레스토랑에서 데이트를 한다. 그런데 여자는 세르비아어로 말하고, 남자는 '헤르체고비나어'를 쓴다. 두 사람은 저녁식사 내내 통역사를 통해 대화한다. 하지만 두 언어가 사실상 같은 언어라, 통역사는 대사가 끝날 때마다 매번 똑같은 말을 그대로 따라 한다.[4]

TLN의 스케치 코미디는 웃기고 초현실적이다. 하지만 불과 몇 달 뒤, 사람들은 그런 인위적 분열과 역사적 논거를 내세워 평화롭게 이웃해 살던 이들에게 폭력을 휘둘렀다. TLN의 공연에서 관객들은 웃으면서도 알고 있었다. 이 문제들이 얼마나 위태롭게 달아오르고 있는지를. 하지만 코미디언들은 그 웃음을 통해 폭력과 분쟁의 근본적인 부조리함을 드러냈다.

작가 겸 영화감독 마이크 저지 Mike Judge 는 미국 문화의 망가진 시스템과 황당한 무지를 웃음거리로 만들어 오랫동안 찬사를 받아왔다. 1999년에 개봉한 그의 영화 〈뛰는 백수 나는 건달 Office Space〉은 컬트 클래식이 되었는데, 영혼을 갈아넣는 서류 업무와 회사원 생활의 쓸모없음을 신랄하게 풍자했기 때문이다. 후속작인 2006년 영화 〈이디오크러시 Idiocracy〉는 한걸음 더 나아간다. 서기 2505년, 주인공 조 바워스가 동면에서 깨어난다. 그가 발견하는 건 기업에 장악되고, 극단적으로 반과학적이고 반지성적인 정치인들이 이끄는 미국이다. 온 나라가 심각한 식량 부족에 시달리고 있다. 정부가 농경지에 물 대신 스포츠음료를 뿌려대기 때문이다. 작물을 키우는 데는 최악이지만, 주가를 올리는 데는 최고니까!

또 다른 장면에서는 병원에 간 주인공이 치료비 결제용 바코드 문신이 없다는 이유로 체포되어 감옥에 수감된다. 그리고 '기업도 사람이다'라는 보수 법조계의 주장을 예언한 어느 장면에서는, 아이들을 굶주리게 만든 한 여성이 패스트푸드 자판기에 양육권을 빼앗긴다. 자판기가 이렇게 선언하기 때문이다. "칼스 주니어 Carl's Jr.(미국 패스트푸드 체인 – 옮긴이)는 어떤 아이도 굶주려선 안 된다고 믿습니다. 당신은 어머니 부적격자입니다. 아이들의 양육권은 칼스 주니어에게 넘어갑니다."

저지가 연출한 영화들은 컬트 클래식이 되었다. 입소문을 타고 널리 퍼졌고, 우리 사회가 어디서 어떻게 망가져 있는지 정확히 짚어내는 방식 덕분에 계속해서 다시 보게 된다. 과소비, 기업의 착취, 점점 멍청해지는 사회적 논의를 다루는 강의를 돈 내고 듣고 싶은 사람은 거의 없다. 하지만 마이크 저지가 그걸 유머로 포장하고 테리 크루스, 마이아 루돌프, 루크 윌슨, 댁스 셰퍼드를 캐스팅하면, 관객들은 기꺼이 자리에 앉아 그의 메시지를 듣는다. 그리고 친구와 가족에게 전달한다.

유명한 스탠드업 코미디언이자 〈더 데일리 쇼〉에서 코너 진행을 맡았던 로이 우드 주니어는 내게 "코미디는 저널리즘"이라고 말해주었다. 그가 볼 때 노골적으로 정치적인 농담을 하든 개인적인 삶에서 웃음을 캐내든, 성공적인 유머는 정직함에서 나온다. "개인적으로 일어난 일이든, 우리 모두에게 집단적으로 일어나는 일이든, 그냥 전하는 거예요. 일단 진실된 공간에 들어서면, 사람들과 진정으로 연결될 기회가 생기는 거지요."[5]

로이의 아버지는 전설적인 민권운동 저널리스트였다. 그는 남아프리카공화국의 아파르트헤이트 정권에 맞선 소웨토 봉기나 베트남전에서 흑인 병사가 많은 부대가 처한 참혹하고 위험천만한 상황 등을 취재했다. 로이는 내게 지역 뉴스를 보며 자랐다는 이야기를 해주었다. 그의 아버지는 "사람들이 축구경기를 보며 고함을 지르듯 뉴스를 보며 고함을 질렀다." 덕분에 로이는 코미디언으로서 경력을 막 시작할 때부터 자신의 코미디가 어디에 초점을 맞춰야 하며, 어떤 영향을 미칠 수 있는지에 대해 깊이 고민해왔다. 하지만 그의 라이브 공연이나 수상 경력에 빛나는 코미디 스페셜을 본 사람은 안다. 그런 고민 때문에 웃음이 줄어든 적은 없음을.

로이가 무대에서 하는 농담 중에 내가 가장 좋아하는 게 있다. 어떤 장소에 미국 국기가 잔뜩 걸려 있을 때 무슨 생각이 드는지 이야기하는 농담이다.

> 이런 거 있잖아요. 인종차별은 아닌데, 뭔가 느낌이 인종차별 냄새 같은 게 묻어 있달까요? (…) 어디 갔는데 거기에 미국 국기가 너무 많았던 적 없어요? 그냥 느낌이 (…) 여기 자유가 좀 너무 많은데? 뭔가 찜찜해요. 그래서 드는 생각이, 미국 국기 몇 개를 합치면 남부연합기 한 개랑 맞먹는 걸까? 정확한 숫자는 모르겠는데, 딱 맞는 숫자가 분명히 있거든요.[6]

이 농담은 정말 여러모로 마음에 든다. 누구나 공감할 수 있게 만든 점도 그렇고, 전에는 깊이 생각해본 적 없던 소소하지만 기묘한 정치적 불편함을 짚어낸다는 점도 그렇다. 로이는 농담이 실제로 힘을 가질 수 있음을 부정하는 건 어리석다고 본다. "농담 하나로 누군가를 완전히 무너뜨리고 인간 이하라고 느끼게 만들 수도 있어요." 하지만 정치나 인종 문제처럼 큰 이슈에서 웃음을 끌어낼 때 "농담 하나로 권력과 기득권에 진실을 말하면 정부가 바뀌리라고 생각하는 건 순진한 거죠." 그렇다면 유머는 크고 구조적인 변화를 만들어내는 데 어떤 역할을 하는 걸까?

《혁명은 웃음과 함께 온다_The Revolution Will Be Hilarious_》의 저자 케이티 보럼은 저지의 영화나 로이의 스탠드업 같은 유머가 '서사적 권력'을 구축한다고 설명한다. 이 개념은 노동운동가 아이-젠 푸_Ai-jen Poo_에게서 빌려온 것이다. 보럼은 이렇게 쓴다. "서사의 변화가 없으면 구조적인 정책 변화가 일어날 수도 없고, 유지될 수도 없다. 서사의 변화란 사람과 그 존엄에 대해 한 문화가 느끼고 믿는 바가 근본부터 달라진다는 뜻이다."[7]

보럼은 어맨다 응우옌_Amanda Nguyen_의 이야기를 예로 든다. 응우옌은 30대 초반에 이미 노벨평화상 후보에 올랐고, 〈타임〉이 선정한 '올해의 여성'에 이름을 올렸다. 응우옌은 유머와 개인적인 이야기를 활용해 서사적 권력을 구축하고, 이를 세상의 변화를 이끌어내는 데 활용해왔다. 성폭력 생존자인 그녀는 피해자가 정의를 구현하기 위해 자신의 의료 기록을 살펴볼 수 있게 하는 법안을 제안하고, 그 초안을 작성하는 데 핵심적인 역할을 했다. 그녀의 노력 덕분에 미국 의회에서 '성폭력 생존자 권리장전_Sexual Assault Survivors' Bill of Rights Act_'이 만장일치로 통과되었다. 응우옌은 이렇게 심각한 이슈에서도 유머의 힘을 활용할 수 있었다.

어떻게 해낼 수 있었던 걸까? 응우옌은 윌 페럴Will Ferrell이 설립한 제작사 퍼니오어다이Funny or Die와 함께 짧은 영상 시리즈를 만들었다. 그중에는 〈슈퍼 빌런들도 미국의 성폭력 법은 미쳤다고 생각한다〉라는 영상이 있다. 보럼에 따르면 응우옌이 코미디를 활용한 덕분에 "정체된 법안을 풀어주고 정책 입안자와 대중, 언론의 관심과 상상력을 사로잡는 데" 도움이 됐다.[8] 응우옌은 사람들의 관심을 끄는 게 핵심이라고 본다. 유머는 이를 위한 강력한 도구다. 응우옌은 보럼에게 이렇게 말했다. "독한 술을 부드러운 음료와 함께 넘기는 것과 같아요. 사회운동은 분노만으로 유지될 수 없다고 믿어요. 분노는 결국 타버리거든요."[9]

진실을 말해줄게, 그러니 제발 머리는 베지 말아줘

유머를 통해 진실을 말하면 유독 정직하고 효과적이다. 이 생각은 궁정 광대의 역할까지 거슬러 올라간다.* 역사가 베아트리체 K. 오토는 《어디에나 바보는 있다Fools Are Everywhere》에서 문화와 시대를 막론하고, 광대들은 단순히 농담만 하는 존재가 아니었다

* 중세시대였다면 내 직업은 틀림없이 궁정 광대였을 거다. 물론 별것 아닌 부상을 입었다가 감염 때문에 거의 바로 죽었을 테지만.

고 설명한다.

광대에게는 재주꾼으로서의 역할 못지않게 조언자이자 비평가로서의 역할이 중요했다. 순전히 오락거리를 제공하는 사람과 광대를 구분 짓는 점이다. 곤봉 돌리기, 칼 삼키기, 류트 연주로 즐거움을 주는 사람이나, 그저 사람들을 웃기려고 바보짓을 하는 어릿광대와는 달랐다. 광대들은 어디서나 이 미묘한 역할을 수행하기 위해 같은 기술을 썼고, 아주 둔한 왕이나 황제가 아닌 이상 광대가 무슨 말을 하려는지 알아챘다. 왜냐하면 "다른 신하들은 왕에게 전달하기 전에 사실을 요리해서 바쳤지만, 광대는 날것으로 내놓았기 때문이다."[10]

중세시대의 광대, 에디 머피Eddie Murphy, 그리고 많은 팟캐스터들이 자신의 코미디를 똑같은 방식으로 표현한다는 게 재밌다. '날것'이라고 말이다. 수백 년 전에 죽긴 했지만, 역사 속 광대들이 남긴 농담 중에는 지금 봐도 날카롭고 웃긴 게 있다. 프랑스 왕 필리프 6세의 궁정 광대가 남긴 농담 하나를 소개한다. 프랑스 해군이 슬로이스해전에서 영국에 굴욕적인 참패를 당한 직후였다. 전례 없는 완전한 궤멸이었다. 궁정의 누구도 필리프 왕에게 나쁜 소식을 전하고 싶지 않았기에, 광대에게 그 역할을 떠넘겼다. 광대는 이걸 오히려 좋은 소식인 양 전했다. 영국군은 분명히 겁쟁이라고. 왜냐면 "우리의 용감한 프랑스인들처럼 배에서 뛰어내리지도 못했거든요!"[11]

19세기 페르시아의 독재 군주 나세르 알딘 샤의 궁정에선 모든 신하가 두려움에 떨었지만 광대 카림 쉬레이Karim Shir'ei만은 예외였다. 오토에 따르면 카림 쉬레이는 "샤를 포함해 궁정 전체를 조롱했다." 한번은 샤가 식량이 부족하냐고 묻자 광대가 대답했다. "예, 폐하께서 하루에 다섯 끼밖에 못 드시는 걸 보니 그런 것 같사옵니다."[12]

10세기 중국에서는 광대 징신모鏡新磨가 유머를 통해 황제가 내린 잘못된 결정을 거두게 만들었다. "한 지방 관리가 황제에게 사냥할 때 농경지를 짓밟지 말아달라고 요청했다. 격분한 황제는 그 관리를 끌어오게 했다. 징신모는 익살스럽게 관리를 당장 사형에 처하고, 농민들은 땅을 경작하며 세금을 내는 대신 굶어죽게 내버려두라고 제안했다. 그래야 황제가 마음껏 말을 타고 달릴 수 있지 않겠느냐고. 자신의 행동이 얼마나 황당한지 깨달은 황제는 웃음을 터뜨리고 관리를 사면했다."[13]

역사 속 권력자들은 왜 광대의 비판을 기꺼이 받아들였을까? 오토의 설명에 따르면 광대는 군주에게 조언과 오락 외에도 여러 대외적인 이점을 안겨주었다. 궁정 광대를 둔 군주는 대중에게 더 관대하고 너그러운 인물로 보일 수 있었다. 광대의 존재는 군주가 아첨꾼과 예스맨들로만 둘러싸여 있지 않다는 인상을 줄 수도 있었다. (엘리자베스 1세를 섬긴 광대 중 한 명은 너무 부드럽게 비판한다며 여왕에게 꾸지람을 들었다고 전해진다.) 하지만 감정적인 차원에서 보면, 유머와 웃음은 위협적이지 않다. 바로 그 점이 이런 행동을 용인하게 만든 핵심이라고 본다. 오토의 글이다.

광대의 익살스러움은 우스꽝스러운 외모든 경쾌한 태도에서든 자신이 높은 곳에서 심판을 내리는 게 아니라는 인상을 준다. 이는 진지한 조언자가 '나는 옳고 넌 틀렸다'는 식으로 잘못을 바로잡으려드는 것보다 차라리 낫다. 광대가 주인의 어리석음을 지적하는 데 쓰는 가장 효과적인 방법 가운데 스스로 깨닫게 만드는 기술이 있다. 광대는 왕에게 반박하는 대신 황당한 계획에 진심으로 동의해버린다. 그 제안을 논리적 극단까지 밀어붙여 얼마나 바보 같은지 드러낸다. 그러면 왕은 스스로 결론을 내릴 수 있다. 아, 그렇게 좋은 생각은 아니었구나.[14]

유머는 여왕이나 황제가 스스로를 바라보고 웃을 수 있을 만큼의 심리적 여유와 시야를 열어준다. 이 능력이 워낙 귀한 것이었던 터라, 광대라는 역할은 세계 여러 문화에서 독자적으로 생겨났다.

만만한 상대는 괴롭히지 말자!

이제는 광대가 공식적인 직책으로 존재하지 않는 시대가 됐다. 배우, 코미디언, 온갖 논평가들이 그 자리를 대신하고 있다. 하지만 광대의 유머정신은 여전히 살아 숨쉰다. 광대의 유머를 규정하는 특징이 있다면 바로 '펀칭 업punching up', 즉 위를 향해 펀치를 날렸다는 것이다. 한 번쯤 들어본 표현일지도 모른다. 농담을 던지는 사람보다 농담의 대상이 더 강한 권력, 더 높은 사회적 지위를 가졌음을 의미하는 표현이다. 예컨대 전형적인 너드 고등학생이 인기쟁이 운동부 학생을 놀려먹는 게 펀칭 업이다. 그 반대는 펀칭 다운punching down이다. 이미 사회적으로 고립되어 있고 자기보다 약한 사람을 조롱하는 건 괴롭히는 일이고, 모든 걸 다 가진 사람을 놀려먹는 건 격차를 좁히는 재미난 방법이다.

그런데 만약 조금 전 그 너드가 부잣집 출신이고, 운동부 학생이 가난하다고 놀리는 거라면? 갑자기 좀 찜찜한 기분이 든다. (이건 영화 〈더티 댄싱〉의 핵심적 설정이기도 하다.) 아니면 사실 둘의 관계가 남매고, 각자 자신의 모습에 충분히 만족한다면? 그럼 펀칭 업이나 다운이 아니라 옆으로 펀치가 되는 걸까? 애초에 왜 이렇게 펀치를 많이 하는 건가? 폭력을 쓰지 않는 갈등 해결을 연습해야 하는 거 아닌가? 요점인즉 '펀칭 업'이 정확히 무엇인지는 해석에 따라 달라진다.

이렇게 뉘앙스가 미묘하지만, '펀칭 업'이라는 표현은 어떤 말이나 농담이 선의의 유머인지 악의에 찬 유머인지 가르는 리트머스시험지처럼 쓰이곤 한다. 농담이 왜 재미있는지 지나치게 분석하면 펀치라인이 죽어버리는 경우가 많지만, 자신의 유머가 어디를 향하고 있는지 조금 생각해보면 깊숙한 곳의 구조적 힘을 드러내고 통찰로 이어질 수 있다(그리고 더 크고 진정성 있는 웃음으로도 이어진다).

작가 앤드루 릴런드는 시각장애인이다. 그는 '선의의 시각장애인 농담'과 '악의에 찬 시각장애인 농담'을 분명히 구분한다고 말했다. "용납할 수 없는 시각장애인 유머는 고정관념에 기대요." 그는 미스터 마구Mr. Magoo를 예로 들었다. 눈이 나빠서 자동차 사고를 내고 온갖 소동을 일으키는 만화 캐릭터다. 릴런드가 보기에 그런 농담은 "시각장애를 어리석음이나 무능함과 동일시하는 고정관념을 퍼뜨리는 것"이다.[15] 반면에 "받아들일 수 있는 시각장애인 유머는… 부조리함으로 이뤄져요." 예시로 릴런드가 들려준 농담이 있다. 어떤 시각장애인이 안내견을 데리고 백화점에 들어선다. 그러더니 갑자기 강아지의 꼬리를 움켜쥐고는 자기 머리 위로 빙빙 돌리기 시작한다. 점원이 달려와서 소리친다. "어머나, 지금 뭐 하시는 거예요?" 시각장애인이 차분하게 대답한다. "그냥 좀 둘러보는 중이에요."* 중요한 건 이거다. 사람을 비웃는 게 아니라 부조리한 상황을 보고 웃는 것이다.

웃기다고 해서 도덕적으로 옳은 건 아니다. 펀칭 업은 우리의 유머가 역사에서 떳떳한 쪽에 있는지 점검하게 해주는 잣대다. 그렇기에 나는 유머를 어디로 겨누는지, 누구를 향해 쏘는지 생각하려 애쓴다. 물론 나는 항상 실수를 저지른다. 그것 역시 과정의 일부다.

지칠 줄 모르는 유머

진실을 말하되 사람들이 귀기울이게 만드는 것, 유머가 힘을 발휘하는 방식이다. 하지만 그게 유일한 방식은 아니다. 종종 유머의 가장 쓸모 있는 기능은 메시지 전달이 아니라 긴장을 풀어주는 것이다. 절박하고 중요한 대의를 위해 일하는 건 진이 빠지는 일이다. 전쟁이든, 기아든, 질병이든, 빈곤이든, 정치적 분열이든 해결책이 단순하고 실행하기 쉬운 경우는 거의 없다. 그랬더라면 진작 문제가 해결됐을 테니. 유머감각을 갖추고 웃을 방법을 찾으면 길고 더딘 변화의 과정도 견딜 만해진다. 심지어 재미있게 변하기도 한다. '울지 않으려면 웃어야 한다'라는 뻔한 말에도 일말의 진실이 담겨 있다. 재난과 고통에 둘러싸여 있을 때, 웃음은 계속해서 앞으로 나아가게 해주는 힘이 되기도 한다.

피츠버그에서 일하는 미라클 존스와 그녀의 동료들은 유머라곤 없는 방식으로 메시지를 전달하는 데 대부분의 시간을 쓴다. 공공 안전이나 지역사회 개발의 대안적 비전에 대한 기막히게 웃긴 코미디를 쓰는 건 존스가 취하는 전략이 아니다. 그녀의 전략은 그저 웃는 것, 동료들과 함께 즐거운 시간을 보내기, 도시와 지역사회가 직면한 큰 문제들을 다루면서도 그 과정에서 기쁨을 느끼게 하는 것이다.

"세상에 엉망진창인 일도 많고 부정적인 일도 많지만, 웃음은 여전히 지켜낼 만한 긍정적이고 좋은 것들이 존재한다는 사실을 상기시켜줘요." 존스가 말했다. "웃을 수 있게 되기까지, 삶을 즐길 수 있게 되기까지 정말 오랜 시간이 걸렸어요. 고통과 좌절 없이 순간을 즐기는 것 말이에요. 그래서 무슨 일이 있어도, 하루든 한 주든 시간을 내서 그냥 웃으려고 늘 노력한답니다."[16]

존스가 삶과 일에서 배운 교훈이 있다. 이건 나 역시 끊임없이 다시 배워야 하는 교훈이기도 하다. 세상은 '비극' 아니면 '희극', '웃긴 것' 아니면 '진지한 것'으로 깔끔하게 나뉘어 있지 않다는 사실이다. 존스의 말처럼, 세상에서 비극이 벌어지고 있는데 유머와 행복을 느끼면 부끄러워해야 할 듯한 기분이 들 때가 있다. 사회가 그렇게 만들기 때문이다. "하지만 반드시 기쁨을 느껴야 해요. 아무리 사소하게 느껴지더라도요. 기쁨이 있어야 서로 교류하고, 힘을 싣고, 의지할 수 있으니까요."[17]

그렇다고 해서 충분히 재미있지 않다는 이유로 도전적 문제나 큰 사회 문제에서 눈을 돌리라고 말하는 건 아니다. 절대 그렇지 않다! "삶에서 일어나는 일을 회피하라는 말이 아니에요. 가장 어두운 시기에도 잠깐 멈춰서 이렇게 말하라는 거예요. '나는 행복해도 돼. 괜찮아도 돼. 웃어도 돼. 마음의 평화를 누려도 돼.' 나는 그럴 자격이 있고, 당당하게 누릴 거고, 죄책감 따윈 느끼지 않을 거예요."[18]

선은 어디까지 그어야 하나?

일과 삶에 웃음과 유머를 더 많이 끌어들여 세상을 더 나은 곳으로 만드는 법을 정리해보겠다고 말하면 좀 건방져 보일 것 같다.* 당신이 세상을 더 나은 곳으로 만들려는 것도 아닐 테니까! 그저 소파에 드러누워 책을 읽으며 쉬고 싶은 사람일 수도 있다. 세상의 모든 문제를 당신한테 떠넘기려는 건 아니다. 그러니까 만약 당신이 세상을 조금이라도 나아지게 만들려고 한다면 아주 작은 방식으로라도, 가끔씩만이라도, 내 인터뷰들에서 몇 가지 교훈을 건질 수 있으리라 본다.

첫 번째 교훈은, 소파 위에 누운 채 시간을 보내도 괜찮다

* 걱정 마시라. 어차피 정리는 할 거니까. 그냥 건방져 보일 수 있다는 사실을 인정하는 것뿐이다. 하지만 건방진 게 내 주특기다. 음, 지금도 각주를 쓰고 있지 않은가! 게다가 당신이 이걸 읽어줄 거라고 기대하면서 말이다!

는 것이다! 복잡한 문제를 365일 24시간 내내 쉬지 않고 붙잡고 있을 수는 없다. 유머와 휴식의 조합은 번아웃을 막아주는 강력한 도구다. 게다가 다른 사람들도 함께하고 싶어지게 만든다.

더 중요한 두 번째 교훈은, 사회 변화를 위한 도구로서의 유머는 선 긋기에 대해 많이 고민해야 한다는 점이다. 당신이 바꾸려는 문제의 심각함과 그 문제를 다루는 사람들의 진지함 사이에 선을 그어야 한다. 웃어도 좋고 즐거워해도 된다! 그렇다고 문제가 가벼워지는 건 아니다. 진지한 주제를 다루면서도 가볍고 유쾌할 수 있다. 미라클 존스와 동료들은 의식적으로 함께 웃을 시간과 공간을 마련한다. 그러니 함께 모여 코미디 영화를 보는 날을 잡아두자. 우스꽝스러운 코스튬 파티를 열자. 불쑥 찾아오는 웃음은 억누르지 말고 그냥 받아들이자. (유머 자료 폴더에 저장해두는 것도 잊지 말고!) 어떻게 해야 적절한 건지에 대한 어설픈 생각 따위 집어치우자.

인간은 복잡한 존재이며, 인간관계의 역학과 구조적인 힘은 끊임없이 변화한다. 그러니 사람을 납작하게 만드는 방식으로 웃는 것, 타인을 인정하는 방식으로 웃는 것 사이에 선을 그을 줄 알아야 한다. 앤드루 릴런드는 시각장애를 절대 웃음거리로 삼으면 안 된다는 주장이야말로 말도 안 되는 주장이라고 누구보다 먼저 말해줄 사람이다. 하지만 그는 자신의 인간성을 인정받는 느낌을 주는 웃음과 자신이 무력한 바보 취급을 당하는 느낌이 드는 웃음 사이에 엄청난, 그리고 중요한 차이가 있다고도 설명해줄 것이다.

마지막으로 '해야 하는 말'과 실제로 일어나고 있는 일 사이에 선을 그을 줄 알아야 한다. 중세의 궁정 광대 시대부터 소셜 미디어와 인공지능의 시대까지, 인류에겐 언제나 진실을 외쳐줄 사람이 필요했다. 물론 황제에게 새 옷을 입으시니 멋져 보인다고 말해야 할지도 모른다. 하지만 이건 인정하자. 눈앞에 자기 거시기를 완전히 노출하고선 바람에 펄럭이며 도시를 활보하는 작자가 있다며 지적하는 게 훨씬 재밌지 않은가. 물론 남들이 못 본 척하는 것을 지적하면 위험에 처할 수 있다. 하지만 유머의 아름다움이란, 제대로 하기만 하면 사람들이 진실에 귀기울이게 만들 수 있다는 것이다. 최고의 유머는 우리가 무시하는 것과 주의를 기울이는 것 사이에 놓인 선을 넘는다. 안타깝게도 가끔은 황제가 당신의 처형을 명하는 결과로 이어지기도 하지만, 당신에게 그런 일이 생긴다 한들 내 책임은 아니다.

10장

웃다가 울다가

슬픔을 통과하는 또 하나의 방식

어린 시절 내게 가장 중요한 날들은 전부 테러와 얽혀 있는 것만 같다. 아버지는 평생 뉴욕·뉴저지 항만공사 직원으로 세계무역센터에서 일하셨다. 2001년 9월 11일 아침, 아버지는 쌍둥이 빌딩으로 들어가는 마지막 지하철을 간신히 놓쳤다. 하지만 1993년 폭탄 테러 때는 건물 안에 계셨다. 내가 여섯 살 때였다. 그날 밤, 아버지가 현관문을 열고 들어오시던 모습이 아직도 기억난다. 얼굴은 검댕으로 새까맣고, 양복은 재투성이였다. 정장을 빼입은 굴뚝 청소부라도 된 듯 문 앞에 서 있는 아버지의 모습이 어찌나 우스꽝스럽던지, 우리는 웃음을 터뜨리며 아버지에게 달려가 안겼다.

2013년 4월, 나는 보스턴 마라톤 현장에 있었다. 룸메이트가 달려오는 걸 보려고 기다리던 중이었다. 폭탄이 터졌을 때

나는 결승선에서 800미터쯤 떨어진 곳에 서 있었다. 그날 밤, 사이렌이 울리고 헬리콥터가 범인을 찾아 머리 위를 맴돌았다. 나는 집 안에서 꼼짝 않고 버텼다. 속옷만 걸친 채 스파게티 한 냄비를 혼자 먹어 치우는 게 용기 있는 행동인 듯 느껴진 건 그때뿐이었다.

세상에 끔찍한 일이 벌어질 때면 코미디언이라는 내 직업이 무의미한 것처럼, 심지어 부적절한 것처럼 느껴질 때가 있다. 땅에 피가 낭자한데 대체 어떻게 밖에 나가 농담을 던진단 말인가? 적나라하게 드러난 인간의 고통을 못 본 척하는 건 염치없는 일 같다. 사람들을 웃기려고 애쓰는 게 미친 짓 같다.

이런 사건들이 자아내는 공포는 말로 형용하기가 거의 불가능하다. 하지만 유머의 가장 중요한 기능 가운데 '표현할 길 없는 것을 전달하는 일'이 있다고 생각한다. 유머는 우리의 가장 강렬한 감정과 마주하는 방법을 안겨준다. 비극적인 순간들을 겪고 또 곱씹을수록, 유머가 슬픔과 회복의 과정에서 결정적인 역할을 할 수 있다는 사실을 더 분명히 알게 된다.

레너드 코언과 함께 웃다

뮤지션 닉 케이브는 감당하기 힘든 비극을 겪었다. 10대 시절 아버지를 교통사고로 잃었고, 이후 15살 아들과 31살 아들을 각기 다른 사고로 떠나보냈다. 그가 죽음들의 무게에 짓눌려 삶이 비틀어져도 전혀 이상하지 않으리라고 생각하는 사람이 많다. 하지만 그는 여전히 믿음과 희망을 찾는다. 어떻게 그럴 수 있느냐는 팬의 질문에 그는 레너드 코언의 가장 유명한 가사에 답이 있다고 쓴 적이 있다. "모든 것엔 금이 가 있어요 / 빛은 그 틈으로 스며들죠."[1]

케이브에게 이 가사는 오랫동안 진부한 상투적 표현일 뿐이었다. 하지만 아들 아서를 잃고 나서야 진정한 의미를 이해하게 됐다. 그는 이렇게 썼다. "세상의 고통에 강박적으로 집착하는 것, '모든 것에 난 금'에만 주목하고 '스며드는 빛'은 외면하는 건 도덕적 오류임을 깨달았다. 우리의 기쁨과 즐거움은 인류의 고통을 부정하는 게 아니다. 우리가 먼저 떠나보낸 이들에 대한 배신도, 우리가 겪는 슬픔들을 외면하는 것도 아니다. 이는 화사하고, 반드시 필요하고, 신이 깃든 인간다움의 표현이다. 우리는 저마다 울부짖는 공허와 같다. 금이 가 있고 아름답고, 빛이 관통하는 존재 말이다."[2]

‘기쁨은 결국 가슴이 미어질 때 가장 강렬하게 드러난다’는 생각은 이 책을 위한 인터뷰와 조사에서 거듭 등장했다. 코미디는 비극에 시간을 더한 것이라는 오래된 격언이 있다. 케이브가 말하려는 것도 이런 맥락이라고 본다. 슬픔이 ‘마땅히’ 어떤 모습이어야 한다는 이미지가 있을 수 있다. 하지만 실제로 슬픔의 한가운데 있는 사람들은 슬픔이 결코 하나의 덩어리가 아님을 깨닫곤 한다. 비극은 우리를 산산이 부술 수 있지만, 동시에 빛이 스며드는 틈을 만들어낸다. 때로 유머는 예상치 못한 존재로 처음부터 거기에 있다. 때로는 비극에 코미디가 깃들기까지 몇 달, 몇 년이 걸리기도 한다. 하지만 나도 케이브와 마찬가지로 굳게 믿는다. 가장 힘든 시간 속에서 유머와 웃음을 찾는 것은 고통을 부정하는 일이 아니다. 그건 반드시 필요한, 승리의 행위다.

위로의 한마디?

〈더 레이트 쇼 위드 스티븐 콜베어〉의 코미디언이자 작가인 마이클 크루즈 케인은 애도와 관련해 가장 당혹스러운 건 “누구나 죽는데 아무도 그 이야기를 하지 않는다”는 점이라고 말한다. 갓난아기였던 아들 피셔를 떠나보낸 뒤, 케인은 그런 비극을 겪어본 적 없는 코미디언 동료들을 어떻게 마주해야 할지 막막했다. 하지만 피셔의 이야기는 하고 싶었다. 그 경험을 나누고 싶었다. 사람들이 갑자기 입을 다물고 그 주제를 영영 피하는 일은 바라지 않았다. 그의 생각엔 해야 할 말이 너무나 많았기 때문이다.

"슬픔은 하나가 아닙니다. 슬픔은 감정으로 이뤄진 은하계와 같아요. 대부분의 감정은 사랑했던 누군가를 잃으면서, 그리고 그런 상실을 둘러싼 처참한(혹은 그렇지 않은) 상황들 속에서 궤도에 오르죠. 그런데 우리가 공개적으로 이야기할 수 있는 건 딱 한 부분, 즉 슬프다는 감정뿐이에요."[3]

코미디언으로서 케인은 아들이 죽은 후 다시는 아무것도 웃기지 않을 거라고 느꼈다. 하지만 그와 아내는 가장 암울한 시간의 한가운데서 예기치 않게 웃음을 발견했다. 케인은 의외의 사실을 알게 됐다. 자신의 경험 중 사람들이 가장 깊이 공감한 건 슬픔 그 자체가 아니라, 끔찍한 상황 속에서도 이렇게 생각할 수 있었던 순간들이었다. "그래, 이거 정말 슬프구나. 근데 이 와중에 저 사람이 저런 말을 하는 건 좀 웃기네."[4] 예를 하나 들어달라고 하자, 케인은 아들을 화장한 날 이야기를 들려주었다. 장례식장에서 영수증을 건넸는데 맨 아래에 '감사합니다, 또 오세요'라고 적혀 있었다. 그와 아내는 웃음을 참을 수 없었다. 온 우주를 통틀어 거기만큼 다시 가고 싶지 않은 곳은 없었으니까.

그와 비슷한 상실을 겪는 이들을 향해 케인은 이렇게 조언한다. 스스로에게 너그러워지라고. '지금 이 순간엔 이렇게 느껴야 해'라는 틀에 자신을 끼워 맞추지 않아도 괜찮다고 말이다. 물론 모든 것이 그저 심각하고, 가슴이 미어지고, 끔찍하기만 한 순간도 많을 것이다. 하지만 그게 전부는 아니다. 케인은 직접 겪어본 사람으로서 말한다. "죽음의 터무니없음"을 볼 수 있게 되는 순간도 있다고. 케인은 많은 사람들이 이걸 이해하지 못한다고, 또 앞으로도 그럴 거라고 말했다. 하지만 그는 비슷한 경험을 겪은 사람들 덕분에 덜 외로울 수 있었다.

"모든 사람은 서로 다르고, 그 누구의 비극이든 깊이도, 폭도, 길이도 다 달라요. 하지만 그걸 말하기 시작하니까 정말 큰 도움이 됐어요. 알고 보니 사람들도 저와 비슷한 이야기를 속으로 품고 있더라고요. 역설적이게도 그들의 슬픔이 저를 나아지게 해줬어요. 더 슬퍼지기도 했어요. 하지만 동시에 더 나아지기도 했죠."

우왕좌왕 라자냐

유머든 슬픔이든, 어떤 사람들은 그게 뭔지 단번에 안다. 하지만 다른 사람들, 아주 많은 사람들은 그걸 모른다. 조 파이어스톤은 가장 친한 친구 아디나의 죽음을 다룬 에세이에서 이렇게 썼다. "당신도 애도하는 중이라면, 정말 안됐다는 말밖에 할 수가 없다. 누군가가 죽었다는 것만이 문제가 아니니까. 문제는 살아 있는 사람 중 어떻게 해야 할지 아는 사람이 없는 듯하다는 거다. 어떤 사람들은 사라져버리거나 아무 말 없이 라자냐를 만들어 문 앞에 두고 가고, 또 어떤 사람들은 줌바를 해보라고 너무 심하게 밀어붙인다. 결론은, 사람들은 당신이 망가진 모습을 차마 볼 수가 없어서 어떻게든 헤쳐나갈 수 있게 도우려고 허둥댄다."[5]

여러 면에서 볼 때, 이것이야말로 유머감각이 필요한 궁극적인 이유라고 생각한다. 유머는 어떻게든 허둥대며 그 시간을 버틸 수 있게 해준다. 똑같이 허둥대고 고통받는 다른 사람들에게 손을 뻗을 수 있게 해준다. 가장 끔찍한 비극 속에서도 웃음을 찾을 수 있게 해준다. 유머감각은 죽음을 받아들일 힘을 줄 수 있다. 왜냐면 죽음은 결국 꽤나 터무니없는 것이니까 말이다.

우리는 이 세상에 아주 잠깐만 머문다. 그러면서 세상에 머무르기를 간절히 바란다. 우리와 사랑하는 사람들이 계속 살아 있도록 할 수 있는 모든 걸 다 한다. 우리 모두가 죽을 거라는 사실을 잊으려 안간힘을 쓴다. 하지만 사람들은 어느 날 사라지고, 어느 날엔 우리도 사라진다. 피할 길도, 비켜갈 길도 없다. 하지만 파티에 계속 초대받고 싶다면 이런 얘기는 꺼내면 안 된다.

작가 노라 매키너니는 슬픔에 대해 "정말 불편하다, 특히 남의 슬픔이라면 더더욱"이라고 말한다.[6] 하지만 유머가 있으면 슬픔에 대해 이야기하고 다른 사람들과 마음을 터놓는 일이 한결 수월해진다고 한다. 뇌암으로 남편을 잃은 뒤, 그녀는 같은 아픔을 겪은 친구와 함께 '남편 먼저 떠나보낸 쌔끈빠끈 젊은 여성 클럽Hot Young Widows Club'이라는 모임을 시작했다. 이름을 듣는 것만으로 늘 웃음이 터진다. 회원카드도 만들고 티셔츠도 만들고, 없는 게 없었다.

이 클럽은 정기적으로 열리는 소규모 모임으로, 사람들이 자신의 감정을 나누고 주변 사람들이 차마 꺼내지 못하는 질문들을 던질 수 있는 공간이었다. 매키너니의 말에 따르면, 이 모임에선 정말 다양한 대화가 오갔다. "남편이 2주 전에 죽었는데, 자꾸 섹스 생각이 나요, 이거 정상인가요?' 네, 정상이에요. '상대가 〈프라퍼티 브라더스〉 쌍둥이 중 한 명이면요?' 그건 좀 정상이 아닌데, 뭐 그래도 봐드릴게요."[7]

죽음은 우리 모두를 기다리는 펀치라인이다. 매키너니는 관련된 숫자를 직접 조사해봤다. "이 연구 결과는 당신을 충격에 빠뜨릴 겁니다. 당신이 사랑하는 모든 사람은 100퍼센트 확률로 죽게 됩니다."[8]

오래 사는 삶 말고 재미난 삶

언뜻 보면 죽음을 피할 수 없음을 받아들이는 사람은 엄청나게 심각해질 것 같다. 하지만 많은 경우 실제로는 정반대의 효과가 나타난다. 임상심리학자 조다나 제이컵스는 상담 중인 커플들에게 자신의 죽음과 파트너의 죽음을 생생하게 상상하는 연습을 시키곤 한다.[9] 이를 통해 알게 된 점이 있다. 죽음과 정면으로 마주한 환자들은 오히려 서로에게 훨씬 더 깊이 연결되고, 살아 있음을 더 기뻐하게 되는 경우가 많다는 것이다.

우리는 이 세상에서 함께할 시간이 얼마나 남았는지 알지 못한다. 다만 영원하지 않다는 사실만은 확실하다. 그런 진실

앞에서 사소한 원망과 일상의 짜증은 금세 녹아내리고 만다. 나는 제이컵스에게 배우자의 죽음을 곱씹는 게 로맨틱하게 느껴지는지 물었다. 그녀는 그렇다고 말했다. 그거야말로 정말로 사랑의 행위라고 말이다.

그게 말이죠, 저는 죽음을 그런 식으로 생각하는 게 아니에요. 썩어가는 시체라든가 그런 거요. 제가 생각하는 죽음은 좀 더 큰 진실 같은 거예요. 삶도 덧없고, 사랑도 덧없고, 모든 게 덧없다는 거요. 그걸 잊으면 사람들이나 모든 것이 영원하고 굳건하리라고 생각하게 돼죠. 끊임없이 변하는 세상에서 안전하다는 느낌을 얻으려고 말이죠. 사람들은 변하지 않고, 우리 삶도 변하지 않으리라 느끼고 싶으니까요. 근데요, 그러면 사실 누군가와 연결되는 경험에서 열정이 사라져버려요. 사랑을 이렇게나 깊고 강렬하게 만드는 건 결국 이걸 영원히 가질 수 없다는 사실을 알기 때문이죠.

사람들은 "사랑해보고 잃는 게/안 해본 것보다 낫다"라는 시구절을 가볍게 내뱉곤 한다. 그러나 제이컵스는 우리 모두가 이 말을 제대로 곱씹어봐야 한다고 믿는다. 그녀는 "더 나은 사랑을 하려면 상실을 받아들여야 한다"고 생각한다. 어쩌면 상실을 받아들인다는 건 조 파이어스톤의 라자냐나, 노라 매키너니의 '남편 먼저 떠나보낸 새끈빠끈 젊은 여성 클럽'으로의 초대를 받아들이는 것이기도 하다. 힘든 순간에 다른 사람의 사랑과 돌봄을 받아들이기란 쉽지 않다. 하지만 그것이야말로 유머가 선사하는 카타르시스적 해방감과 연결의 가능성으로 향하는 문을 열어준다.

나는 임종 도우미 알루아 아서를 인터뷰하면서 비슷한 이야기를 들었다. 아서는 삶의 끝자락에 선 사람들, 그들의 가족과 함께 일한다. 마무리할 일들을 챙기고, 죽음을 맞이할 때 감정적으로든 현실적으로든 필요한 것을 누릴 수 있도록 돕는다. 그녀는 사람들이 자기 일에 웃음이 그토록 많다는 사실에 놀라곤 한다고 말한다. "삶의 끝에는 기쁨이 정말 많아요. 아름다움도 정말 많고요. 웃음도 정말 많지요."

물론 슬픔과 힘겨움, 두려움도 많다고 한다. 하지만 죽음이란 더없이 솔직하고 진실된 순간이기도 해서, 자연스럽게 유머와 웃음도 함께다. "죽음이 일어나는 순간, 우리의 온전한 인간다움이 적나라하게 드러나요. 인간의 모든 면이 다 나온다는 거예요. 그래서 기쁨도 정말 많고, 사랑도 정말 많고, 따스함과… 연결의 순간도 정말 많지요."[10]

죽음만 웃긴 게 아니다, 고통도 웃기다!

유머감각이 뛰어난 사람들을 찾는다면, 예로부터 가장 확실한 방법은 억압과 고통을 겪어온 집단이 누군지 파악하는 것이다. 외부의 힘이 사람들을 짓누르려 할 때, 억누를 수 없는 유머와 코미디의 반격이 솟아나곤 한다. 그렇게 그들은 인간다움을 지켜낸다. 아일랜드 사람들의 크랙craic(흥겨운 수다 – 옮긴이)부터 보르시 벨트Borscht Belt(20세기 중반 뉴욕 유대인 코미디의 산실 – 옮긴이)에서 활동한 유대인 코미디언들, 미국에서 오래도록 영향력을 발휘해온 흑인 유머, 드랙퀸들의 거침없는 위트까지. 억압받는 집단이 억압하는 집단보다 더 웃기다는 건 적어도 내가 알기로는 어디서나 통하는 진리다.

북한 주민들은 전방위적인 국가 통제 속에서 오랫동안 억압과 고립, 결핍에 시달려왔다. 2021년에는 김정일 사망 10주기를 맞아 시행된 의무적인 애도 기간 동안 정부가 11일 동안 모든 웃음을 금지했다는 보도까지 나왔다.[11] 그런 고통, 그런 위험 속에서도 탈북민들이 몰래 나누는 농담 몇 가지가 전해진다(내가 보기엔 솔직히 꽤 웃긴 농담들이다).

북한식 농담 #1. 김정일 장군님 만만세!

장만용 씨는 북한의 집단농장에서 일한다. 어느 날 낚시를 갔다가 운 좋게 물고기 한 마리를 잡아 집에 가져왔다. 신이 난 장만용 씨가 아내에게 말한다. "이것 좀 봐! 오늘 생선 튀김 어때?"

아내가 말한다. "식용유가 없어!"

"그럼 생선 조림은?"

"냄비가 없지!"

"그럼 구워 먹자."

"땔나무가 없어!"

장만용 씨는 화가 나서 강으로 돌아가 물고기를 다시 물에 던져버린다. 간신히 살아난 물고기가 물 밖으로 고개를 쑥 내밀더니 신나게 외친다. "김정일 장군님 만만세!"[12]

북한식 농담 #2. 노동자의 낙원

유럽의 어느 미술관에 영국 사람, 프랑스 사람, 북한 사람이 에덴동산에서 사과를 든 아담과 이브를 묘사한 그림 앞에 서 있다.

영국 사람이 말하길, "남자가 맛있는 걸 들고 여자랑 나눠

먹으려 하잖아요. 저건 분명히 영국인입니다."

프랑스 사람이 말하길, "아니죠. 저 둘은 완전히 벗고 돌아다니잖아요. 프랑스인이 틀림없어요."

북한 사람이 말하길, "저건 백 퍼센트 북한 사람입니다. 입을 옷도 없고 먹을 것도 거의 없는데, 자기들이 천국에 있다고 생각하잖소!"

유대계 미국인들은 미국 유머와 코미디 문화에 지대한 영향을 끼쳐왔다. 줄리 유는 유대인 코미디의 기원을 다룬 글에서 이렇게 썼다. "19세기 말과 20세기 초, 동유럽과 중앙유럽에서 유대인 이민자들이 미국으로 밀려들었을 때, 그들은 곧장 미국식 인종주의 유머를 맞닥뜨렸다." 유대인 이민자들은 옷차림, 외모, 말투 때문에 놀림을 당했다. "[유대인의 언어인] 이디시어가 우스꽝스럽게 들린다고 여기는 이들도 많았다. 히브리어와 독일어가 뒤섞인 이 언어로부터 슈머크schmuck(멍청이), 글리치glitch(오류), 후츠파chutzpah(뻔뻔함)처럼 발음이 찰진 영단어들이 태어났다."

유대인 혈통의 연예인들은 이런 놀림에 주눅들기는커녕 외려 이를 무기로 삼기로 했다. 유의 글에 따르면, 그들은 "자기를 놀리는 일에서는 누구에게도 지지 않겠다"고 결심했다고 한다. "유대인 코미디언들은 처음에는 뉴욕의 유대인 관객들 앞에서, 나중에는 보르시 벨트로 알려진 캐츠킬산맥의 휴양지에서 실력을 갈고닦았으며, 마침내 미국 주류 문화에 입성했다."[13] 유대인 이민자들은 유대인 특유의 유머 덕분에 편견 어린 공격을 역이용할 수 있었다. 거기서 그치지 않고 소재 자체를 새로 정의하고 재창조하기도 했다. 예를 들어, 보르시 벨트의 코미디언들은 놀림당하던 외모와 말투만 가지고 농담한 게 아니었다. 그들은 두고두고 써먹게 된 '유대인 어머니'라는 단골 코미디 소재를 만들어냈다.*

* 이건 사실이다. 내 이름만 봐서는 전혀 알 수 없겠지만, 내 어머니는 유대인이다. 내가 '크리스토퍼'라는 이름을 받고 한참이 지나서야 어머니는 깨달으셨다. 왜 본인이 다니시던 유대교 회당에 나와 이름이 같은 남자아이가 한 명도 없었는지를. ('크리스토퍼'는 '그리스도를 짊어진 자'를 뜻하는 기독교적 이름이다. ─옮긴이) 아무래도 내 이름에 관해서는 개신교 신자인 아버지의 완승으로 기록해야겠다.

Q. 유대인 엄마들은 왜 술은 안 마실까요?

A. 술을 마시면 마음이 편해질까 봐 그래요.

Q. 전구 하나를 갈아 끼우려면 유대인 엄마 몇 명이 필요할까요?

A. (한숨) 됐어요. 그냥 캄캄한 데 앉아 있을게요. 괜히 남들한테 폐 끼치기 싫으니까요.

Q. 유대인 엄마들이 가석방 심사관으로 딱 맞는 건 왜일까요?

A. 누구든 말 한마디 끝까지 하게 두질 않거든요.[14]

미국에서 사람들이 웃는 방식에 영향을 준 것은 유대인들의 유머만이 아니었다. 흑인들 역시 엄청난 역할을 했고, 그 유산은 서아프리카의 이야기꾼과 연희자들까지 거슬러 올라간다. 그러나 흑인 코미디가 아프리카 역사에 뿌리를 두고 있다는 점은 좀처럼 주목받지 못했다. 흑인을 희화의 대상으로 삼고 인종차별적 묘사에 뿌리를 둔, 블랙페이스와 민스트럴 쇼라는 미국사의 추악한 전통에 가려져 왔기 때문이다(19~20세기 미국에서는 백인 배우들이 얼굴을 검게 칠하고 흑인 역할을 했다 – 옮긴이).

코미디언이자 《흑인 코미디언, 흑인 코미디를 말하다 *Black Comedians on Black Comedy*》의 저자인 대릴 리틀턴은 흥미롭게도 민스트럴 쇼가 흑인 문화를 오해한 데서 비롯된 전유의 결과였다고 주장한다. "민스트럴 쇼는 노예주들이 쉬는 시간 노예들이 이른바 '자연스러운 행동'을 하는 모습을 지켜보면서 시작되었습니다. 그런데 그때 노예들이 하던 일은 주인들을 조롱하는 거였죠."[15] 다시 말해 민스트럴 쇼와 블랙페이스는 노예주들이 자신들이 웃음거리가 되고 있다는 사실을 이해하지 못한 데서 비롯되었다.

노예제도와 그 유산이 남긴 트라우마와 박탈 가운데 미국의 흑인들이 삶 속에서 주고받고 버텨내기 위해 사용한 유머는 결이 완전히 달랐다. 멜 왓킨스는《진짜 이야기_On the Real Side_》에서 미국의 흑인 유머와 유대인 유머의 유사점을 이렇게 설명한다. "미국 주류 사회에서 유대인과 흑인이 차지하는 아웃사이더, 혹은 '그림자' 같은 위치는 자기 스스로는 물론 지배적인 주류 문화를 바라보는 독특한 시각을 안겨주었다." 유대인 유머와 흑인 유머 모두 자기 비하적인 면이 있지만, 자학적이지는 않다. 오히려 아웃사이더가 위험한 분노와 편견을 웃음에 녹여버리는 방식이다.[16]

이런 종류의 유머는 좌절감이나 분노를 농담에 숨겨서 안전하게 표현하는 방식이기도 했다. 왓킨스는 1960년대 코미디언 딕 그레고리_Dick Gregory_의 전설적인 일화를 소개한다. "흑인 남자 한 명이 미국 남부의 식당에 들어선다. 그러자 '죄송합니다만, 저희는 유색인종한테는 서빙 안 합니다'라는 말을 듣는다. 그러자 그가 답한다. '다행이네요. 저도 유색인종은 안 먹거든요. 미디엄 레어 햄버거나 하나 주세요.'"*[17]

* 흑인 유머의 역사와 그 영향에 대해서는 책의 한 챕터에 담을 수 있는 것보다 할 이야기가 훨씬 많다. 다행히 이 주제를 더 깊이 보고 싶다면 훌륭한 책이 많다. 리틀턴과 왓킨스의 책을 모두 추천한다.

누구나 고통받는다, 하지만 모두 웃을 수도 있다

유머로 회복력을 기르고 고통에 대처하는 건 인종, 민족, 종교집단만이 아니다. '교수형 유머'라고 불리는 오랜 전통이 있다. 전쟁터의 군인들은 죽음과 형편없는 음식에 대해 농담한다. 의사들은 힘든 환자, 스트레스, 수면 부족에 대해 농담한다. 무덤을 파는 사람들은 아마 무덤에 대해 농담하지 않을까?

핵심은 농담 자체가 아니라 더 큰 그림이다. 극심한 슬픔이나 고통의 한가운데 있으면 그 어떤 말도 입 밖에 꺼낼 수 없는 것처럼 느껴진다. 서툰 유머는 감정을 숨기거나 별거 아닌 듯 치부할 수 있다. 다른 사람을 밀어내는 방어기제가 될 수도 있다. 하지만 이 책에서 내가 계속해서 이야기하는 유머는 연결을 만들어내고 압력을 풀어주는 밸브 역할을 한다. 표현할 길 없는 것을 말하는 방법을 보여주고, 잠시나마 거기에 대해 웃을 수 있게 해준다.

마지막으로 몇 가지 원칙을 공유하기 위해, 마이클 크루즈 케인과 함께 여행을 떠나보자. 그는 아들의 죽음을 다룬 1인극 〈삼가 조의를 표합니다Sorry for Your Loss〉로 미국 전역을 순회했다. 이 공연은 내가 본 라이브 공연 중 가장 정교하게 짜인 작품이었다. 완벽한 농담에 빵 터지다가 몇 분 후에는 객석에서 헐떡이며 울고 있었다. 케인은 공연 후 관객들과 이야기를 나누며 그들이 자신의 이야기에 공감하는 다양한 방식에 귀를 기울였다. 카타르시스를 안겨주는 유머와 슬픔의 조합이야말로 사람들의 마음을 가장 깊이 움직이는 것이었다.

케인은 자신의 조언을 실천에 옮기는 방법에 두 가지가 있다고 말한다.[18]

1. 나는 슬픔과 관련된 농담 중에서 슬픔을 둘러싼 온갖 이상한 것들을 건드리는 농담이 가장 와닿는다. 삼촌이 장례식에서 술에 취했다고? 새언니가 보낸 조문 메시지에 자기가 하는 온라인 쥬얼리숍 링크가 들어 있었다고? 슬픔을 둘러싼 '진지함의 퍼포먼스'가 너무 대단한 나머지 사람들은 자기가 얼마나 이상하게 구는지 까먹는다. 그 이상함을 인정하는 것만으로도 엄청난 해방감을 준다. 상황을 악화시키는 농담에 대해서는 어떨까? 내가 보기엔 슬픔을 억누르거나 슬픔의 정당함을 깎아내리는 뉘앙스("아직도 그러고 있어? 이제 그만 좀 털어내!")나 감정을 지시하는 말("웃어보라고!")은 절대 받아줄 수 없다.

2. 나는 손쉽게 유머를 찾아낸다. (내면과 외면에서) 벌어지는 일들을

알아차리고, 거기에 대해 이야기하면 된다. 유머의 80퍼센트는 그게 전부다. 유머가 제공하는 여러 기능 가운데 불안과 긴장의 해소가 있다. 불안을 함께 나눔으로써 찾아오는 해소다. "저도 랍비가 졸고 있는 거 알아챘어요" 같은 것 말이다. 그런 관찰이 당신과 친구들에게 튀기는 공감의 불꽃. 유머는 거기서 시작된다.

이번 장을 마무리하기에 이보다 더 좋은 생각은 없는 것 같다. 우리는 아무리 어두운 순간을 지나고 있더라도 공감의 불꽃을 찾을 수 있다. 그리고 제발 좀, 조문 메시지를 온라인 쇼핑몰 홍보에 써먹지는 말자.

11장

나쁜 농담을 피하는 방법

웃음이 지닌
책임과 맥락에 대하여

나는 이 책에서 줄곧 유머감각이 왜 중요한지, 유머가 우리 삶을 얼마나 다양한 방식으로 개선할 수 있는지 역설해왔다. 하지만 유머감각이 없는 게 나쁜 일이라고 생각한다면, 전해줄 소식이 있다. 유머감각이 없는 것보다 더 나쁜 것도 있다. 해로운 유머감각을 지니는 거다. 불쾌한 농담, 희롱, 괴롭힘, 온갖 역겨운 짓거리가 유머라는 탈을 쓰고 활개를 친다. 하지만 우리는 이제 "그건 그냥 농담이었어"라는 말이 면죄부가 될 수 있다는 생각을 완전히 해체해버릴 것이다. 무엇보다 웃음이 지닌 어두운 면을 어떻게 피할 수 있는지, 그리고 만약 그 칙칙한 늪에 발을 잘못 디뎠을 때 어떻게 빠져나올 수 있는지 이야기할 것이다.

유머에서 가장 까다로운 부분은 같은 유머가 맥락에 따라 완전히 달라진다는 점이다. 똑같은 문장이라도 누가 말하느냐에 따라 재미있고 장난스러울 수도 있고, 전혀 용납할 수 없는 말이 될 수도 있다. 예를 들어 내가 자그마한 내 아들을 바라보며 "이 통통한 발가락을 먹어버리겠어"라고 한다면, 그저 아이에게 사랑을 담아 말하는 것이다. 하지만 공원에서 갑자기 낯선 남자가 덤불 속에서 튀어나와 내 어깨를 붙잡고서 "이 통통한 발가락을 먹어버리겠어"라고 한다면, 나는 전속력으로 도망칠 것이다.*

나를 아끼고 사랑하는 사람에게 놀림받는 것과 그다지 친하지 않은 사람에게 놀림받는 건 완전히 다른 경험이다. 아버지가 "크리스는 이야기하는 걸 정말 좋아해"라고 말씀하신다면, 나는 그 말을 사실을 이야기하는 것이라 여긴다. 나는 정말로 이야기하는 걸 좋아하니까 말이다! 하지만 처음 만난 사람들과 대화하는 중에 한 사람이 "크리스는 이야기하는 걸 아주 좋아하네요"라고 말한다면, 걱정하기 시작할 것이다. 내가 대화를 독점한 건 아닐까, 너무 떠든 건 아닐까, 남의 말을 충분히 듣지 않은 건 아닐까 싶으니까. 내가 이야기를 너무 좋아하는 건가? 나는 대화를 독차지하는 인간인가? 나는 끔찍한 사람인가? 그냥 입 다물고

* 이 시나리오에서 나는 통통한 내 발가락이 잡아먹히지 않도록 지키기 위해 바로 그 통통한 발가락들에 의지해 달려야 할 거다. 서둘러주렴, 내 통통한 발가락들아!

있어야 하나?

농담은 똑같은 두 사람 사이를 이어줄 수도, 감정을 상하게 할 수도 있다. 그 순간의 상황, 전달되는 감정과 톤에 따라서 말이다. 나의 아내 몰리가 친구들과 저녁 모임을 마치고 집에 돌아왔는데, 내가 속옷 바람으로 소파에 앉아 맥앤치즈를 냄비째 퍼먹으며 TV를 보고 있다고 해보자. 물론 이건 순전히 이 책을 쓰려고 지어낸 가상의 시나리오다. 절대 결혼생활 중에 여러 번 일어난 사건을 바탕으로 쓴 내용이 아니다.

만약 이 가상의 시나리오에서 몰리가 나를 보고서 웃음을 터뜨리며 다가와 입을 맞추고 "당신 정말 웃긴 인간이야"라고 말한다면, 우리는 함께 웃고 그 유머가 우리의 유대를 더 굳건히 해준다. 반면에 몰리가 나를 보고 한숨을 푹 쉬고 고개를 저으며 "당신 정말 웃긴 인간이야"라고 말하고는 돌아서 가버린다면, 나는 수치심에 휩싸여 심판받는 기분이 들 것이다. 바지를 벗고 파스타 면발 파티가 한창인 외중에 갑자기 자기혐오와 수치심의 구덩이로 푹 빠져드는 것만큼 최악인 일도 없다.*

결국 하고 싶은 말은 이거다. 좋은 유머는 복합적이고 미묘하며 상황에 따라 달라진다. 보편적 규칙은 거의 없고, 그나마 있는 규칙

* 다행히도 몰리는 이런 일을 두고 따지지 않는다. 다시 말하지만 이건 지어낸 일이며 실제로 일어난 적이 전혀 없다.

은 예외투성이다. 사람들을 항상 웃기면서 절대 누구의 기분도 상하게 하지 않으며 친절하고 매력적으로 보이게 해주는 비밀 공식은 내 손에 없다. 만약 그런 공식이 있었더라면 몇 백 달러짜리 온라인 강의로 비법을 판매하며 유머대학교 수익으로 내 명의의 섬에서 살고 있을 것이다.

그러니 좀 더 정돈되지 않은 상태로 미묘하게, 복잡하게 두자. 그러니까 좀 더 현실적으로 가자는 말이다. 이런 문제들을 생각할 때 내가 사용하는 몇 가지 틀과 기준을 소개하고, 내가 아는 똑똑하고 사려 깊은 사람들이 어떻게 문제에 접근하는지도 나누어보도록 하겠다. 가장 중요한 첫 번째 원칙은 이것이다. 사람들이 웃는다고 해서 좋은 일은 아니다.

괴롭히는 아이들도 웃긴다

사람들이 괴롭힘에 관해 잘 말하지 않는 한 가지 진실이 있다. 괴롭히는 아이들이 대개 아주 웃기다는 것이다. 왕따를 당하는 아이에 대해 생각하면 떠오르는 전형적인 장면이 있다. 모두가 손가락질하며 낄낄대는 장면. 괜히 그런 게 아니다. 괴롭히는 아이들은 유머를 아주 능숙하게 활용한다. 다만 그걸 무기로 쓸 뿐이다. 내가 자주 떠올리곤 하는 미국 시트콤 〈30 록〉의 한 에피소드가 있다. 티나 페이 Tina Fey가 연기하는 리즈 레몬이 고등학교 동창회에 가는 에피소드다. 리즈는 자신이 외톨이 너드였다고 생각했지만, 사실은 반에서 괴롭힘을 주도하던 아이였음을 깨닫게 된다. 과거 회상 장면에서 고등학생 리즈는 쉴 새 없이 독설을 퍼붓는다.* 동창회에서 만난 친구들은 리즈를 악당 취급한다. 리즈의 상사인 잭 도너기는 청소용품 창고에서 리즈를 다그치며 이렇게 말한다. 그녀가 유머감각 뒤에 숨어 "진짜 관계는 맺지 않고… 위협받으면 공격"하는 사람이라고.[1]

〈30 록〉은 코미디 시트콤이고, 동창회 에피소드는 시리즈 전체를 통틀어 가장 웃긴 편이다. 하지만 리즈가 사회적 서열에서 자기가 어떤 위치인지 깨닫는 장면은 묵직한 진실을 담고 있다. 괴롭히는 아이라고 해서 마음속까지 비열하고 잔인한 사디스트일 필요는 없다. 그런 아이들은 자기가 남을 괴롭히고 있다는 사실조차 모르는 경우가 많다. 불안감에서 비롯된 행동일 때도 있고, 무리에 끼고 싶어하다 보니 그렇게 된 경우도 있다.

* 예를 들면 이런 장면이다. 과학시간에 한 여자아이가 리즈에게 다가와 묻는다. "네 눈에 낀 돋보기 렌즈는 잘 있냐?" 리즈가 바로 받아친다. "그러게. 켈시야, 너네 엄마 약물중독은 좀 어때?" 동창회에선 또 다른 여자가 리즈를 막아서며 따진다. "이건 애교점이야. 근데 너는 하나님이 내 얼굴에 똥을 쌌다고 놀려댔잖아."

물론 괴롭힘을 옹호할 생각은 없다. (내가 그랬다고 생각해보라! 책의 끝자락에 와서 얼마나 황당한 전개가 되겠는가.) 하지만 인정해야 할 게 있다. 남과 다르거나 이상해 보이는 사람을 놀려먹는 일은 다른 사람들을 웃기는 아주 손쉬운 방법이라는 거다. 괴롭히는 아이들은 주변 사람들을 웃길 수 있다. 자기에게 유머감각이 있다는 착각을 불러일으킬 만큼 말이다. 그렇다고 해서 그게 좋은 유머라는 뜻은 아니다. 놀림당하는 쪽이 어떤 기분일지는 생각도 안 하고, 그 웃음이 좋은 반응이라고 착각하기 십상이다.

나도 어디까지가 괜찮고 어디서부터 선을 넘는 건지 고민해왔고, 지금도 여전히 고민 중이다. 그런데 나는 사람들을 웃기는 게 너무 좋다. 그게 문제다. 웃기는 건 중독성이 있다. 살면서 농담을 지나치게 밀어붙인 적이 수없이 많다. 고등학교 시절 친구 한 명을 투명상자에 가두는 농담을 한 적이 있다. 팬터마임으로 친구를 둘러싼 투명벽을 세우고는 그 애가 뭐라고 하든 안 들리는 척했다. 딱히 기발하거나 복잡한 농담은 아니었다. 처음 했을 때는 나도 친구도 웃었던 걸로 기억한다. 문제는 내가 그걸 계속 반복했다는 거다. 그 애가 상자 안에 있어서 소리가 안 들린다고 하면서. 아니나다를까, 친구는 이제 재미없다면서 화를 냈다. 나는 똑같은 농담을 계속 밀어붙이는 게 나쁜 짓임을 도무지 납득할 수 없었다. 처음엔 웃겼잖아, 그치? 우린 친구잖아, 그치? 한 번 해서 웃겼으면, 백 번 하면 백 배 더 웃긴 거 아닌가?

이제는 안다. 내가 찌질이에다 왕따를 주동한 녀석이었다는 걸. 투명상자를 떠올릴 때마다 끔찍한 기분이다. 이건 유머의 양면을, 관계를 이어주고 함께 즐기다가도 순식간에 틀어질 수 있다는 사실을 보여주는 전형적인 사례라고 생각한다. 친구 말을 못 듣는 척하면서 재미없다는 신호를 무시하는 건 잔인한 짓이다. 팬터마임으로 만든 소리 없는 감옥에 처넣어야 할 놈이 있다면, 그건 바로 나였다.

상처주는 농담에 웃거나 그런 농담을 직접 해본 적이 한 번도 없는 사람은 나뿐만이 아니다. 그런 일을 완전히 피하기란 거의 불가능하다! 우리는 인간으로서 무리에 속하고픈 본능이 있다. 우리 스스로 배타적으로 굴 때 누가 우리 편인지 정하는 가장 쉬운 방법은, 누가 우리 편이 아닌지 선언하는 것이다. 왕따 주동자가 누군가를 놀리는 건 놀림의 대상이 무리에 속하지 않는다는 명확한 신호를 보내는 일이다. 그러면 주변 사람들이 웃는 경우가 많다. 우리는 선을 넘을 때 웃는 경향이 있기 때문이다. 뜻밖의 상황에 웃기도 하고, 농담의 표적이 아니라 무리에 속하게 되었다는 안도감에 웃기도 한다.

잘못된 유형의 유머는 양날의 검이다. 유머감각이 좋은 아이들은 대체로 학교생활과 친구관계를 잘 헤쳐나가는 편이다. 그런데 어떤 유형의 유머를 쓰는지가 무척 중요하다. 사라예보의 교사이자 교육 연구자인 미넬라 케를라Minela Kerla는 '친화적 유머affiliative humor'의 정도가 높은 학생들, "즉흥적이고 재치 있는 농담을 던지고, 주변 사람들을 즐겁게 하고, 관계를 돈독하게 만들며, 사람들 사이의 긴장을 줄이려는" 성향을 보이는 학생들이 학교에서 스스로 의욕을 보이는 능력이 뛰어나고, "자존감과 자기 역량에 대한 자신감도 더 높다"는 사실을 발견했다.[2]

마찬가지로 중요한 발견이 있다. 케를라는 유머감각이 활발한 또 다른 학생들은 전혀 다른 결과를 보인다는 것도 알아냈다. 그들의 유머가 친화적이지 않고 공격적이었기 때문이다. 공격적 유머는 "다른 사람에게 상처를 주거나 멀어지게 만든다."[3] 그런 농담을 하는 학생들은 부정적인 판단을 자신에게도 들이미는 경향이 있어서, 자존감이 떨어지고 학교생활이나 친구관계에서 스스로 잘해낼 수 있으리라는 자신감도 낮다.

나는 항상 이렇게 말한다. 사라예보에서 통하면 어디서든 통한다고.* 당신이 비판적이고 심술궂은 유머감각을 기르고 있다면, 날카롭게 연마한 그 칼로 자기 자신도 깎아내리게 될 것이다. 하지만 너그럽고 유대감을 자아내는 유머감각을 길러본다면 어떨까. 다른 사람들과의 긴장을 풀고 소속감을 느끼게 해주듯, 스스로를 북돋우고 자신의 결점도 부드럽게 감싸게 될 것이다.

아직도 찌질이입니다만

물론 남을 괴롭히지 않고도 부정적인 유머의 칼날을 스스로에게 겨눌 수 있다. 빌 워츠는 뮤지션이자 애니메이터로, 내가 제일 좋아하는 코미디 영상과 노래들을 만드는 사람이다. 일본의 역사 전체를 9분 안에 욱여넣은 영상은 유튜브 조회 수 8300만 회가 넘는데, 신기하게도 사실을 바탕으로 만들었는데 웃기기까지 하다.[4] 그 영상보다 조회 수가 살짝 낮은 또 다른 영상은 길이가 고작 5초에 불과하다. 경쾌한 키보드 반주를 배경으로 이런 가사가 나온다. "오 안녕하세요, 들러줘서 고마워요. 난 아직도 찌질이입니다만."[5]

이 영상의 조회 수가 수백만을 기록한 데는 다 이유가 있다. 유튜브 댓글에는 이런 식의 내용이 가득하다. "심리상담가: 요즘 어떻게 지내시나요? 나: [이 영상]"이라든가,[6] "자, 다음주 화요일까지 자기 상태를 묘사하는 노래를 하나씩 제출합니다. 조회 끝!"[7]이라는 식이다.

농담 삼아 자기 비하를 투척하는 건 아무런 문제가 되지 않는다. 외려 상대방의 경계를 풀고 자신을 더 친근하게 보이도록 하는 좋은 방법이 되기도 한다. 하지만 자기를 낮추는 것과 스스로를 모욕하는 것 사이에는 선이 있다. 자기가 찌질이라고 한 번쯤 농담하는 건 괜찮다. 그런데 그 농담을 매일 하면서 '나는 나를 이렇게 본다, 너희도 그렇게 봐라'라는 메시지를 주변에 반복해서 보낸다면, 여전히 웃음을 끌어내더라도 슬슬 뭔가 잘못됐다는 느낌이 든다. 그러니 선을 넘지 않으려면 이런 농담을 얼마나 자주 하는지 살펴봐야 한다.

한 가지 더 따져볼 게 있다. 스스로 편하게 받아들이는 부분을 놀리는지, 불안해하는 부분을 건드리는지다. 나는 내가 운동을 못한다는 농담을 해도 별로 타격이 없다. 그 부분은 내게 민감하거나 예민한 영역이 아니다. 나는 정말로 운동을 못한다. 고등학교 때는 얼티미트 프리스비 Ultimate Frisbee 팀에 들어가려고 한 적도 있다(알파메일의 경쟁심 대신 운동정신을 중시하기로 유명한 스포츠다). 팀에서는 나 때문에 경기에서 질까 봐 나를 앉혀둘 벤치를 따로 빼놓아야만 했다. 하지만 사람들에게 이 이야기를 할 때, 나는 진심으로 웃기다고 생각한다. 뿌리깊은 콤플렉스를 건드리는 게 아니니까, 웃어넘긴다 한들 상관없다.

반면 어떤 사람들은 자신의 외모나 성격에서 정말로 아프고 불안한 부분으로 자기 비하 농담을 던지기도 한다. 그런 경우에는 다른 사람이 놀려먹기 전에 내가 농담을 던지는 게 영리한 전략처럼 보일 수 있다. 내가 먼저 함으로써 상대의 힘을 빼는 셈이다. 하지만 자기를 놀려먹는 건 여전히 마찬가지다.

자기를 낮추는 것과 모욕하는 것을 가르는 뚜렷한 경계선이나 보편적 기준은 없다. 이 책의 2장에서 코미디언 아파르나 난체를라가 알려주었듯 그 순간에 어떤 기분이 드는지, 그 이후에 어떤 기분이 드는지 스스로 살펴야 한다. 만약 수치심이나 창피함에 속이 울렁거린다면 나 자신의 웃음이 어디서 나오는지 다시 생각해보는 게 좋겠다.

배우이자 스탠드업 코미디언으로 활동하는 조엘 킴 부스터는 커리어 초기 무대에서 자기가 성적으로 얼마나 매력이 떨어지는지를 소재로 삼곤 했다고 알려주었다. "폭소가 터졌고,

그래서 거기에 더 의존했죠."[8] 사실 그는 스스로를 그런 식으로 보지 않았다. 하지만 사람들이 계속 웃어주자 그것이 슬금슬금 그가 생각하는 자신의 이미지에 스며들기 시작했다. "[내가 매력 없는 사람이라는 걸] 믿기 시작했어요. 한동안 그런 내용이 제 농담의 중심이었으니까, 어느 순간 제가 매력이 없다는 걸 내면화하게 됐죠. 내가 거꾸로 낮은 자존감을 만들어낸 셈이에요."

매번 웃음이 터지다 보니, 부스터는 자신의 외모를 비하하는 농담에 '일말의 진실'이 있다고 느끼지 않을 수 없었다. 그는 소셜미디어 때문에 일반인들 사이에서도 비슷한 현상이 벌어진다고 본다.

틱톡 피드를 보면 사람들이 온갖 다양한 영상을 올리다가… 어느 순간 대박이 터지는 게 있어요. 대개 자기가 겪는 우울증 얘기를 하는 영상이죠. 그러면 피드가 싹 바뀌어요. 이제 모든 영상이 그 주제뿐인 거예요. 그건 건강하지 않다고 봐요. 코미디에서든 콘텐츠에서든 자신의 한 가지 면만 부각하는 거요. 왜냐하면 어느 순간 '아, 사람들이 진짜 듣고 싶어하는 건 내가 이런 얘기를 할 때뿐이구나'라고 믿게 되거든요. 그러다 보면 그런 주제와 정말로 건강하지 않은 관계를 맺게 돼요.

ADHD든 우울증이든, 자기 비하 유머든 마찬가지예요.

부스터는 의식적으로 자기 비하를 그만두기로 결심했다. 대신 자기가 얼마나 잘생겼는지를 소재로 농담을 시작했다. 그 농담도 큰 웃음을 끌어냈다. "저도 관객도 제가 잘생겼다는 걸 사실이라고 믿기 전부터 그 농담을 무대에 올렸거든요." 그러다 보니 잘생긴 남자 농담을 중심으로 코미디를 할 마음도 없어졌다. "제가 스스로 콤플렉스를 만들어냈던 것처럼, 없는 자신감을 있는 척하다 보니 진짜가 된 거예요. 지금은 제가 정말로 잘생겼다고 믿어요. 이제는 외모 얘기가 그다지 흥미롭지도 않고요."

회피형 유머

나는 유머가 유대, 공동체, 관계를 만드는 데 놀라운 도구가 될 수 있다고 굳게 믿는다. 하지만 친밀함을 회피하고 사람들과 거리를 두는 데 유머를 활용할 수도 있다. 한번은 어떤 여성과 마주친 적이 있는데, 이 이야기에서는 그냥 수지라고 부르도록 하겠다. 수지가 정말 웃긴 탓에 눈물이 날 정도로 웃었다.

그런데 수지와 시간을 보내다 보니 알게 됐다. 그녀는 무슨 말이든 농담이나 개그로 받아쳤다. 무슨 질문을 하든지 어떻게든 웃음을 뽑아냈다. 어디 출신이냐고 물었더니 대뜸 캐릭터 연기를 시작했다. 휴가차 미국에 온 독일인 관광객 행세를 하는 거였다. 정말 기막히게 웃겼다. 그런데 연기가 끝났는데도 수지가 어디 출신인지는 여전히 오리무중이었다. 수지에게 직업은 뭐냐고 물었다. 대학 졸업 후 첫 직장 이야기를 들려주었다. 희귀 동물 가게에서 뱀을 팔았다고 했다.

이런 식으로 예상치 못한 답변이 처음에는 재미있었다. 그런데 시간이 지날수록 좀 피곤해졌다. 우리의 대화가 영영 겉도리라는 걸, 진짜 친구가 될 수는 없다는 걸 알았다. 그녀는 약한 모습을 보이거나 진심으로 통하는 순간을 농담을 써서 회피하고 있었다.

사람들은 자기를 보호하기 위해 이런 식으로 유머를 써서 회피하는 경우가 많다. 건강한 방식의 대처일 때도 있다. 말을 꺼내기 힘든 주제가 있거나 마음의 여유가 필요할 때, 유머는 부담 없이 거리를 두는 방법이 된다. 문제는 절대 경계를 풀지 않는 사람들이다. 그들은 언제나 유머를 통해 사람들을 밀어내고 누구도 자기 안으로 들이지 않는다.

숨 좀 쉬면서 말하세요, 그러다 마이크 삼키겠어요

대인관계에서 유머를 쓸 때 저지르는 마지막 실수는 자기를 주인공으로 삼는 일이다. 라이브 무대에 선 코미디언이라면 그래도 상관이 없을 것이며, 혼자서 말하고 나머지 사람은 닥치고 듣는 게 당연할 거다. 하지만 그건 아주 특수한 상황이다. 대부분의 인간관계는 코미디클럽 안에서 벌어지는 게 아니다. 무대도 없고 공연도 없다면, 나와 상호작용하는 사람들이 관객이 아니라는 사실을 깨달아야 한다. 그저 다른 사람들일 뿐이다. 그들도 할말이 있다는 거다!

기자로 일하는 앤 카데트는 '자기가 생각해도 말 많은 사람들'에 관한 기사를 쓴 적이 있다.[9] 기사에 영감을 준 건 사이가 소원해진 친구 개비였다. 개비는 흥미로운 사람이긴 했지만 대화를 완전히 독점하곤 했다. "우리 대화를 녹취로 풀면 개비가 한 말이 95퍼센트였을 거예요. 저도 듣고 질문하는 걸 좋아해서 그 일을 직업으로 삼았지만, 이건 좀 심했어요."

수다쟁이들을 인터뷰해서 왜 대화를 독점하는지 물었더니 이렇게 생각하는 사람이 많았다. 할말이 있으면 알아서 끼어들 거라고 말이다. 말을 많이 하는 건 대화 스타일의 차이일지도 모른다. 말을 끊고 들어오는 사람이 있고, 질문을 받을 때까지 기다리는 사람이 있다. 그런데 어떤 사람들, 특히 재미있는 사람들은 흥이 오르면 걷잡을 수 없이 달리는 경향을 보인다. 사람들을 즐겁게 하고 있다고 느끼는 탓이다. 실제로 그런 경우도 많다! 하지만 다른 사람들도 말하고 싶은 건 마찬가지다.

앤은 브루클린에 사는 해리도 인터뷰했다. 자신을 '독백가'라고 부르는 사람이다. "꽤나 재미난 사람이었어요. 통화하면서 많이 웃었거든요. 그러니 기꺼이 이야기를 들어줄 사람들을 손쉽게 찾았던 것도 무리가 아니죠."[10] 해리가 들려준 이야기가 있다. "팬데믹 시절 여러 사람이 함께 줌 통화를 하면서 첫눈에 반한 사람 이야기를 또 늘어놓기 시작했거든요. 그랬더니 친구 한 명이 휴대폰에 타이머를 띄워서 보여주더라고요. '기분 나쁘게 하거나 망신주려는 게 아니라 서로 장난치려고 그러는 거'라고 말했는데요. '세상에, 쟤 또 시작이네!' 그런 느낌이었죠. 정말로 시간을 쟀더라고요. 8분 하고도 30초더군요."

해리는 웃음의 스펙트럼에서 코미디 쪽(사람들을 즐겁게 해주는 데만 너무 집중)으로 너무 치우쳐 있다고 본다. 해리에겐 선의의 유머(친구와 대화 상대를 끌어들여 다 함께 웃으며 대화를 나누는 일)가 부족하다. 해리 같은 사람이 되지는 말자! 사람들이 아

무리 많이 웃더라도, 8분 30초는 너무 길다. 아, 잠깐만. 30초
정도는 봐주자. 그 정도는 괜찮다. 30초를 빼도 8분이나 남으
니까!

위로, 아래로, 온 사방으로

사람들은 유머를 할 때 자기도 모르게 선을 넘게 된다. 선
이 희미하기 때문이다. 물론 더 분명한 선도 있다. 편견에 찬,
무지한, 혹은 고정관념에 기댄 말을 뱉어놓고는 "그냥 농담인
데"라면서 뒤로 숨는 사람들이 있다. 그걸 지적하면 유머감각
이 없다느니 어쩌느니 한다. 나는 그렇게 생각하지 않는다. 말
에는 힘이 있고, 그렇기 때문에 내 입에서 나가는 말에 대해 잘
생각해야 할 책임이 있다. 물론 실수를 피할 수는 없다. 하면
안 되는 말을 할 때가 있기 마련이다. 내가 볼 때 중요한 건 삐
끗했을 때 어떻게 수습하는지다.

잘못된 말은 단 한 번도 하면 안 된다는 식의 순수성 검증 같
은 건 믿지 않는다. 하지만 같은 잘못을 계속 되풀이하면 안 된
다. 문제는 무엇이 '잘못된 말'인지 모든 사람이 합의한 공식
핸드북 같은 게 없다는 점이다. 내게는 편견이다, 무지하다, 고

정관념이다 싶은 말이 당신 생각에도 그러리란 보장은 없다. 이 문제에 대해 코미디 업계 사람들이 쓰는 해법이 있다. 이 책의 9장에서 다룬 '펀칭 업 vs 펀칭 다운' 프레임워크다. 다시 짚어보자면, 펀칭 업은 나보다 권력이 있고 특권을 가진 집단이나 개인을 향한 유머다. 펀칭 다운은 소외되거나 힘이 없는 사람들을 향한 유머다. 예를 들어 빌 게이츠가 식당에서 밥값을 못 내는 상황으로 우스갯소리를 하는 건 펀칭 업이다. 노숙하는 가족이 밥값을 못 내는 상황을 놀리는 건 펀칭 다운이다.

펀칭 업과 펀칭 다운 프레임워크는 유용하지만, 섬세함이 부족하다. 인도 코미디언 비르 다스Vir Das가 넷플릭스 코미디 스페셜 〈랜딩〉에서 이에 관해 기막힌 이야기를 한 적이 있다.

서양에서 정한 코미디 규칙이란 게 있잖아요? 나보다 특권이 많은 사람을 놀려라. 그걸 펀칭 업이라고 하죠. 나보다 특권이 적은 사람은 절대 놀리지 마라. 그건 펀칭 다운. 들어보셨죠? 이거 완전 헛소리 같은 서양식 개념이라고요. 왜냐면 서양에서는 특권에 일관성이 있잖아요. 인도식 특권은 엄청 요동쳐요. 위로 아래로, 바람에 날리는 깃털처럼요. 한순간엔 포레스트 검프였다가 다음 순간은 폭망한 인도식 리메이크판이 되죠.* 위로 아래로, 오르락내리락.

* 〈랄 싱 차다Laal Singh Cha-ddha〉(2022)는 〈포레스트 검

프〉(1994)의 힌디어판 리메이크다. 비평가들이 주인공의 연기를 혹평했고, 인도에서 흥행에 참패했다.

특권에 대한 이야기에 뉘앙스를 조금만 더 덧붙이면 바로 엉망이 돼요. 예를 들어볼게요. 인도 출신이고 갈색 피부를 한 남성인 제가 이방카 트럼프를 놀려도 되나요? 이건 펀칭 업인가요? 그런 거예요? 해도 되나요? 레이어를 더해볼게요. 이방카 트럼프가 시리아에서 온 무슬림 난민의 아이를 낳으면요? 그런 일이 일어날 수도 있어요. 사랑에는 귀천이 없잖아요. 제가 그 아이를 놀려도 되나요? 왜 이렇게 졸아 있어요. 무슬림 난민이랑 낳은 트럼프 아기라니, 엄청 웃기잖아요. 어떤 아기일지 상상해봐요. 인자마물 트럼프Inzamamul Trump라고요. 한번 생각해보세요…. 맨해튼에 빌딩 75채를 갖고 있는데 돌아갈 나라는 없는 거죠. 네네, 알겠어요. 불편하시죠! 여기까지만 할게요. 블라디미르 푸틴은 어때요. 푸틴은 놀려도 되나요? 펀칭 업인가요? 레이어를 더해볼게요. 푸틴이 원형탈모가 있다면? (…) 푸틴이 크렘린에 혼자 앉아서 머리를 문지르며 슬퍼하고 있어요. 러시아에서는 자라는 게 아무것도 없거든요.[11]

특권과 권력이 지닌 복잡하고 가변적인 본질을 지적하는 다스의 말은 중요하다고 본다. '무엇을 놀려도 되는가'를 논할 때 거의 들을 일이 없는 이야기다. 가변적인 그 경계선은 전 세계

각지에서 공연하는 코미디언인 다스에게만 해당하는 게 아니다. 우리 같은 보통 사람들에게도 마찬가지다.

'캔슬컬처'를 성토하는 수많은 미국 코미디언들보다 다스의 관점이 흥미로운 건 또 다른 이유에서다. 다스는 실제로 자신이 던진 농담으로 대가를 치른 적이 있다. 워싱턴 D.C.의 케네디센터에서 공연하던 중 그의 모국인 "인도의 극단적인 두 얼굴, 즉 부유함과 가난함, 하나로 묶여 있으면서도 정치, 여성 인권, 발리우드 영화, 크리켓 팀을 두고 분열된 나라"에 대해 농담을 던졌다.[12] 이후 나렌드라 모디 Narendra Modi 총리가 속한 힌두 민족주의 정당 소속 유력 정치인들이 민주주의 후퇴와 성폭력에 대한 다스의 비판에 격분했다. 그들은 다스를 상대로 여러 건의 형사 고발을 접수했다. 살해 협박과 소송에 시달리는 그의 눈에 온라인 악플을 두려워하는 미국 코미디언들이 어떻게 보이겠는가.

다스는 넷플릭스 스페셜에서 직접적으로 말한다. "제발 저를 캔슬하지 마세요. 사과할게요. 제발요. 캔슬당하고 싶진 않아요. 감옥생활에 지장이 클 거예요." 이어서 자기한테 불평하던 서양 코미디언을 인용한다. "그 사람이 이러더라고요. '비르, 캔슬컬처는 진짜 미쳤어. 얼마 전엔 폭도들한테 쫓겼다고.

트위터 폭도들한테!'" 비르는 관객들의 웃음이 터질 때까지 뜸을 들인다. 그는 다 안다는 듯한 눈빛을 보낸다. "방금 거세당한 사람한테 불알이 간지럽다고 말하는 거나 마찬가지랍니다."[13]

큰 유머에는 책임이 따르는 법

편칭 업과 편칭 다운의 대립은 유머에 일괄적으로 적용할 수 있는 리트머스시험지가 아니다. 세상 그 무엇도 마찬가지다. 하지만 내가 개인적으로 활용하려 애쓰고, 쓸모 있다고 느끼는 프레임워크가 있다. 어떤 사람(이나 작품)이 세상에 이로운지, 사람들을 잘 웃기는지 생각해보는 거다. 도표로 정리하면 다음과 같다.

	세상에 이로움	세상에 해로움
웃김	최고의 경우! 이 경우가 좋다	위험하고 무서움
안 웃김	견디기 힘들지만 선의는 있음	아이고, 뭐 하나 좋은 게 없음

가장 좋은 시나리오는 모든 사람이 웃고, 그 웃음의 대상이

세상에 이로운 경우다. 이는 사람들을 하나로 모아주고, 아이디어와 이슈를 새롭게 생각하게 한다. 재미도 있고 유대도 쌓인다. 그러면 모든 게 잘 돌아간다. 두 번째로 좋은 경우는 세상에 이로운 일을 하고 있지만, 웃음은 없는 경우다. 적어도 누군가를 다치게 하지는 않지만, 더 잘할 수 있고 재미있을 수 있다. 이런 경우는 설교처럼 느껴지거나 잘난 척하는 느낌이 들기 쉽다. 어쨌든 쓸데없이 지루한 건 맞다.

나쁜 경우도 있다. 웃기지도 않고 세상에 이롭지도 않은 시나리오다. 쓰레기 같은 농담 말이다. 대체 뭐가 인종차별적 농담보다 더 나쁜 걸까? 그냥 내뱉는 인종차별 발언이다. 그렇다고 인종차별적인 농담이 딱히 더 나은 것도 아니다. 사실 가장 위험하고 해로운 상황은 웃음이 꽤 많을 때 일어나기도 한다. 온라인 극단주의를 취재하는 기자 앤드루 마란츠는 폭력적이고 혐오에 찬 발언을 "그냥 농담인데"라는 말로 방어하는 모습을 자주 본다고 알려주었다.[14] 1936년 미국 언론이 히틀러를 정확히 그런 태도로 다뤘다고 한다. 찰리 채플린에게 조롱당할 정도로 광대 같은 인간이 진짜로 위협이 될 리 없다는 논리였다. 유머는 종종 웃음 아래에 숨겨진 무엇인가가 세상에 매우 해롭다는 사실을 가려버리기도 한다.

　그래도 질문은 남는다. 세상에 이롭다는 게 대체 무슨 뜻일까? 좋은 사람이 된다는 건? 유머를 좋은 방식으로 쓴다는 건? 나보다 훨씬 똑똑한 사람들이 평생을 씨름하는 커다란 질문들이다. 언젠가 내 답을 알아내면, 종교를 하나 세울 생각이다. 당신도 환영한다. 이 책의 독자라면 내 개인 숭배 교단 가입비를 50퍼센트 할인받을 수 있다. 그때까지, 좋은 유머와 나쁜 유머를 가르는 데 내가 제시할 수 있는 최선의 기준은 이거다. 사람들을 끌어당기는가, 아니면 밀어내는가?

　나는 유머의 핵심 목표를 단순하게 생각한다. 사람들을 웃게 만들고 즐거운 시간을 보내게 하는 것. 이 책에서 살펴본 유머의 다른 모든 이점이 거기서 비롯된다. 제대로 쓰는 유머는 사람들을 끌어당기고, 환영하고, 즐거운 시간을 안겨준다. 잘못 쓰는 유머는 사람들을 밀어내고, 거리를 두고, 연결을 끊어버린다. 마찰과 긴장의 순간이 전혀 없을 거라는 말은 아니다. 그건 어떤 인간관계에서든 피할 수 없다. 하지만 이건 생각해볼 수 있다. 유머가 울퉁불퉁한 길을 다듬어주는가, 아니면 더 깊은 구덩이를 파는가?

좋은 유머는 좋은 사과와도 같다

종종 어쩔 수 없이 잘못된 말을 할 때가 있다. 상대방 기분은 생각하지 않고 그 사람을 희생양 삼아 웃음을 얻으려 했을 수도 있다. 농담이 도를 넘었을 수도 있다. 자기가 쓰는 말이 어떤 걸 뜻하는지 몰랐을 수도 있다. 한번은 공중보건 연구자와의 라이브 인터뷰 사회를 맡은 적이 있다. 그녀는 특정 질환이 어떻게 편견과 연결되어 있는지를 지나가듯 언급했다. 그녀가 사례로 든 건 겸상적혈구병이었다. 나는 곧장 농담을 던져보려 했다. "내 자식은 겸상적혈구병으로 빈혈 걸릴 사람이랑은 절대 결혼 못 해!"라고 말하는 게 얼마나 우스꽝스러울지에 대한 농담이었다. 잠깐 뜸을 들이며 관객들이 웃어주리라고 기대했다. 하지만 객석은 찬물을 끼얹은 듯 조용했고, 보아하니 약간 뜨악한 눈치였다. 나로선 왜 갑자기 분위기가 바뀌었는지 알 수가 없었다.

함께 무대에 있던 코미디언 동료가 센스 있게 구명줄을 던져줬다. "크리스, 겸상적혈구병이 아프리카계한테 더 많이 생기는 병인 걸 모르나보네." 그 말이 맞았다. 나는 그 사실을 전혀 몰랐다. 그제야 겸상적혈구병에 걸릴 확률이 높은 사람들에 대한 편견이 존재한다는 사실을 깨달았다. 그건 좋은 농담이 아니었다! 내가 무지한 탓에 유머를 던지려는 시도가 실패한 거였다.

나는 즉시 관객에게 사과하고, 내가 무슨 말을 하는지 전혀 몰랐다고 인정했다. 그리고 다시는 그 농담을 하지 않았다. 그 자리에서는 그 정도면 충분한 것처럼 보였다. 하지만 당신이 현장에 있었다면 나와 다르게 느꼈을 수도 있다. 선을 넘은 코미디언이 청중의 마음을 되찾으려면 뭐가 필요할까. 농담으로 선을 넘었든 아니든 상관없다. 이건 사람마다 다르고 상황마다 다르다.

내가 초등학교 교사로 일을 시작해서 그런지 모르겠다. 실수했을 때 뭘 해야 하는지 알려주는 최고의 조언은 아이들에게 하는 말과 같다고 본다. 다른 사람에게 친절하게 대해라. 못되게 굴었으면 사과하고 바로잡아라. 초등학교 3학년 아이들에게 같은 반 친구를 대하라고 가르치는 방식대로 우리가 서로를 대한다면 어떨까. 어른들의 세상은 훨씬 안전하고, 배려하고, 존중하는 곳이 될 거다.

육아 전문가 베키 케네디 박사가 인터뷰에서 이런 말을 해주었다. 부모나 양육자로서 익힐 수 있는 가장 중요한 기술은 실수했을 때 관계를 회복하는 기술이라고.[15] 이 말에 전적으로 동의한다. 유머를 시도하다 선을 넘었을 때 일어나는 일이 바로 그런 일이니까. 관계에 손상을 입혔으니 회복해야 하는 것이다. 그건 어떻게 해야 하는 일일까? 베키 박사는 "미안해"라고 말하는 게 최선이 아닐 때가 많다고 한다. 축구 연습이 끝난 아이를 데리러 가는 길에 늦은 부모가 되었다고 가정해보자. "부모가 정말 늦게 데리러 오면 아이가 굉장히 불안해져요. 자신의 생존이 전적으로 부모에게 달려 있으니까요, 그렇죠? 그런데 부모가 이러는 모습이 눈에 선해요. '있잖아, 미안해, 차가 너무 막혀서 그래. 미안해.' 어떻게 보면 '미안해'라는 말로 대화를 끝내버리려는 것처럼 보여요."[16]

이런 경우에 딱히 도움이 안 되는 "미안해"라는 반응은, 생각 없이 던진 불쾌한 농담을 하고 나서 흔히 보이는 도움 안 되는 반응들과 비슷하다. "농담이었다고!", "기분 나빴다면 미안해.", "좀 가볍게 받아들여. 진심은 아니었어." 표현만 다를 뿐 다 같은 말이다. 그냥 넘어가고 잊어버리자는 거다. 그래봤자 소용없다. 그건 관계를 회복시키지 못한다. 베키 박사는 다른 조언을 한다. 어떤 식의 대화를 하거나 접근방식을 취하든 세 가지 요소를 포함하라는 것이다. 축구 연습을 마친 그 아이와 관계를 회복하는 사례를 통해 살펴보자.

1. 벌어진 일을 인정한다. 구체적으로 말한다. "데리러 오는 게 늦었어. 무서웠겠다. 내가 널 잊어버렸다고 생각했을 수도 있겠구나. 여기서 그렇게 오래 기다리면서 내가 어디 있는지도 모르고, 기분 안 좋았겠다."

2. 책임을 진다. "제시간에 데리러 올 수 있도록 시간 계획을 넉넉하게 하지 못했어. 5시 15분까지 오기로 했는데, 시간 맞춰서 못 왔네."

3. 앞으로 달라질 점을 말한다. "앞으로는 데리러 가기 한 시간 전에 교통 상황을 확인해서 얼마나 일찍 출발해야 하는지 알아볼게. 만약 늦게 되면 전화해서 너한테 알려주도록 할게. 무슨 일인지 알 수 있게."

베키 박사가 제안한 관계 회복의 세 단계를 실천한 사람이 있다. 코미디언 보 버넘이다. 그는 10대 때부터 온라인에 동영상을 올리기 시작했고, 유튜브 초창기에 등장한 대형 스타들 가운데 하나였다. 초기에 올린 동영상과 노래들 가운데 상당수는 저급한 동성애 비하 농담과 인종적으로 민감한 펀치라인을 담고 있었다. 그는 지금 그 영상들에 대해 질문을 받으면 방어적으로 굴거나 변명하지 않는다. 그가 베키 박사를 만난 적 있는지, 들어본 적이나 있는지는 모르겠다. 하지만 그는 벌어진 일을 인정하고 책임지는 좋은 사례를 보여준다.

버넘은 이렇게 말한다. "제가 잘못을 했어요. 옛날 작품들을 돌아보면 정말 부끄러워요. 지금 보더라도 괜찮다고는 할 수 없습니다. 그저 사람들의 용서를 구할 뿐이예요."[17] 버넘은 여러 인터뷰에서 같은 이야기를 해왔다. 로런 두카라는 기자에게는 자신의 커리어가 "재밌고 도발적인" 영상이라고 생각한 것들을 인터넷에 올리면서 시작됐다고 밝혔다.

16살짜리가 2006년 당시에 만든 '도발적인' 코미디는 솔직히 지금 시대 분위기와는 안 맞아요. 지금의 저 자신과도 잘 안 맞고요. 그래서 그 부분에 대해 최대한 솔직하려고 노력했어요. (…) 16살 때 제가 멍청이였던 것에 대해 사과드립니다. 진심으로요. 그 영상들을 삭제하지는 않을 거예요. 삭제한다면 제가 그때 그런 사람이 아니었던 척하는 것만 같거든요. 저는 사람들에게 본보기가 되고 싶어요. 그렇게 시작했더라도 이렇게 될 수 있다는 걸 보여주고 싶어요. 물론 그 영상들은 좀 아니다 싶어요. (…) 제가 옛날에 올린 것들, 저라도 공개적으로 디스할 겁니다.[18]

바로 이것이 유머가 지닌 힘과 아름다움이다. 버넘은 책임지고, 실수를 인정하고, 앞으로 선보일 작품에서 더 잘해낼 수 있다. 동시에 그 경험을 활용해서 관객에게 큰 웃음을 선사하고, 책임을 물으면서도 용서하고 너그러이 성장할 기회를 주는 것이 어떤 모습인지 생각하게 만들 수도 있다. "저도 스스로를 용서하려고 노력해요." 그는 이렇게 말한다. "언젠가 모든 대선 후보가 14살, 15살 때 저지른 쪽팔리는 짓들이 인터넷에 쫙 깔리는 날이 올 거예요. 그렇게 된다면 일종의 사면제도를 만들어야 할 겁니다."[19]

그래서 어떻게 하면 될까? 이 정도면 거의 최선에 가깝다고 생각한다. 개념 없는 멍청이가 되지 않으려 최선을 다하라. 어쨌든 실수는 저지르게 된다. 그러면 인정하고, 책임지고, 앞으로 더 잘하면 된다. 그리고 대통령 선거에 나갈 때쯤엔 사면제도가 마련돼 있기를 바라자.

내 평생 두 번째로 큰 웃음을 준 사람

이 책을 시작하면서 내 평생 가장 큰 웃음을 준 사람에 대해 잠깐 이야기했다. 초등학교에서 가르쳤던 5학년 학생 게리다. 이제 책을 마무리하며, 내 평생 두 번째로 큰 웃음을 준 사람을 이야기해보려 한다. 103세 세계 수영 챔피언으로, 별명은 '마이티 모'다.

모를 처음 만난 건 2019년, 아내와 함께 로스앤젤레스LA로 이사한 직후였다. 부모님으로부터, 어릴 때부터 함께한 친구들로부터 수천 마일이나 떨어진 곳. 우리는 끝없이 펼쳐진 새 도시에 적응하려 애쓰고 있었다. 나중에는 진심으로 사랑하게 되지만, 처음에는 적응하기 어렵기로 유명한 도시. 더 간단히 말하면 이랬다. 외로웠고, 힘들었다. 하지만 나는 내가 어떤 사람인지 잘 알고 있었다. 집에 틀어박혀 '동부에서 서부로 건너

온 게 실수였나?' 고민만 한다면 LA를 좋아하게 될 가능성을 나 스스로 없애버릴 거라는걸.

나는 캘리포니아 남부식 라이프스타일에 올인하기로 했다. 이런 생각이었다. 결국 이곳이 싫어져서 떠나게 된다 한들, 여기에 사는 동안에만 할 수 있는 건 전부 다 해보는 게 낫지 않을까. 새로운 활동과 새로운 일상을 시도하면 더 적극적으로 즐기게 될 확률이 높아질 거라고도 생각했다. LA가 내가 나고 자란 미국 동부로 변할 리는 없다. 하지만 뜻밖에 'LA 버전의 나'를 발견할 수 있을지도 몰랐다.

먼저 패션을 조금 바꿨다. 선글라스를 더 자주 쓰고, 검은색 옷은 줄였다. 스웨터는 치워두고 대신 얇은 겉옷을 샀다. 캘리포니아 남부는 계절이 아니라 시간 단위로 기온이 바뀌기 때문이다. 아침에 일어나면 집 안이 냉동실처럼 춥고, 네 시간 뒤에는 태양에 굽히다가, 다시 극지방의 평원처럼 추워진다.

라이프스타일도 바꿨다. 피자 대신 타코를 먹었다. 친구들과 야외에서 저녁을 먹고, 야외 콘서트와 영화에 갔다. 사람들에게 "〈뉴욕타임스〉에 실린 그 기사 읽었어요?"라고 묻는 대신 "요즘 새로운 프로젝트 하세요?"라고 물었다. 하이킹 코스에서 모르는 사람과 마주치면 미소 지으며 인사했다.

하지만 모든 새로운 활동 가운데 가장 중요한 건 '물에서 놀기'였다. 코스트코에서 특가로 판매하는 스펀지 서프보드를 사서 해변에 다니기 시작했다. 서핑을 배웠다고 말하고 싶지만, 더 정확히 말하자면 하드코어 바닷물 코 세척을 하러 간 셈이었다. 이 무렵엔 LA에 야외 공공 수영장이 곳곳에 있다는 걸 알게 됐다. 바로 거기서 마법이 일어났다.

어느 날, 수영장에서 열심히 수영하는 척하고 있는데 옆 레인에서 수영하던 노년의 여성분이 손짓으로 나를 불렀다. 그러고는 수영 자세에 대해 몇 가지 조언을 해주었다. 우리는 다음주에 다시 마주쳤는데, 그녀는 다시 나를 도와줬다. 내가 수영장에 근무 중인 10대 안전요원이 구해줘야 할 것 같은 사람이 아니라, 제대로 헤엄치는 사람처럼 보이도록.

우리는 차츰 대화를 나누기 시작했다. 그녀의 이름이 모린이라는 걸 알게 됐는데, 모두들 '마이티 모'라고 불렀다. 모는 자기 업적을 자랑하는 법이 없었지만, 수영장 단골 한 명이 귀띔해줬다. 그녀가 수많은 세계 기록을 보유하고 있으며 국제 수영 명예의 전당에 이름이 올랐다는 사실을. 처음 만났을 때 모는 거의 100살이었고, 여전히 정기적으로 수영 대회에 나가 우승을 거두었다. 선수가 한 명뿐인 연령대라, 완주만 해도 신

기록을 세우곤 했다. 하지만 오해는 금물이다. 그녀는 만만한 선수가 아니었다. 나의 전성기 시절보다 더 빠르고 실력이 좋았다.

나는 모와 수영장에서 잠깐씩 대화를 나누던 사이에서 서로의 집을 방문하는 사이가 되었는데, 그녀에게서 가장 인상 깊었던 건 뉴스에 나올 법한 업적이나 운동 능력이 아니었다. 그녀는 정말 재미있는 사람이었다. 모의 입담은 속사포 같았다. 장난기 넘치고 날카로운 재치가 있었다. 말을 표현하는 방식만으로도 나를 웃게 만들었는데, 보드빌(미국 1920~1930년대 버라이어티 쇼 – 옮긴이) 코미디언이나 1950년대 영화에 나오는 카리스마 넘치는 갱스터 같은 어휘를 썼다. 어느 날은 "소 뱃속보다 어두운" 밤이라는 말을 했고, 날씨가 맑은 아침은 "사냥개 이빨처럼 투명하다"고 했다.

가끔 집에 놀러 가면 모가 현관에서 이렇게 맞이했다. "뭐 별일 있어? 난 아는 게 별로 없는데, 앞으로도 계속 그러려고!"

한번은 친구 결혼식에 잠깐 다녀온다고 했더니 이렇게 말했다. "결혼식이 너무 많네. 요즘은 결혼 안 하고 그냥 같이 사는 사람이 없나? 축의금 내다 파산하겠구먼!"

함께 수영하자거나 아침을 먹자는 초대를 받고 나서 일work

때문에 못 간다고 하면 바로 이렇게 대답했다. "말조심해. '일' 이라는 건 나쁜 네 글자 단어라고."(영어에서 'four-letter word'는 욕설을 뜻하는 관용구다. 'work'가 네 글자(w-o-r-k)라는 점을 이용한 말장난.—옮긴이)

내게 가장 큰 웃음을 주는 모의 어록은 전혀 예상하지 못한 것들이다. 그녀는 나에게 헤엄쳐와서 한 방 먹이는 말을 던지고는 배영으로 유유히 자리를 벗어나곤 했다. 한번은 유난히 수염이 두꺼운 대머리 남자가 수영장에 들어왔다. 모는 곧장 나와 눈을 마주치며 말했다. "머리털이 턱에 땅 사서 이사 갔나 봐." 또 한번은 내게 팟캐스트가 뭔지 설명해달라고 했다. 5초쯤 듣더니 이렇게 말했다. "됐어, 알아보고 싶지 않구먼."

처음으로 모를 차에 태워 수영장에 데려다주었을 때, 모는 수영을 하고 나서 온탕에 들어가자고 고집했다. "랍스터처럼 푹 삶아져보자." 온탕에서 이야기를 나누며 몸을 담그고 있는데, 모가 자기 수영복 윗도리에 손을 넣더니 고무 오리 인형을 꺼냈다. 이 순간을 위해 미리 숨겨둔 것이었다. 모는 소용돌이치는 물속에 태연하게 오리를 떨어뜨렸다. 놀랍고, 기쁘고, 정말 즐거웠다. 완벽한 몸 개그였다.

모같이 살아보기

어떻게 하면 우리도 모처럼 살 수 있을까? 모처럼 103세까지 살 수 있다고 장담할 수는 없지만, 그녀를 롤모델로 삼으면 분명 우리에게 주어진 시간을 더 즐길 수 있으리라고 본다.

흥미롭게도 내가 가까이 지낸 노인들 대부분은 나이가 들수록 유머의 세 가지 기둥을 더 잘 활용하게 되었다. 나이가 들고 언젠가 죽는다는 것을 받아들이면서, 지금이라는 순간을 더 충실히 살게 된 것이다. 나의 대고모 수치 여사는 자기가 너무 늙어서 이제 제대로 안 익은 바나나는 사지 않는다는 농담을 했다. 바나나가 익을 때까지 살아 있을지 모른다고 말이다.

노인들은 대개 자기 자신을 웃어넘기는 데 능수능란하다. 자신의 한계를 잘 알고, 자기가 예전만큼 강하거나 민첩하지 않다는 것도 안다. 그걸 알기에 웃어넘길 수 있는 것이다. 몸 상태가 젊었을 때와 같은 척하면서 누구에게 잘 보이려고 하겠는가? 그래봤자 아무도 안 믿을 텐데, 차라리 변해버린 몸을 보고 웃는 게 낫다. 한번은 70~80대 어르신들과 맨몸 운동을 한 적이 있는데, 모두가 신호에 맞춰 발끝을 만지려 하면서 동시에 "으으으으으" 하고 신음소리를 낸 순간이 가장 좋았다. 그 신음소리는 운동 동작만큼이나 루틴의 일부였고, 모두 함게 웃었다. 덕분에 발끝에 손을 뻗는 데 드는 노력이 한결 가벼워졌다. 나도 마찬가지였다.

사회적 위험 감수는 어떨까. 노인들은 주변에서 뭐라고 생각하든 눈 하나 깜짝 안 하고 할말 다 하기로 유명하다.

나는 이 책을 어린아이가 건네는 조언으로 시작했고, 103세 노인의 조언으로 마무리하려 한다. 이유는 간단하다. 우리는 인생의 시작과 끝에서 에고ego를 조금 내려놓는다. 자신을 그렇게 심각하게 여기지 않고, 완벽하고 흠 없는 사람처럼 보이려 애쓰지도 않는다. 대신 더 많이 웃는다. 자신의 약점과 실패를 유머로 받아들인다. '어른답게 행동해야 한다'고 느끼는 건 인생의 중간쯤에 놓인 사람들뿐이다.

내가 볼 땐 어른답게 행동하는 건 그저 그렇다. 가장 재미있게 사는 건 어른들이 아니니까. 나도 내게 책임과 집안일과 해야 할 일이 있다는 걸 안다. 의무를 저버리라는 말이 아니다. 하지만 누가 'duty'라는 말을 할 때 웃어도 좋다는 말은 하고 싶다(영어에서 'duty, duties'는 '의무'를 뜻하지만, 유아어로는 '똥'을 뜻하는 'doody'와 발음이 비슷해 웃음을 자아낸다—옮긴이). 혹시 유머 감각이 나보다 고급스럽다면, 당신만의 웃음 포인트를 찾아서 마음껏 웃으면 된다.

그래요 전문가 양반, 그럼 어떻게 하면 되죠?

이 책을 쓰기 시작한 뒤로 인터뷰와 연구에서 배운 교훈을 일상에 반영하려고 작은 변화들을 시도해왔다. 대단한 변화는 아니다. 대부분은 해야겠다고 생각하면서도 몇 년째 미뤄온 당연한 것들이다. 어떤 경우엔 그냥 마음가짐의 변화다. 하지만 이것들을 합쳐보니 내가 훨씬 더 많이 웃고, 좋은 추억을 더 자주 만들고, 주변 사람들과 더 깊이 연결되고 있다는 사실을 알게 됐다.

첫 번째 변화이자 가장 효과가 컸던 건 스마트폰 사용 시간을 줄인 일이다. 스마트폰 좀 줄이라고 조언하는 사람은 정말 싫다. 너무 흔하고 진부한 조언이니까. 게다가 실천하기도 정말 어렵다. 내 스마트폰을 본 적 있는가? 내 스마트폰은 정말 재밌고 유용하며, 내가 아는 모든 사람이 들어 있으며, 인류가 축적한 모든 지식이 들어 있고, 막힌 하수구 뚫는 영상과 무성하게 자란 잔디를 깎는 영상도 있다. 스마트폰이 그런 영상을 보여주기 전까지는 내가 그런 걸 좋아하는지도 몰랐는데, 이제는 어떤 남자가 잔디깎이 차를 운전하며 버려진 공터에서 잡초와 풀을 치우는 영상을 두 시간 내내 볼 수 있다는 사실을 알게 됐다. 내게 스마트폰이 없었다면 최고의 산업용 잔디깎이에 대해 나만의 의견이 있기나 했을까? 아마 아무런 생각이 없었을 거다!

스마트폰은 좋다. 유용하다. 중독성이 있다. 최근에는 스크린 타임 제한을 지키려고 노력 중이다. SNS 앱을 하루에 한 시간 이상 쓰면 다시 로그인하지 못하게 막아두었다. 부끄럽지만 나에겐 정말 어려운 일이다. 하지만 폰에서 떨어져 있는 시간이 늘수록 주변 세상의 디테일이 더 많이 눈에 들어온다. 유머란 결국 '지금 이 순간'에 머무르는 것이다. 친구나 가족이 재미있는 말을 했을 때 웃으려면 일단 그 말에 귀를 기울여야 하고, 그 순간에 함께 있어야 한다. 사람들을 웃기는 가장 뿌듯한 방법은 우리가 함께 보고 겪는 것을 짚어주거나 거기에 대해 농담을 던지는 것이다. 나만의 자그마한 스마트폰 세계에 갇혀 있으면 그러기 어렵다. 이렇게 알려드리자니 유감이지만, 나 역시 "스마트폰을 좀 줄여보시는 게 어떨까요"라고 말하는 또 다른 사람이다. 위안이 될지 모르겠지만, 나조차 그게 쉽지 않다는 건 알아줬으면 한다.

효과를 크게 거둔 또 다른 작은 변화는 나를 웃게 만드는 것들을 기록하는 일이다. 미미 체 박사가 홍콩 요양원에서 연구 대상으로 삼은 환자들처럼, 나도 폰에 메모를 남긴다. 나를 웃게 하는 이야기, 순간, 이미지, 영상들에 관한 메모다. 내 유머 파일에는 최근에 이런 것들이 추가되었다. 아기가 난생처음 아이스크림을 먹는 영상, 팀 로빈슨의 넷플릭스 코미디쇼 〈나 가주시죠 I Think You Should Leave〉에서 나온 밈 몇 가지, 엄마가 가족 단톡방에 보낸 알쏭달쏭한 메시지 스크린샷, 우체국에서 줄 서서 기다리다가 우연히 들은 말들. 밤에는 아내와 함께 그날 웃었던 것들을 공유한다. 어떤 날엔 정말 웃기고 대단한 것들을 나누고, 건질 게 별로 없는 날도 있다. 어느 쪽이든, 하루의 막바지에 아내에게 경쾌한 순간을 가져다주리라는 걸 알기에 더 각별한 주의를 기울이게 된다. 평소라면 하지 않았을 방식을 통해 웃음을 찾아나서게 된다는 이야기다.

이 책에서 배운 교훈 중 내 삶에 적용한 것들은 대부분 일상의 변화라기보다 주변 상황을 대하는 방식의 전환에 가깝다. 사회적 위험을 더 감수한다는 게 어떤 의미인지에 대해 많이 생각해봤는데, 내가 시도하는 가장 과감한 방법은 "좋아요"라는 말을 더 자주 하는 것이다. 낯설고 특이하게 들리는 행사에 초대받으면 "좋아요"라고 할 거다. 누구네 집의 뒤뜰에서 남미 출신의 실험적인 하프 밴드가 출연하는 음악 축제가 열린다고? 그럼 거기 갈게. 어린 시절 촬영한 민망한 홈비디오를 상영하는 DIY 영화제를 연다고? 그럼 지금 당장 영상 올릴게. 어떤 종류의 축제를 기획하든 나도 낄게. 이런 식으로 말이다. 보통의 일상에서 벗어나면 세상은 훨씬 더 마법같이 변하고, 더 많은 웃음이 넘친다.

우리만 공유하는 농담을 더 소중히 여기고, 더 잘 기억하려고도 노력하고 있다. 이 책을 위해 우리만의 농담에 대해 생각하기 시작하자, 수년간 기억하지 못했던 두서없는 말과 구체적인 문구들이 머릿속에 떠올랐다. 나와 친구만 알아들을 수 있는 문장을 느닷없이 문자로 보내는 건 정말 즐거운 일이다. "아무것도 변하지 않았어, 에릭.", "부냐카 인트, 토미.", "안녕, 릴리. 거북이 연못." 당신에겐 이 문장들이 아무 의미가 없겠지만, 정확히 한 명의 독자에게는 아주 웃긴 말이다.*

좋은 아이디어를 떠올려야 할 때, 이젠 나쁜 아이디어를 최대한 많이 떠올리는 전략을 쓰게 됐다. 그러면 웃음이 나오고, 때로는 도움이 되는 방향으로 가기도 한다. 나는 항상 제목을 짓느라 가장 애를 먹곤 하는데, 그래서 이 책의 제목을 정하는 게 신경치료를 받는 것만큼이나 괴로웠다. 그런데 방향을 바꿔서 최악의 제목을 떠올려보려고 하니 훨씬 재미있었다. 당신이 손에

* 에릭, 토미, 릴리, 혹시 이 책을 읽고 있다면 알아줘. 내 책을 사줘서 고맙고, 이 문단은 너희를 위한 서비스야.

들고 있는 책이 《나 좀 봐, 나는 꼬마 광대야》나 《하하하하하

하하하하하: 더 북》*이 아니라 《삶에게 웃으

며 말 거는 법 Humor Me》이라서 다행이라는 걸

알아주시길.

마지막으로 이건 정말 중요한 건데, 진지한 장소와 진지한 문제에 더 많은 유머와 웃음을 넣으려고 의식적으로 노력 중이다. 예전에는 코미디언으로서의 일과 코미디 밖의 삶 사이에 뚜렷한 선을 그어야 한다고 느꼈다. 먹거리 나눔터에서 자원봉사를 시작했을 때는 음식을 분류하고 봉투에 담는 일에만 집중했다. 장난은 일절 금지! 먹거리 문제나 빈곤처럼 심각한 문제를 다루는 중에 웃음거리를 찾으려는 건 배려 없거나 무례한 일이라고 생각했다. 이제는 유머와 웃음이야말로 자원봉사자들이 매주 돌아오게 만들고, 자원봉사를 지속하게 만드는 거의 유일한 방법이라고 확신한다.

요즘은 먹거리 나눔터에서 쉴 새 없이 깔깔거린다. 농산물을 분류하다가 냄새가 특히 지독한, 썩은 과일을 발견했을 때 각자가 내지르는 독특한 비명소리에 웃는다. 점심식사로 매운 음식을 먹는 사람과 못 먹는 사람을 두고 웃는다. 내가 자전거를 타고 봉사활동을 올 때 커다란 헬멧과 형광 노란색 반사 조

끼를 입고 온다는 사실에 웃는다(내 모습이 우스꽝스러워 보인다는 데 동의한다는 말은 아니다). 한번은 자원봉사자 한 명이 모두에게 "포커스, 포커스(집중, 집중해)"라고 말하려 했는데 모두들 "호커스 포커스"로 들어서 무슨 주문을 외우는 줄 알았던 적도 있었다(영어에서 'focus'와 마법 주문 'hocus pocus'의 발음이 비슷한 데서 온 말장난─옮긴이). 그러니까, 우리는 정말 많이 웃는다.

그런데, 이렇게 하니까 훨씬 더 재미있다. 머리로는 내가 먹거리 나눔터에 자원봉사자로 보수 없이 일하러 간다는 걸 안다. 하지만 친구들을 만나러 가서 즐거운 시간을 보내는 기분이 든다. 거기서 일하는 시간은 정말이지 한 주의 하이라이트나 다름없다. 이렇게 느끼는 사람이 나만은 아닐 거다. 바로 이것이 유머의 힘이다. 그리고 이것이 《하하하하하하하하하하: 더 북》의 요점이다.

마지막 한마디

이제 내 이야기는 충분히 들었을 것이다. 책을 마무리하기 위해, 모린 '마이티 모' 콘펠드 여사의 말을 전한다.[1]

"잘 안 풀리는 일에만 집중하는 건 아주 쉽지. 자기 연민에 빠지는 것도 그래. 다들 그렇고, 나도 그래. 너무 자주 그렇지. 유머는 그런 자기 자신에게서 벗어나게 해주고 더 나은 관점, 다른 관점을 갖게 해준단 말이야.”

모는 삶을 더 나아지게 하는 방법이 뭐라고 이야기할까? “웃어봐…. 웃어서 큰일이 나는 경우는 거의 없잖아. 잘못된 타이밍에, 잘못된 사람을 향해 웃으면 문제가 되겠지. 그 사람이 널 도랑에 내던질 수도 있고.”

자, 여기까지다. 유머감각을 잃지 말고, 웃는 걸 깜빡하지 말자. 혹시나 도랑에 내던져진다고 하더라도, 적어도 어쩌다가 거기까지 왔는지는 알게 될 테니까.

나는 책을 다 읽고 나서 펼쳐보게 되는 감사의 말을 특히 좋아한다. 본문 뒤에 따라오는 소소한 뒷이야기 한 조각 같은 맛이 있어서다. 저자가 어떤 유명 작가들과 아는 사이인지, 가족과 친구들을 어떤 식으로 언급하는지, 에이전트에게 "모든 단계에서 저를 위해 싸워주셨습니다"라고 쓰는지, 아니면 "저보다 먼저 이 책의 비전을 보셨습니다"라고 적는지 엿볼 수 있으니까. 그런데 이제 내 차례가 왔다! 내가 직접 감사의 말을 쓰고 있다. 세상에, 이런 호사를 누리다니!

먼저, 이 책을 가장 처음으로 읽어준 이들에게 감사를 전하고 싶다. 모든 초고를 읽고, 뒤죽박죽인 글 더미를 책 비슷한 무언가로 만들어준 분들. 버락과 미셸 오바마, 리즈 위더스푼, 두아 리파, 에이브러햄과 메리 토드 링컨 부부, 그리고 물론 오프라 윈프리까지. 늦은 밤까지 테이블에 둘러앉아 아이디어를 나누던 시간 덕분에 이 책을 낼 수 있었고, 재미있게 만들 수도 있었다. 우리의 상상 속 북클럽을 사랑한다. 돌려돌려 와인잔!

뉴욕의 레녹스 힐 병원에도 감사를 표한다. 내가 태어나지 않았다면 이 책을 쓸 수 없었을 것이다. 태어나게 해줬으니 감사 정도는 해야 할 거 같다. 비슷한 이유로, 부모님에게도 감사드린다. 두 분이 아니었으면 레녹스 힐 병원에 갈 일도 없었을 테니.

유럽 남동부의 초원을 떠돌며 영어라는 언어가 탄생할 수 있게 해준 원시 인도유럽어를 쓰던 유목민에게도 고마움을 느낀다. 이 책이 세상에 나올 수 있게 해준 구텐베르크(사랑스런 우리 "구티!")에게도 고마워해야겠다.

방금 내가 혼자 방에 앉아 "구티!"라고 소리치는 걸 들었을 몰리에게도 고맙다. 이 책을 쓰는 것뿐만 아니라 내가 하는 일 가운데 그나마 쓸모 있는 것들, 당신 없이는 하나도 못 했을 거야. 당신은 아마 이 문장을 읽고서 그건 정말로 과장이라고 할 텐데, 나는 여전히 과장이 아니라고 믿어. 고맙고, 사랑하고, 함께 웃는 게 좋고, 의외로 삐뚤어진 당신의 유머 감각이 참 좋아. 아장대며 걷는 우리 집 꼬맹이는, 그렇게 있어 줘서 고맙다. 이 글을 쓰는 시점에 아직 엄마의 뱃속에 있는 또 다른 아기에게도 고맙다. 잭과 앤, 주디, 조앤과 프랭크, 로라와 에릭, 케이트, 데이비드, 재키, 스티브, 린, 그리고 미시간의 더피 가족에겐 내 가족이 되어주어 고맙다고 말하고 싶다. 가계도에서 더 먼 친척분들까지 일일이 적지는 않겠지만, 안심하시라. 여러분에게도 감사하고 있으니.

내가 속한 모든 모임에도 감사드린다. 라이터스 클럼프, 키스톤 소사이어티(작가 모임이다, 기업가 협회가 아니라), 미국자동차협회, 로스앤젤레스 조식클럽, 남자들의 아침식사 모임, 란초 볼, 홀리 메톨리우스 얼음물 입수회, Fam D, 키즈 북클럽, 성인 북클럽, 팝업매거진, 제트블루 트루블루 회원, 네페쉬 LA, SELAH 노숙인 지원 연합, 실버레이크 푸드팬트리, 그리고 엔터프라이즈 렌터카 플러스까지.

내 출판 에이전트인 앨버트 리와 필라 퀸에게 고맙다. 그들은 모든 단계에서 나를 위해 싸워주었고, 나보다 먼저 이 책의 비전을 알아봐주었다. 앨버트와 필라를 만나게 해준 애덤 그랜트에게도 고마움을 전한다. 자신의 시간과 인맥을 그토록 믿을 수 없을 만큼 아낌없이 나눠주다니, '베풂의 힘'에 관한 책을 써보라고 권하고 싶지만… 그는 이미 그 주제의 책을 집필

했다! 그레천 루빈에게도 똑같이 큰 고마움을 느낀다. 사실상 전혀 모르는 낯선 이가 느닷없이 이메일로 출판 조언을 구했는데, 너무나 친절하고 다정하게 대해주었다. 그레천 그리고 애덤, 감사의 말에 두 분을 넣은 탓에 모르는 사람들이 무턱대고 당신들에게 이메일을 보내는 일이 생기진 않았으면 해요.

매니저 애나 와인스타인에게도 감사한다. 할리우드의 그 누구에게서도 그녀에 관한 나쁜 말을 듣지 못했다. 거의 유일한 사람일 것이다. 애나는 그만큼 정말로 대단한 사람이거나 남들의 약점을 어마어마하게 쥐고 있거나 둘 중 하나일 것이다.

내가 여러분의 상사에게 연락하려 할 때 내 전화를 받아주고, 이메일에 답해주고, 미팅을 잡아준 모든 어시스턴트에게 감사한다. 특히 아나, 헤리차, 해리, 레이철, 그레이스에게. 여러분 모두 엄청나게 성공한 거물이 되어서 내가 일 좀 달라고 빌게 되는 날이 오기를 기원한다.

감사의 말 할리우드 섹션을 마무리하자면, 최고의 엔터테인먼트 변호사 마시 클리어리, 현명한 데이비드 마틴, 그리고 텔런트 매니지먼트 회사 아발론의 유쾌한 니키 하리리안에게 감사한다. 그리고 함께 일하면 더없이 즐거운 사람이라고 들은 톰 행크스에게도.

누군가 나한테 책을 쓰자고 관심을 보인 건 팟캐스트 〈더 나은 사람이 되는 법How to Be a Better Human〉의 성공 덕분이었으니, 이 프로그램을 한 번이라도 들어준 모든 분들께 큰 감사를 드린다. 나를 TED 세계로 끌어들여 내 커리어의 방향을 바꿔준 클로에게도 고맙다. 아주 특별한 무언가를 함께 만들어준 프레디, 다니엘라, 아비, 조슬린, 산드라에게 고맙고 그것을 계속 이어가고 있는 TED와 PRX의 모든 분들께도 고맙다. 특히 록산, 미셸, 반, 모건, 누르, 마테우스, 발렌티나, 재닛, 아리사, 페드로, 패트릭. 조슬린, 당신은 따로 한 번 감사 인사를 드리겠다. 그럴 자격이 있으니까.

이쯤 되니 그냥 내 커리어의 이런저런 영역에서 만난 사람들에게 줄줄이 감사를 전하게 되었는데, 지난 10년간 과학 코미디 쇼 〈전문가는 당신You're the Expert〉과 〈틀린 답만 말하기Wrong Answers Only〉 덕분에 수백 명의 과학자들과 각자의 연구에 대해 이야기할 수 있어서 참 좋았다. 줄리 스미스 클렘, 리사 토빈, 그리고 LabX의 동료들(특히 케리, 앤, 케이트, 나와르, 제프)에게 정말 감사한다. 영문학 전공에서 코미디언으로 전향한 사람에게는 예상 밖의 전개인데, 그들 덕분에 이 책에 얼마나 많은 과학이 스며들었는지 보라! 그리고 대부분 정확하다!

정확성 얘기가 나왔으니, 이 책의 팩트체크를 세심하고 사려 깊게 맡아준 리사 두젠베리에게 감사드린다. 이 감사의 말까지 꼼꼼히 확인해준 덕분에, 내가 성공학에 심취한 기업가들의 온라인 모임을 지지하는 것처럼 보이는 꼴을 면하게 해주었다. 그럼에도 출간본에 살아남은 사실 오류가 있다면 그건 분명히 내 잘못이고, 검증에서 살아남은 문장이 있다면 모두 리사 덕분이다.

이 책을 함께 만들어준 더블데이의 모든 분들께 감사한다. 여러분은 이 책을 세상에 나오게 해주었을 뿐 아니라, 내가 '크리스 더피 북스'(현재 발간 예정 서적 없음)에서 혼자 책을 펴냈을 때보다 훨씬 더 훌륭하고, 읽기 쉽고, 오타가 적은 책으로 만들어주었다. 지금 내가 입력 중인 글자들 가운데 무엇이 책에 실릴지는 전적으로 더블데이 편집팀 손에 달려 있으니, 어서 내 목소리를 빌려 자기 칭찬을 좀 써넣으시라. 권한을 드리겠다. 크리스 푸오폴로는 뛰어나며 연봉 인상을 받을 자격이 있다. 페이스 그리피스 역시 천재이며 연봉 인상이 필요하다. 교정 교열을 담당한 에디터 로라 처카스도 대단하다. 마케팅팀 역시 최고다. 모두 인용을 허락한다! 프로덕션팀은 [여기에 뭔가 대단한 것의 이미지를 삽입해주면 좋겠다].

이 책의 초고를 읽고 솔직한 피드백을 주되, 나에게 다른 일자리를 알아보라고 말하지 않은 맷, 딜런, 그레타에게 고맙다. 아이디어를 함께 고민해준 그레그 도리스와 더그 맥그레이에게도 감사한다(그리고 더그, 내 인생 최고의 창작 경험 중 하나였던 팝업매거진에 초대해줘서 고마웠어요).

나의 첫 번째 방송 일자리를 추천해준 조시 곤델먼에게도 감사한다. 조시, 이 글을 읽고 있다면, 앞으로 몇 달 안에 방송 일자리를 하나 더 구해주면 정말 멋질 것 같아요. 건강보험이 정말로 간절하거든요.

나를 무대에 서게 해준 분들, 뉴스레터를 구독해준 분들, 마이크 앞에서 떠들게 해준 분들, 만원 전철에서 옆에 앉게 해준 분들 모두에게 감사한다.

이 책을 위해 인터뷰에 응해주고, 인용을 허락해주고, 이야기를 나눠주고, 아이디어를 주고받게 해준 모든 분에게도 감사함을 전한다. 지금 여러분이 읽고 있는 이것… 이게 바로 그 결과물이다! 우리가 해냈다! 아, 그리고 이 책과 관계없이 지금까지 인터뷰에 응해주거나 나와 어떤 주제로든 이야기를 나눠준 모든 분에게도 감사한다. 여러분이야말로 진짜 영웅이다.

분명 이 자리에 꼭 이름을 올려야 했는데 빠뜨리고 만 감사한 분들이 더 있을 것이다. 당신이 그중 한 분이라면, 웬걸? 난 당신을 잊은 게 아니다. 사실 우리끼리만 아는 새로운 농담을 시도해본 거다. '감사한 분들'의 '분들'이 바로 당신을 가리키는 말이었다! 감사한 분들께, 정말 감사합니다!

마지막으로, 이 책의 독자인 당신*에게 감사하고 싶다. 시간을 쓸 수 있는 일이 세상에 얼마나 다양한데, 당신은 하필 이 책을 읽기로 했다. 위험할 정도로 작은 비행기를 조종하는 법을 배울 수도 있었고, 낙하산 점프를 할 수도 있었고, 아무런 훈련을 받지 않은 채 아마존강을 수영으로 건널 수도 있었을 텐데 말이다. 그렇게 생각해보면 사실상 이 책이 당신의 목숨을 구한 셈이다. 오히려 당신이 나에게 감사해야 하는 거 아닌가!

감사는 접어두셔도 좋다.

* 앞에서 말한 '감사한 분들'의 '분들'과 혼동하지 마시길. 이번에 말하는 '당신'은 진짜 당신, 지금 이 각주를 읽고 있는 바로 당신이다. 안녕하신가!

들어가며

1 Jennifer Aaker and Naomi Bagdonas, *Humor, Seriously: Why Humor Is a Secret Weapon in Business and Life* (New York: Currency, 2021).

2 Christie Nicholson, "The Humor Gap," *Scientific American* Special Editions 21, no. 2s (May 2012): 66.

3 Ram Dass, "How Can We Find Humor Through Meditation?," Be Here Now Network, https://www.ramdass.org/finding-humor-through-meditation/.

4 Si Chen et al., "Dynamic Changes and Future Trend Predictions of the Global Burden of Anxiety Disorders: Analysis of 204 Countries and Regions from 1990 to 2021 and the Impact of the COVID-19 Pandemic," *Lancet* 79 (2021); "American Adults Express Increasing Anxiousness in Annual Poll; Stress and Sleep Are Key Factors Impacting Mental Health," American Psychiatric Association, May 1, 2024, https://www.psychiatry.org.

1장 첫 번째 핵심 원리: 지금에 깨어 있기

1 Gregory Bryant, interview by the author, July 7, 2023.

2 Gregory A. Bryant et al., "The Perception of Spontaneous and Volitional Laughter Across 21 Societies," *Psychological Science* 29, no. 9 (2019): 1515–25.

3 Alexandra Horowitz, *On Looking: Eleven Walks with Expert Eyes* (New York: Scribner, 2013).

4 Annie Rauwerda, interview by the author, October 18, 2023.

5 Virginia Fallon, "'Dullsters': The Anti-Influencers Celebrating the Ordinary," *Sunday Star Times*, October 5, 2024. https://www.thepost.co.nz.

6 Dull Men's Club, https://www.dullmensclub.com.

7 Dull Men's Club, "FAQs," https://dullmensclub.com/faqs-2/.

8   Dull Men's Club, public group, created May 12, 2019, Facebook, https://www.facebook.com/groups/347573962565818/.

9   Dull Men's Club, "FAQs."

10   Fallon, "'Dullsters.'"

11   Chris Tanaka, "Museum of Bad Art in Boston Says Their Exhibits Are 'Too Bad to Be Ignored,'" WBZ News, June 13, 2024, https://www.cbsnews.com/boston/news/museum-of-bad-art-dorchester-boston-massachusetts/.

12   Museum Of Bad Art, "Collections," https://museumofbadart.org/collections/.

13   Museum Of Bad Art, "History," https://museumofbadart.org/history/.

14   Louise Reilly Sacco and Michael Frank, correspondence with Chris Duffy, April 21, 2025.

15   위와 동일.

16   Louise Reilly Sacco, interview by the author, October 10, 2024.

17   Liana Finck, interview by Chris Duffy, "How to Solve Your Problems Through Drawing," *How to Be a Better Human* (podcast), TED, October 9, 2023, https://www.ted.com.

18   Wendy MacNaughton, "About," https://www.wendymacnaughton.com/about.

19   Wendy MacNaughton, "The Art of Paying Attention," DrawTogether with WendyMac, April 23, 2023, https://club.drawtogether.studio/p/the-art-of-paying-attention-or-how.

20   위와 동일.

2장 두 번째 핵심 원리: 자신을 웃음의 대상으로

1   T. Bradford Bitterly and Maurice E. Schweitzer, "The Impression Management Benefits of Humorous Self-Disclosures: How Humor Influences Perceptions of Veracity," *Organizational Behavior and Human Decision Processes* 151 (2019): 73–89.

2   Brad Bitterly and Alison Wood Brooks, "Sarcasm, Self-Deprecation, and Inside Jokes: A User's Guide to Humor at Work," *Harvard Business Review*, July–August 2020.

3   Elliot Aronson, Ben Willerman, and Joanne Floyd, "The Effect of a Pratfall on Increasing Interpersonal Attractiveness," *Psychonomic Science* 4, no. 6 (1966): 227–28.

4　Adam Galinsky and Maurice Schweitzer, "The Secret to Getting Other People to Trust You Quickly," *Fast Company*, December 8, 2015, https://www.fastcompany.com.

5　Gil Greengross and Geoffrey F. Miller, "Dissing Oneself Versus Dissing Rivals: Effects of Status, Personality, and Sex on the Short-Term and Long-Term Attractiveness of Self-Deprecating and Other-Deprecating Humor," *Evolutionary Psychology* 6, no. 3 (2008): 393–408.

6　Amelia Hill, "Laughter: The Secret of Love," *Guardian*, July 26, 2008.

7　Frank da Cruz, "UTF-8 Sampler," Kermit Project, October 26, 2024, https://www.kermitproject.org/utf8.html.

8　Ethan Mollick, "I Can Eat Glass," Immediate Gratification Players, http://www.immediategratification.org/i-can-eat-glass.

9　Peter McGraw and Caleb Warren, "Benign Violation Theory," *Encyclopedia of Humor Studies* 2 (2014): 75–77.

10　Peter McGraw, "The Benign Violation Theory," Humor Research Lab, https://humorresearchlab.com.

11　위와 동일.

12　Aparna Nancherla, *Unreliable Narrator: Me, Myself, and Impostor Syndrome* (New York: Viking, 2023), 234.

13　위와 동일.

14　Timothy Wilson, interview by the author, August 4, 2023.

15　Timothy D. Wilson et al., "Just Think: The Challenges of the Disengaged Mind," *Science* 345, no. 6192 (July 4, 2014): 75–77.

16　Nadia Whitehead, "People Would Rather Be Electrically Shocked Than Left Alone with Their Thoughts," *Science*, July 3, 2014.

17　Jesse David Fox, interview by the author, September 4, 2024.

18　"Starter Packs," Know Your Meme, last updated 2025, https://knowyourmeme.com/memes/starter-packs.

19　Joe Choi, interview by the author, August 7, 2023.

3장 세 번째 핵심 원리: 사회적 위험 감수하기

1　Jia Jiang, "100 Days of Rejection Therapy," Rejection Therapy with Jia Jiang, https://www.rejectiontherapy.com.

2 Nicholas Epley and Juliana Schroeder, "Mistakenly Seeking Solitude," *Journal of Experimental Psychology: General* 143, no. 5 (2014): 1980–99.

3 Alice G. Walton, "Talk to a Stranger: It'll Make You Happier," *Chicago Booth Review*, December 2, 2014, https://www.chicagobooth.edu.

4 Charles J. Limb and Allen R. Braun, "Neural Substrates of Spontaneous Musical Performance: An fMRI Study of Jazz Improvisation," *PLOS One* 3, no. 2 (2008): e1679.

5 Johns Hopkins Medical Institutions, "This Is Your Brain on Jazz: Researchers Use MRI to Study Spontaneity, Creativity," *ScienceDaily*, February 28, 2008, https://www.sciencedaily.com.

6 Mary DeMichele and Scott Kuenneke, "Short-Form, Comedy Improv Affects the Functional Connectivity in the Brain of Adolescents with Complex Developmental Trauma as Measured by qEEG: A Single Group Pilot Study," *NeuroRegulation* 8, no. 1 (2014): 2–13, https://doi.org/10.15540/nr.8.1.2; Ori Amir and Irving Biederman, "The Neural Correlates of Humor Creativity," *Frontiers in Human Neuroscience* 10 (November 2016): 597.

7 Nuar Alsadir, *Animal Joy: A Book of Laughter and Resuscitation* (Minneapolis: Graywolf Press, 2022), 3.

8 위와 같은 책, 2쪽.

9 위와 같은 책, 6쪽.

10 George Orwell, "Funny, but Not Vulgar," *Leader*, July 28, 1945, https://orwell.ru/library/articles/funny/english/e_funny.

4장 코미디의 공식

1 "How to Say 'Yes, And,' " Second City, https://www.secondcity.com; Kelly Leonard, correspondence with Chris Duffy, March 19, 2025.

2 위와 동일.

3 Tina Fey, *Bossypants* (New York: Little, Brown, 2013), 84.

5장 매력적으로 끌어당기기

1 Charna Halpern, Del Close, and Kim Johnson, *Truth in Comedy* (Colorado Springs: Meriwether, 1994), 22.

2 "T.J. Jagodowski and Dave Pasquesi," *Wag's Revue*, no. 4, December 29, 2009,

https://wagsrevue.com/Download/Issue_4/TJ%20&%20Dave.pdf.

3   Robin Dunbar, *Friends: Understanding the Power of Our Most Important Relationships* (Boston: Little, Brown, 2021), 4, 3.

4   Julianne Holt-Lunstad, Timothy B. Smith, and J. Bradley Layton, "Social Relationships and Mortality Risk: A Meta-Analytic Review," *PLOS Medicine* 7, no. 7 (2010): e1000316.

5   Dunbar, Friends, 5–6.

6   위와 같은 책, 4쪽.

7   Adam Mastroianni, "How to Get Funnier, and Why You Shouldn't," *Experimental History*, November 14, 2023, https://www.experimental-history.com.

8   위와 동일.

9   "Adam Mastroianni," March 25, 2024, https://www.adammastroianni.com.

10   Adam M. Mastroianni, Daniel T. Gilbert, Gus Cooney, and Timothy D. Wilson, "Do Conversations End When People Want Them To?," *PNAS* 118, no. 10 (2021): e2011809118.

11   Adam Mastroianni, "Good Conversations Have Lots of Doorknobs," *Experimental History*, February 22, 2022, https://www.experimental-history.com.

12   위와 동일.

13   위와 동일.

14   Lisa Sibbett, "On Befriending Kids," *Auntie Bulletin*, October 11, 2024, https://theauntie.substack.com/p/on-befriending-kids.

15   위와 동일.

6장 우리만 아는 농담 깊숙이

1   John McNamar to William H. Herndon, June 4, 1866, in *Herndon's Informants: Letters, Interviews, and Statements About Abraham Lincoln*, eds. Douglas L. Wilson and Rodney O. Davis (Champaign: University of Illinois Press, 1998), 259.

2   Benjamin P. Thomas, "Lincoln's Humor: An Analysis," *Journal of the Abraham Lincoln Association* 3, no. 1 (1981): 28–47, http://hdl.handle.net/2027/spo.2629860.0003.105.

3   Robert Mankoff, "Lincoln's Smile," *New Yorker*, November 28, 2012.

4   Thomas, "Lincoln's Humor."

5   Mankoff, "Lincoln's Smile."

6   Robert Provine, *Laughter: A Scientific Investigation* (New York: Penguin Books, 2000).

7   Priya Parker, *The Art of Gathering: How We Meet and Why It Matters* (New York: Riverhead Books, 2018).

8   Priya Parker, interview by Chris Duffy, "Throwing Good Parties and Building Community," *How to Be a Better Human* (podcast), TED, January 13, 2025, https://www.ted.com.

7장 웃음 처방전

1   Mimi M. Y. Tse et al., "Humor Therapy: Relieving Chronic Pain and Enhancing Happiness for Older Adults," *Journal of Aging Research* (June 28, 2010).

2   Mimi Tse, interview by the author, May 9, 2024.

3   Roberta Gold, interview by the author, May 9, 2024.

4   Robyn Rapoport, Kyle Berta, and Christian Kline, *Methodology Report: American Fears Survey* (Chapman University, January 2021), 68.

5   Anton J. M. de Craen et al., "Placebos and Placebo Effects in Medicine: Historical Overview," *Journal of the Royal Society of Medicine* 92, no. 10 (1999): 511–15.

6   David DeSteno, *How God Works: The Science Behind the Benefits of Religion* (New York: Simon & Schuster, 2021), 128.

7   위와 같은 책, 132쪽.

8   Jeremy Faust, interview by the author, May 10, 2024.

9   Li Fang et al., "Associations of Work Stress and Humor with Health Status on Hospital Nurses—A Cross-Sectional Study," *Journal of Clinical Nursing* 28, no. 19–20 (2019): 3691–99.

10 Tracy Foose, interview by the author, May 9, 2024.

8장 생각이 터지는 순간

1   Jonathan Webb, "'Universal Urination Duration' Wins Ig Nobel Prize," BBC,

September 18, 2015.

2   Ronald Hare, *The Birth of Penicillin, and the Disarming of Microbes* (London: Allen & Unwin, 1970), 65.

3   Frans Johansson, interview by Chris Duffy, "How to Make Transformative Ideas Happen," *How to Be a Better Human* (podcast), TED, August 1, 2022, https://www.ted.com.

4   Frans Johansson, *The Medici Effect: What Elephants and Epidemics Can Teach Us About Innovation* (Boston: Harvard Business School Press, 2006), 40.

5   Dean Simonton, *Origins of Genius: Darwinian Perspectives on Creativity* (New York: Oxford University Press, 1999).

6   Johansson, *Medici Effect*, 55.

7   Arthur Koestler, *The Act of Creation* (London: Penguin Arkana, 1964).

8   Stuart Brown, *Play: How It Shapes the Brain, Opens the Imagination, and Invigorates the Soul* (New York: Penguin Avery, 2009), 149–50.

9   Andrew N. Iwaniuk, John E. Nelson, and Sergio M. Pellis, "Do Big-Brained Animals Play More? Comparative Analyses of Play and Relative Brain Size in Mammals," *Journal of Comparative Psychology* 115, no. 1 (March 2001): 29–41.

10 Brown, Play, 37.

11 위와 같은 책, 38쪽.

12 위와 같은 책, 142쪽.

13 Jesse Hicks, "The Pursuit of Sweet," Science History Institute, May 3, 2010, https://www.sciencehistory.org.

14 Anthony S. Travis, "The Accidental Discovery of Mauve," *Victorian Review* 40, no. 2 (2014): 34–38.

15 Sarah Sicard, "How a Raytheon Scientist Accidentally Invented the Microwave Oven," *Inc.*, January 10, 2025.

16 Kathryn O'Neill and Emily Hiestand, "De Florez Fund for Humor Invites Proposals for Grants," *MIT News*, April 20, 2012, https://news.mit.edu.

17 Don Emerson Davis Jr. and Joshua N. Hook, "Measuring Humility and Its Positive Effects," Association for Psychological Science, September 30, 2013, https://www.psychologicalscience.org.

18 Marc Abrahams, interview by the author, July 3, 2024.

19 Marc Abrahams, "The 2024 Ig Nobel Prize Winners," Improbable Research, November 12, 2024, https://improbable.com.

20 위와 동일.

9장 펀칭 업, 위를 노려라

1 Jesseca Muslin, "2022 40 Under 40 Honoree: Miracle Jones," *Pittsburgh Magazine*, October 12, 2022.

2 Miracle Jones, interview by Chris Duffy, "How Creating Space for Joy Can Build Resilience," *How to Be a Better Human* (podcast), TED, December 13, 2021, https://www.youtube.com/watch?v=I2KvsFYEfsY.

3 Jacky Rowland, "Once Upon a Time in Sarajevo" (video), *Al Jazeera*, December 12, 2014, https://www.aljazeera.com/program/al-jazeera-correspondent/2014/12/12/once-upon-a-time-in-sarajevo.

4 Tamara Vujinovic and Isis Menteth Wheelwright, "'We Laughed Until Our Laughter Stopped': The Story of the Sketch Comedy Group That Predicted the End of Yugoslavia," *New East Digital Archive*, June 21, 2021, https://www.new-east-archive.org.

5 Roy Wood Jr., interview by Chris Duffy, "How Comedy Helps Us Deal with Hard Truths," *How to Be a Better Human* (podcast), TED, October 16, 2023, https://www.ted.com.

6 Roy Wood Jr., "Imperfect Messenger" (video), Comedy Central, October 29, 2021, https://www.youtube.com/watch?v=3917GUlD1l0.

7 Caty Borum, *The Revolution Will Be Hilarious: Comedy for Social Change and Civic Power* (New York: New York University Press, 2023), 12.

8 위와 같은 책, 14쪽.

9 위와 동일.

10 Beatrice K. Otto, *Fools Are Everywhere: The Court Jester Around the World* (Chicago: University of Chicago Press, 2001), 244.

11 Barbara W. Tuchman, *A Distant Mirror: The Calamitous 14th Century* (New York: Ballantine Books, 1978), 71.

12 Otto, *Fools Are Everywhere*, 241.

13 Beatrice K. Otto, "How Dangerous Was It to Be a Jester?" (video), TED-Ed, August 2023, https://www.youtube.com/watch?v=z-t-l8vjQQI.

14 Otto, *Fools Are Everywhere*, 245–46.

15 Andrew Leland, interview by Chris Duffy, "What Vision Loss Helped Andrew Leland Gain," *How to Be a Better Human* (podcast), TED, September 11, 2023, https://www.ted.com.

16 Jones, "How Creating Space for Joy."

17 위와 동일.

18 위와 동일.

10장 웃다가 울다가

1 Leonard Cohen, "Anthem," track on *The Future* (Columbia Records, 1992).

2 Nick Cave, "Dear LFMOFG," *Red Hand Files*, no. 285, May 2024, https://www.theredhandfiles.com.

3 Michael Cruz Kayne (@CruzKayne), "but grief is not one thing..,," X, November 18, 2019.

4 Michael Cruz Kayne, interview by Chris Duffy, "There Is No 'Grief Starter Pack,'" *How to Be a Better Human* (podcast), TED, January 9, 2023, https://www.ted.com.

5 Jo Firestone, "Tell Me One More Time What to Do About Grief," *New York Times*, December 29, 2018.

6 Nora McInerny, "We Don't 'Move On' from Grief. We Move Forward with It" (video), TED, November 2018, https://www.youtube.com/watch?v=khkJkR-ipfw.

7 위와 동일.

8 위와 동일.

9 Jordana Jacobs, interviews by the author, October 2018.

10 Alua Arthur, interview by Chris Duffy, "Why You Should Start Thinking About Death," *How to Be a Better Human* (podcast), TED, January 22, 2024, https://www.ted.com.

11 Jieun Kim and Changkyu Ahn, "North Koreans Forced to Mourn on 10th Anniversary of Former Leader's Death," *Radio Free Asia*, December 13, 2021, https://www.rfa.org.

12 Jinseo Lee, "Political Humor from North Korea," *Radio Free Asia*, September 10, 2008, https://www.rfa.org.

13 Julie Yue, "Getting to the Roots of Jewish Comedy," *Humanities* 35, no. 5 (September/October 2014), https://www.neh.gov.

14 Steven Kalka, "Old Jewish Catskill Comedian's Classic Jokes," *Jewish Chronicle*, December 21, 2011, https://www.thejc.com.

15 Darryl Littleton, interview by Tony Cox, "A Short History of Black Comedy," NPR, February 26, 2007, https://www.npr.org.

16 Mel Watkins, *On the Real Side: A History of African American Comedy* (Chicago: Lawrence Hill Books, 1999), 27–28, 30.

17 위와 같은 책, 52쪽.

18 Michael Cruz Kayne, correspondence with Chris Duffy, December 13, 2024.

11장 나쁜 농담을 피하는 방법

1 "Reunion," *30 Rock*, season 3, episode 5, NBC, aired December 4, 2008.

2 Minela Kerla, "Humor Styles as Predictors of School Success and Self-Esteem," *Global International Scientific Analytical Project: Section "Innovational Summaries"* (London), March 1, 2015, https://doi.org/10.13140/RG.2.1.2110.5684.

3 위와 동일.

4 Bill Wurtz, "History of Japan" (video), February 2, 2016, YouTube, https://www.youtube.com/watch?v=Mh5LY4Mz15o.

5 Bill Wurtz, "Still a Piece of Garbage" (video), August 28, 2015, YouTube, https://www.youtube.com/watch?v=FZUcpVmEHuk.

6 Kay-DC, 2021, comment on Wurtz, "Garbage."

7 Graham Matthews, 2021, comment on Wurtz, "Garbage."

8 Joel Kim Booster, interview by the author, June 24, 2024.

9 Anne Kadet, "How to Deal with People Who Talk and Talk and Talk and Talk," *Café Anne*, June 17, 2024, https://annekadet.substack.com/p/talkers.

10 위와 동일.

11 *Vir Das: Landing* (film), released December 26, 2023, Netflix, at 25:10–27: 30, https://www.netflix.com/title/81629989.

12 Lauren Frayer, "Comedian Vir Das Called Out Sexual Violence in India. Now He Faces Lawsuits," NPR, November 18, 2021, https://www.npr.org.

13 *Vir Das: Landing*, 27:30–28:10.

14 Andrew Marantz, interview by Chris Duffy, "Andrew Marantz Doesn't Want You to Give Up On the Internet," *How to Be a Better Human* (podcast), TED, January 30, 2023, https://www.ted.com.

15 Becky Kennedy, interview by Chris Duffy, "How to Build Better Relationships Between Kids, Parents, and Ourselves," *How to Be a Better Human* (podcast), TED, September 18, 2023, https://www.ted.com.

16 위와 동일.

17 Bo Burnham, interview by Shane Peltzman, "Eighth Grade | Bo Burnham | Talks at Google" (video), May 2, 2019, Talks at Google, YouTube, https://www.youtube.com/watch?v=7z-vogZt8iQ.

18 Bo Burnham, interview by Lauren Duca, "Eighth Grade: Bo Burnham in Conversation with Teen Vogue's Lauren Duca" (video), August 3, 2018, 92nd Street Y, New York, YouTube, https://www.youtube.com/watch?v=osvjZOlTOGI.

19 위와 동일.

나가며

1 Maurine Kornfeld, interview by Chris Duffy, "Lessons from 102-Year-Old Swimmer Maurine Kornfeld," *How to Be a Better Human* (podcast), TED, November 6, 2023, https://www.ted.com.

삶에게 웃으며 말 거는 법

초판 1쇄 발행 2026년 3월 11일
초판 2쇄 발행 2026년 3월 27일

지은이 크리스 더피
옮긴이 박재용
발행인 김형보
편집 최윤경, 강태영, 임재희, 홍민기, 강민영, 김아영
마케팅 이연실, 김보미, 김민경, 고가빈   **디자인** 김지은, 박현민   **경영지원** 최윤영, 유현

발행처 어크로스출판그룹(주)
출판신고 2018년 12월 20일 제 2018-000339호
주소 서울시 마포구 동교로 109-6
전화 070-8724-0876(편집) 070-8724-5877(영업)   **팩스** 02-6085-7676
이메일 across@acrossbook.com   **홈페이지** www.acrossbook.com

한국어판 출판권 ⓒ 어크로스출판그룹(주) 2026

ISBN 979-11-6774-275-9 03180

만든 사람들
편집 임재희   **교정** 고아라   **일러스트** 홍세진   **조판** 박은진
표지디자인 강혜림   **본문디자인** 강혜림, 박현민